职业教育“十四五”规划建设项目

国家文化产业发展专项资金“轨道交通职业教育云服务平台”支持项目

高速铁路概论

（新形态活页式）

主　编 ◎ 李朝阳　刘思源　孙　莉

副主编 ◎ 李培锁　赵小红

主　审 ◎ 李文东　郭炼纯

西南交通大学出版社

·成　都·

图书在版编目（CIP）数据

高速铁路概论：新形态活页式 / 李朝阳，刘思源，孙莉主编. —成都：西南交通大学出版社，2023.5（2024.9 重印）
ISBN 978-7-5643-9280-2

Ⅰ. ①高… Ⅱ. ①李… ②刘… ③孙… Ⅲ. ①高速铁路 - 概论 - 高等职业教育 - 教材 Ⅳ. ①U238

中国国家版本馆 CIP 数据核字（2023）第 078398 号

Gaosu Tielu Gailun (Xin Xingtai Huoye Shi)
高速铁路概论（新形态活页式）

主编 李朝阳 刘思源 孙 莉

责任编辑 何明飞
封面设计 GT 工作室

出版发行 西南交通大学出版社
（四川省成都市金牛区二环路北一段 111 号
西南交通大学创新大厦 21 楼）
邮政编码 610031
发行部电话 028-87600564 028-87600533
网址 http://www.xnjdcbs.com
印刷 四川玖艺呈现印刷有限公司

成品尺寸 185 mm × 260 mm
印张 19
字数 462 千
版次 2023 年 5 月第 1 版
印次 2024 年 9 月第 3 次
书号 ISBN 978-7-5643-9280-2
定价 58.00 元

课件咨询电话：028-81435775

前言

PREFACE

教育是国之大计、党之大计。党的二十大报告，从“实施科教兴国战略，强化现代化建设人才支撑”的高度，对“办好人民满意的教育”做出专门部署。为了贯彻落实党的二十大精神、《中华人民共和国职业教育法》和《国家职业教育改革实施方案》，湖南高速铁路职业技术学院特立项组织编写《高速铁路概论》教材。

本书紧跟铁路行业发展。中国铁路迅猛发展，取得丰硕成果，特别是高速铁路建设和运营成绩斐然，由“四纵四横”到“八纵八横”，高铁运营里程达到 4.1 万千米。目前，中国高铁已经形成比较完善的技术体系，教材将新规范、新技术、新的统计数据实时融入。

本书遵循职业教育理念。由湖南高速铁路职业技术学院与中国铁路广州局集团有限公司校企合作，共同编写，本书兼具“工作活页”和“教材”双重属性，按照“以学生为中心、学习结果为导向、促进自主学习”的思路进行教材开发设计，突出如何借助“学习任务”实施职业教育教学，提供丰富、适用的多种类型立体化、信息化课程资源，实现教材多功能作用。

本书发挥课程思政作用。根据学习情境，将“中国高铁创新精神”“工匠精神”“安全意识”等思政元素有机融入，润物无声，实现“德技并修”育人目的。

本书主要介绍了高速铁路的发展历程，高速铁路线路、车站、动车组、信号、通信、牵引供电、运输组织、房屋建筑等系列相关知识，适用于铁路主营岗位，以及城市轨道交通类相关专业对高速铁路基础知识的掌握及相关工作人员工作的参考资料。

本书由湖南高速铁路职业技术学院李朝阳、刘思源、孙莉担任主编，李朝阳负责确定教材提纲、整体框架和资源建设，刘思源、孙莉负责全书统稿；李培锁、赵小红担任副主编；由中国铁路广州铁路局集团有限公司李文东、郭炼纯主审。全书共分为 9 个学习领域：学习领域一中的学习情境一至三，以及学习领域三由湖南高速铁路职业技术学院刘思源编写；学习领域一中的学习情境四由湖南高速铁路职业技术学院王叶编写；学习领域二由湖南高速铁路职业技术学院郭丽丹编写；学习领域四由湖南高速铁路职业技术学院侯文卿编写；学习领域五由湖南高速铁路职业技术学院刘昌录编写；学习领域六由湖南高速铁路职业技术学院刘洋编写；学习领域七由湖南高速铁路职业技术学院詹冬桂编写；学习领域八中的学习情境一至三分别由湖南高速铁路职业技术学院李培锁、孙莉、赵小红编写；学习领域九中的学习情境一和二分别由湖南高速铁路职业技术学院罗人蜜、刘建军编写。在本书的编写过程中，得到了西南交通大学出版社的大力支持，中国铁路广州局集团有限公司各部门专家给予了大力支持，提供了许多宝贵意见，编者在此表示衷心感谢。

由于编写时间较为仓促，且编写人员知识水平和实践经验的局限性，编写内容中的不妥之处请读者积极反馈，以便今后修订和完善。

编 者

2022 年 12 月

课程思政教学设计

INSTRUCTIONAL DESIGN OF IDEOLOGICAL AND POLITICAL EDUCATION INTEGRATED THROUGHOUT CURRICULUM

教学模块	思政元素
绪论	通过中国高铁这一国际名片，感受中国精神、中国速度，坚定中国道路自信、理论自信、制度自信、文化自信；通过学习中国高铁的创新与突破养成创新精神、团队协作精神
高速铁路线路	通过铁路人的工匠精神、爱岗敬业精神，激发学生树立正确的人生观、价值观和职业观，培养“干一行、爱一行、钻一行”的爱岗敬业精神，树立爱路护路、顽强拼搏的铁路职业素养
高速铁路车站	通过一个又一个壮丽的高速铁路车站以及车站的智能设备，感受智能制造之美，中国智慧之强，使学生了解科技强国的重要性，引导学生树立民族自信，增加爱国情怀
高速铁路动车组	从无到有，从中国制造到中国创造，从和谐号到复兴号，深切感受中国高铁发展的艰难与不易，同时为我国高铁的快速发展而感到自豪；讲述中国第一代高铁工人、“大国工匠”李万君的故事，培养学生爱岗敬业、大国工匠精神；通过动车组的环保设备，使学生了解绿色环保发展的理念
高速铁路信号设备	通过信号的安全冗余原则，加强学生“行车工作，安全至上”的意识；通过温州动车事故的案例，感受信号之于铁路，如大脑之于人体，同时增强学生的责任感与使命感，深入理解“人民铁路为人民”的服务宗旨
高速铁路通信	从普通铁路到高速铁路的时代跨越，少不了每一位平凡而伟大的铁路工人夜以继日地奉献，培养学生敬业奉献的价值观，根植安全责任意识
电气化铁道供电	讲述全国劳模电力工人窦铁成的先进事迹，感受勇于钻研，孜孜不倦的劳动精神，让学生思考未来，谋划人生，将铁路职业素养内化于心，外化于行，践行铁路梦，支撑中国梦
高速铁路运输组织	通过行车事故案例，引导学生理解运输的责任，重任在肩，我们必须执行标准，一刻也不能松懈，培养遵章守纪，牢记使命的责任感，增强生命至上，执行标准的意识
铁路房屋建筑设备	通过运输生产用房的各种病害，树立“安全第一、预防为主”的安全意识，培养学生团结协作、爱岗敬业的工作作风，使学生理解精准施工、精益求精的工匠精神

智媒体资源目录

LIST OF SMART MEDIA RESOURCES

序号	学习领域	学习情境	资源名称	资源类型	页码
1	学习领域一 绪论	学习情境二 世界高速铁路的建设与发展	高速铁路的优势	动画	007
2			“八纵八横”铁路网规划	动画	010
3	学习领域二 高速铁路线路	学习情境一 线路平面和纵断面	铁路线路曲线	动画	032
4		学习情境二 高速铁路路基和桥隧建筑物	路基的基本形式	动画	042
5			桥梁的组成	模型	044
6		学习情境三 高速铁路轨道	有砟轨道结构断面	模型	056
7			无砟轨道结构断面	模型	056
8			钢轨接头连接	模型	058
9			扣板式扣件	模型	058
10			CRTS Ⅰ 型板式无砟轨道结构组成	模型	060
11			单开道岔组成	模型	061
12			道岔的有害空间	动画	062
13	学习领域三 高速铁路车站	学习情境一 车站基础知识	车站的分类与等级	动画	080
14	学习领域四 高速铁路动车组	学习情境一 动车组基本知识	动车组的优点	动画	099
15			CRH2 型动车组编组	模型	104
16		学习情境二 动车组车辆构造	车辆定位、转向架、车轴及车轮编号的定义	动画	114
17			动车组转向架	模型	114
18			受电弓及附属设备	模型	116
19	学习领域五 高速铁路信号设备	学习情境一 铁路信号系统结构	铁路信号系统发展概况	视频	132
20			铁路信号系统的组成	视频	132
21		学习情境二 高速铁路计算机联锁系统	计算机联锁系统认知	视频	135
22			车站联锁设备	视频	136
23			DS6-5B 型计算机联锁系统认知	视频	138

续表

序号	学习领域	学习情境	资源名称	资源类型	页码
24	学习领域五 高速铁路信号设备	学习情境三 高速铁路列车运行控制系统	铁路的大脑——列控系统	视频	142
25			CTCS 列控系统分级	视频	142
26			列控系统的发展	视频	143
27			CTCS-2 列控系统概述	视频	143
28			CTCS-3 级列控系统	视频	143
29			CBTC 列车运行控制系统	视频	143
30		学习情境四 行车调度指挥系统	分散自律 CTC 系统介绍	视频	151
31			CTC 系统结构	视频	151
32			CTC 车站设备	视频	152
33			调度集中系统在 高速铁路信号系统中的地位	视频	152
34		学习情境五 铁路信号集中监测系统	铁路信号集中监测系统介绍	视频	157
35			信号集中监测系统体系结构	视频	157
36		学习情境六 信号传输线路及安全数据网	信号传输安全	视频	164
37			数据传输系统的构成	视频	164
38			通信技术在铁路信号系统中的应用	视频	164
39	学习领域七 电气化铁道供电	学习情境一 电气化铁道牵引供电方式	高铁的电从何而来	视频	195
40			牵引供电回路	动画	196
41			直接供电方式	动画	198
42			带回流线的直接供电方式	动画	198
43			自耦变压器供电方式	动画	199
44		学习情境二　牵引变电所	避雷器的结构	模型	210
45		学习情境三 高速铁路接触网	高速铁路接触网的组成	动画	214
46			预应力钢筋混凝土支柱	模型	214
47			腕臂的结构	模型	215
48			组合定位器	模型	216
49			受电弓过无交叉线岔	动画	219
50	学习领域八 高速铁路运输组织	学习情境一 高速铁路客运旅客运输	车站客运服务工作标准	视频	227
51			动车组列车长作业标准	视频	227

目 录

CONTENTS

学习领域一　绪　论 …… 001

学习情境一　现代交通运输体系 …… 002

学习情境二　世界高速铁路的建设与发展 …… 006

学习情境三　中国高速铁路的建设与发展 …… 012

学习情境四　新型铁路 …… 019

学习领域二　高速铁路线路 …… 031

学习情境一　线路平面和纵断面 …… 032

学习情境二　高速铁路路基和桥隧建筑物 …… 039

学习情境三　高速铁路轨道 …… 053

学习情境四　限界及线路标志 …… 065

学习领域三　高速铁路车站 …… 075

学习情境一　车站基础知识 …… 076

学习情境二　高速铁路车站的特点及类型 …… 084

学习情境三　高速铁路车站分布及设备 …… 089

学习领域四　高速铁路动车组 …… 098

学习情境一　动车组基本知识 …… 099

学习情境二　动车组车辆构造 …… 111

学习情境三　动车组运用与检修 …… 118

学习领域五　高速铁路信号设备 …… 130

学习情境一　铁路信号系统结构 …… 131
学习情境二　高速铁路计算机联锁系统 …… 135
学习情境三　高速铁路列车运行控制系统 …… 142
学习情境四　行车调度指挥系统 …… 151
学习情境五　铁路信号集中监测系统 …… 157
学习情境六　信号传输线路及安全数据网 …… 164

学习领域六　高速铁路通信 …… 172

学习情境一　铁路专用通信 …… 173

学习领域七　电气化铁道供电 …… 194

学习情境一　电气化铁道牵引供电方式 …… 195
学习情境二　牵引变电所 …… 202
学习情境三　高速铁路接触网 …… 212

学习领域八　高速铁路运输组织 …… 225

学习情境一　高速铁路客运旅客组织 …… 226
学习情境二　高速铁路行车组织 …… 243
学习情境三　铁路运输安全管理 …… 262

学习领域九　铁路房屋建筑设备 …… 277

学习情境一　铁路运输生产用房 …… 278
学习情境二　铁路建筑附属结构 …… 284

参考文献 …… 294

学习领域一　绪　论

建议学时　6 学时

学习要求　通过本活动，了解现代交通运输体系、世界高速铁路的建设与发展以及新型铁路，熟悉我国高速铁路的建设与发展，掌握中国国家铁路集团有限公司与国家铁路局的职能及组织机构，具体学习任务简介及学时安排见表 1-0-1。

表 1-0-1　绪论学习任务简介及学时安排

序号	学习情境	学习任务简介	建议学时
1	现代交通运输体系	了解现代化的交通运输方式	0.5
2	世界高速铁路的建设与发展	了解世界高速铁路的起源及日本、法国、德国高速铁路发展	1.5
3	中国高速铁路的建设与发展	了解我国高速铁路建设与发展阶段以及高速铁路的优势	2
4	新型铁路	了解新型铁路包括磁悬浮铁路、重载铁路的发展与特点	2

学习情境一　现代交通运输体系

学习情境描述

所谓现代交通运输业，是指现代社会从事旅客和货物运输业的总称。可以说，交通运输业是人类生活的要素，是连接生产与消费的桥梁，是沟通工农业、城乡、地区、企业经济活动的纽带。同时，交通运输业也是合理配置生产要素的重要决定性因素之一。交通运输业又是面向社会为公众服务的公用事业，是对国民经济和社会发展具有全局性、先行性影响的基础行业。国民经济发展的规模和速度在很大程度上是以交通运输业的发展为前提条件的。

学习目标

1. 素质目标

（1）养成小组分工、团队协作的意识。

（2）养成主动学习的意识。

2. 知识目标

（1）了解现代交通运输体系的定义。

（2）熟悉现代化的交通运输方式。

3. 能力目标

（1）能对交通运输行业有大致的了解。

（2）能适应本课程学习方式。

课前任务

上网检索现代交通运输系统，回答下列问题。

（1）现代交通运输方式有哪几类?

（2）你认为未来还会有哪些新型交通运输方式呢?

任务分组

表 1-1-1　学生任务分配

<table>
<tr><td>班级</td><td></td><td>组号</td><td></td></tr>
<tr><td>组长</td><td></td><td>学号</td><td></td></tr>
<tr><td>组员</td><td colspan="3">
<table>
<tr><td>姓名</td><td>学号</td><td>姓名</td><td>学号</td></tr>
<tr><td></td><td></td><td></td><td></td></tr>
<tr><td></td><td></td><td></td><td></td></tr>
<tr><td></td><td></td><td></td><td></td></tr>
<tr><td></td><td></td><td></td><td></td></tr>
</table>
</td></tr>
<tr><td>任务分工</td><td colspan="3">1. 教师帮助学生划分学习小组，在小组划分时应考虑学生个体差异。
2. 各小组成员在组长的带领下，查阅现代交通运输的网络资料（新闻、短视频、文章等）组长汇总。
3. 各成员查阅现代交通运输的网络资料(可以是新闻、短视频、文章等)，组长汇总。
4. 讨论：未来交通运输方式可以往哪些方面发展，组长记录</td></tr>
</table>

任务实施

1. 交通运输的概念

引导问题 1　交通的概念是什么？

____

____

引导问题 2　运输的概念是什么？

____

____

引导问题 3　交通运输的概念是什么？

____

____

2. 现代交通运输方式

引导问题 4　现代化的交通运输方式主要有（　　　）。

A. 水路运输

B. 公路运输

C. 航空运输

D. 铁路运输

E. 管道运输

引导问题 5　你认为未来世界的交通运输方式有哪些?

展开讨论______

______

相关知识点

知识点 1　交通运输的概念

1. 交通运输

交通（专业概念）：指通过一定的组织管理技术，实现载运工具在交通网络上流动的一种经济活动和社会活动。

运输（专业概念）：指借助交通网络及其设施和载运工具，通过一定的组织管理技术，实现人与物空间位移的一种经济活动和社会活动。

2. 交通与运输的关系

交通强调的是载运工具在交通网络上的流动情况，而与载运工具上所载运人员、货物的有无和多少没有关系。

运输强调的是载运工具上载运人员与物资的多少、位移等，而并不特别关心使用何种交通工具和运输方式。

运输以交通为前提，没有交通就不存在运输；没有运输的交通也就失去了交通存在的必要。交通仅仅是一种手段，而运输才是最终的目的。交通与运输既相互区别，又密切相关，统一在一个整体之中。

3. 交通运输的概念

交通运输是指载运工具在交通网络上的流动和载运工具上载运的人员与物资在两地之间位移这一经济活动的总称。

交通运输业是一种以持有、租赁载运工具（含公共交通网络及其设施、载运工具）或代理服务于他人而收取报酬的服务性行业。

知识点 2　现代交通运输方式

现代化的交通运输方式主要有公路运输、铁路运输、水路运输、航空运输和管道运输。这 5 种运输方式在技术经济上各有长短，都有适宜的使用范围。

1. 公路运输

公路运输是在公路上运送旅客和货物的运输方式，是交通运输系统的组成部分之一，主要承担短途客货运输。公路运输所用运输工具主要是汽车，因此，公路运输一般指汽车运输。在地势崎岖、人烟稀少、铁路和水运不发达的地区，公路运输为主要运输方式，起着运输干线作用。

2. 铁路运输

铁路运输是一种陆上运输方式，是已知陆上交通方式中最有效的一种。铁路既是社会经济发展的重要载体之一，同时，又为社会经济发展创造了前提条件。现在，我国铁路运输网络已经相当完善，各省、市、自治区都有铁路连通。同时，随着高速铁路的诞生，标志着我国铁路运输一个新的里程碑。截至 2022 年年底，全国铁路营业里程已达 15.5 万千米，其中高速铁路 4.2 万千米，高速铁路运营里程高居世界第一。

3. 水路运输

水路运输是以船舶为主要运输工具，以港口或港站为运输基地，以水域（包括海洋、河流和湖泊）为运输活动范围的一种运输方式。水运至今仍是世界上许多国家最重要的运输方式之一。

4. 航空运输

航空运输是使用飞机、直升机及其他航空器运送人员、货物、邮件的一种运输方式，具有快速、机动的特点，是现代旅客运输，尤其是远程旅客运输的重要方式，也是国际贸易中的贵重物品、鲜活货物和精密仪器运输所不可缺的运输方式。机场作为航空运输的起讫点，是航空运输系统的重要基础设施。

5. 管道运输

管道运输是用管道作为运输工具的一种长距离专门由生产地向市场输送石油、煤和化学产品的运输方式。管道运输系统的基本设施包括管道、储存库、压力站（泵站）和控制中心。管道是管道运输系统中最重要的部分，由于管道运输的过程是连续进行的，因此管道两端必须建造足够容纳其所承载货物的储存槽。对于具有易燃特性的石油运输来说，管道运输有着安全、密闭等特点。管道运输具有建设周期短、投资少、占地少、运输损耗少、无“三废”排放、有利于环境生态保护、可全天候连续运输、安全性高、事故少、运输自动化、成本和能耗低等明显优势。

评价反馈

扫描下方二维码对本次课进行评价。

学习领域一学习情境一评价问卷

学习情境二　世界高速铁路的建设与发展

学习情境描述

国际上有种说法，高铁“始于日本，发展于欧洲，格局大变于中国”。中国高铁虽然是后来者，却已成为“后发先至”的典型案例。如今融入中国科技的高铁，质量和技术才是关键。“复兴号”标准动车组基于中国自主研发的高速动车组设计平台制造，是具有完全知识产权的新一代高速列车。经过 5 年的研制开发，特别是首次实现了动车组牵引、制动、网络控制系统的全面自主化，标志着我国全面掌握高速铁路核心技术，高铁动车组技术实现全面自主化。此外，“复兴号”安装了智能化感知系统和强大的安全监测系统，安全性能超强。

学习目标

1. 素质目标

（1）树立创新意识。

（2）坚持中国道路自信。

2. 知识目标

（1）了解高速铁路的基本定义。

（2）熟悉高速铁路的发展史。

（3）掌握国外高速铁路的发展状况。

3. 能力目标

（1）知道世界高速铁路的起源及发展阶段。

（2）对德国、日本、法国等典型国家的高速铁路的发展有一定的认知。

课前任务

上网检索 1965—2022 年世界各国高速铁路建设的相关信息资源，回答下列问题。

（1）美国为何不发展高速铁路?

（2）对于中国交通的变化，你有何感受?

任务分组

表 1-2-1　学生任务分配

<table>
<tr><td>班级</td><td></td><td>组号</td><td></td></tr>
<tr><td>组长</td><td></td><td>学号</td><td></td></tr>
<tr><td>组员</td><td colspan="3">
<table>
<tr><td>姓名</td><td>学号</td><td>姓名</td><td>学号</td></tr>
<tr><td></td><td></td><td></td><td></td></tr>
<tr><td></td><td></td><td></td><td></td></tr>
<tr><td></td><td></td><td></td><td></td></tr>
<tr><td></td><td></td><td></td><td></td></tr>
</table>
</td></tr>
<tr><td>任务分工</td><td colspan="3">1. 各组成员在组长的带领下，两两一组查阅世界各国高速铁路的运营里程，由组长汇总。
2. 查阅世界主要国家铁路修通年份以及世界高速铁路的起源。
3. 讨论：普速铁路与高速铁路有哪些区别？</td></tr>
</table>

任务实施

1. 认识高速铁路的概念及优势

高速铁路的优势

观看视频“高速铁路的优势”认识高速铁路的概念及优势。

引导问题 1　如果同学们要出去旅行，会优先选择的交通方式是（　　　）。

A. 普铁列车

B. 高铁列车

C. 飞机

D. 汽车

引导问题 2　如果选择高铁出行，原因是什么？

____

____

____

____

2. 熟悉高速铁路的发展过程

（1）高速铁路发展的初期阶段（1964—1990 年）。

引导问题 3　世界上第一条高速铁路起源于（　　）。

A. 美国

B. 日本

C. 德国

D. 法国

引导问题 4　世界上第一条高速铁路是（　　）。

A. TGV 东南线　　B. TGV 大西洋线　　C. 东海道新干线　　D. 山阳新干线

引导问题 5　世界上第一条高速铁路的起讫点是（　　）。

A. 东京—名古屋　　B. 东京—大阪　　C. 东京—京都　　D. 东京—北海道

（2）高速铁路建设的第二次高潮（1990 年—20 世纪 90 年代中期）。

引导问题 6　高速铁路建设的第二次高潮表现出哪些特征?

（3）高速铁路建设的第三次高潮（20 世纪 90 年代中期—2005 年）。

引导问题 7　与前两次的建设高潮所不同的是，参与第三次高速铁路建设高潮的各个国家所表现出的特征主要体现在哪几个方面?

（4）中国掀起的高速铁路建设新潮（2004 年至今）。

引导问题 8　你认为中国高速铁路的国际地位如何?

引导问题 9　截至 2022 年年底中国高速铁路的运营里程为多少?占世界的百分之多少?

引导问题 10　中国高铁达成了一个又一个新成就，谈谈你的感想?

相关知识点

知识点 1　高速铁路的定义

根据《高速铁路设计规范》(TB 10621—2014): 中国高速铁路是设计速度 250 km/h (含预留)以上、列车初期运营速度 200 km/h 以上的客运专线铁路。根据《中长期铁路网规划(2016 年)》: 中国高速铁路网由所有设计速度 250 km/h 以上新线和部分经改造后设计速度达到每小时 200 千米以上的既有线铁路共同组成。

知识点 2　世界高速铁路发展的四个阶段

1. 高速铁路发展的初期阶段(1964—1990 年)

1964 年，日本铁路新干线通车，它从东京起，途经名古屋、京都等地终至(新)大阪，全长 515.4 km，运营速度高达 210 km/h，其建成通车标志着世界高速铁路新纪元的到来。随后，法国、德国、意大利都先后开始兴建高速铁路。1981 年，法国高速铁路后来居上，将高速铁路的发展推上一个新台阶，同时带动了欧洲高速铁路的发展。

法国在高速列车发展方面一直居世界领先地位，曾在 1990 年创造了 515.3 km/h 的世界纪录。

2007 年，在巴黎—斯特拉斯堡东线铁路进行了 TGV 试验，列车速度达到 574.8km/h。

面对法、德等发达国家的激烈竞争，日本声称 21 世纪是新干线时代。日本要将新干线的总长从 2 000 km 增加到 7 000 km，届时在日本将形成以东京为中心的全国一日交通圈(即当日到达东京以外的任一大城市)。

以日本为首的第一代高速铁路的建成，大力推动了沿线地区经济的均衡发展，促进了房地产、工业机械、钢铁等相关产业的发展，降低了交通运输对环境的影响程度，铁路市场份额大幅度回升，企业经济效益明显好转，从而推动了高速铁路的第一次建设高潮。

2. 高速铁路建设的第二个高潮(1990 年—20 世纪 90 年代中期)

这一时期高速铁路表现出新的特征。

一是已建成高速铁路的国家进入高速铁路网规划建设阶段。日、法、德等国对高速铁路网进行了全面规划。1992 年，法国公布全国高速铁路网的规划，20 年内新建高速铁路总里程 4 700 km。1991 年 4 月，德国批准了联邦铁路公司改建、新建铁路计划，包括 13 个项目，其中新建高速铁路 4 项。1986 年，意大利政府批准了交通运输发展规划纲要，修建横连东西、纵贯南北、长达 1 230 km 的“T”形高速铁路网。

二是跨越国境的高速铁路建设成为趋势。1994 年，英吉利海峡隧道把法国与英国连接在一起，开创了第一条高速铁路国际联络线。1997 年，从巴黎开出的“欧洲之星”又将法国、比利时、荷兰和德国连接在一起。欧洲国家大规模修建本国或跨国界高速铁路，逐步形成了欧洲高速铁路网。这次高速铁路的建设高潮，不仅仅是铁路提高内部企业效益的需要，更多的是国家能源、环境、交通政策的需要。1991 年，欧洲议会批准的泛欧高速铁路网的规划中提出在各国边境地区实施 15 个关键项目，这有助于各个国家独立高速线之间的联网。

三是高速铁路技术创新实现新突破。高速铁路建设在日本等国所取得的成就影响了很多国家，促进了各国对高速铁路的关注和研究。1991 年，瑞典开通了 X2000 摆式列车；1992 年，西班牙引进法、德两国的技术建成了 471 km 长的马德里至塞维利亚高速铁路。为赶超日本，法国和德国先后着手进行过高速铁路试验。1988 年，西德 ICE 试验速度达 406.9 km/h；1990 年，法国的 TGV 又创造了 515.3 km/h 的世界纪录。目前，高速轮轨铁路的速度纪录保持者是法国的 TGV-V150（2007 年 4 月 3 日，574.8 km/h）。欧洲国家高速铁路技术的进展反过来又“刺激”了日本，使之加强了技术研究和新型车辆的开发，山阳新干线和东海道新干线的运行速度分别提高到现在的 275 km/h 和 300 km/h。

3. 高速铁路建设的第三次高潮（20 世纪 90 年代中期—2005）

1998 年 10 月，在德国柏林召开了第三次世界高速铁路大会 Eurailspeed98，提出高速地面交通系统的全球化，将当前高速铁路的发展定为世界高速铁路发展的第三次高潮。这一次高潮波及亚洲、北美、澳洲以及整个欧洲，形成了世界交通运输业的一场革命性的转型升级。俄罗斯、韩国、澳大利亚、英国、荷兰等国家和地区均先后开始了高速铁路新线的建设。为了配合欧洲高速铁路网的建设，东部和中部欧洲的捷克、匈牙利、波兰、奥地利、希腊以及罗马尼亚等国家也进行了干线铁路改造，全面提速。

与前两次的建设高潮所不同的是：

（1）大多数国家在高速铁路新线建设的初期即拟定了修建高速铁路的全国规划。

（2）修建高速铁路对整个社会具有很好的带动效应，得到各国政府的共识。

（3）高速铁路促进地区之间的交往和平衡发展，欧洲国家已经将建设高速铁路列为一项政治任务，各国呼吁在建设中携手打破边界的束缚。

（4）高速铁路从国家公益投资转向多种融资方式筹集建设资金，建设高速铁路出现了多种形式融资的局面。

（5）高速铁路技术创新正在向相关领域辐射和发展。

4. 中国掀起的高速铁路建设新潮

“八纵八横”铁路网规划

2004 年 1 月，国务院常务会议讨论通过了《中长期铁路网规划》，建设客运专线 1.2 万 km 以上，客车速度目标值达到 200 km/h 及以上。具体建设内容为：

1）“八纵”客运专线：

（1）京哈通道[北京—哈尔滨—（满洲里）]。

（2）沿海通道[沈阳—大连—烟台—无锡—（上海）—杭州—宁波—温州—厦门—广州—（湛江）]。

（3）京沪通道（北京—上海）。

（4）京九通道（北京—南昌—深圳—九龙）。

（5）京广通道（北京—武汉—广州）。

（6）大湛通道[大同—太原—焦作—洛阳—石门—益阳—永州—柳州—湛江—（海口）]。

（7）包柳通道[包头—西安—重庆—贵阳—柳州—（南宁）]。

（8）兰昆通道（兰州—成都—昆明）。

2）“八横”客运专线：

（1）京兰通道[北京—呼和浩特—兰州—（拉萨）]，建设青藏铁路。

（2）煤运北通道（大同—秦皇岛、神木—黄骅）。

（3）煤运南通道（太原—德州、长治—济南—青岛、侯马—月山—新乡—兖州—日照）。

（4）陆桥通道（连云港—兰州—乌鲁木齐—阿拉山口）。

（5）宁西通道[西安—南京—（启东）]。

（6）沿江通道（重庆—武汉—九江—芜湖—南京—上海）。

（7）沪昆（成）通道[上海—株洲—怀化—贵阳—昆明（怀化—重庆—成都）]。

（8）西南出海通道（昆明—南宁—黎塘—湛江）。

随着京津城际高铁、京广高铁、京沪高铁、郑西高铁、沪宁高铁、沪杭高铁、京沪高铁等众多高铁线路的开通运营，中国已成为世界上高速铁路系统技术最全、集成能力最强、运营里程最长、运行速度最高、在建规模最大的国家。截至 2022 年年底，我国已建成并开通运营的高速铁路里程已突破 4.2 万千米。

目前，美国、俄罗斯、巴西、沙特、土耳其、波兰、委内瑞拉、印度、缅甸、柬埔寨、老挝、泰国等几十个国家都希望我国参与其国内铁路项目的合作，有些合作项目已经开始实施。中国高速铁路的快速发展掀起了世界高速铁路发展的新高潮。

评价反馈

扫描下方二维码对本次课进行评价。

学习领域一学习情境二问卷调查

学习情境三　中国高速铁路的建设与发展

学习情境描述

2004 年 1 月 7 日，国务院批准了《中长期铁路网规划》。该规划提出，在 21 世纪前 20 年，建设高速铁路客运专线 1.2 万千米以上，客车速度目标值达到 200 km/h 及以上。2008 年，铁道部《中长期铁路网调整规划方案》将客运专线及城际铁路建设目标由 1.2 万千米调整为 1.6 万千米以上，掀起了我国高速铁路建设的高潮。截至 2022 年年底，我国已建成并开通运营的高速铁路里程已超过 4.2 万千米，约占世界高速铁路运营总里程的 60%。

学习目标

1. 素质目标

（1）通过传递中国高铁这一国际名片，感受到中国精神、中国速度。

（2）从零到世界第一，感受中国高铁的创新与突破。

2. 知识目标

（1）了解中国高速铁路的建设与发展历程。

（2）掌握中国已建成的部分高速铁路线路名称。

（3）了解我国高速铁路的未来发展方向。

3. 能力目标

（1）了解中国高速铁路的发展过程。

（2）具备自学和主动学习的能力。

课前任务

课前分组在网络上检索“中国高铁的建设与发展”，回答下列问题。

（1）目前，中国正在运营的高速铁路线路有哪些?

（2）截至 2022 年底，中国高速铁路运营里程有多少？占世界高速铁路运营里程比例是多少?

（3）中国高铁有哪些创新之举?

任务分组

表 1-3-1　学生任务分配

<table>
<tr><td>班级</td><td colspan="2"></td><td colspan="2">组号</td><td></td></tr>
<tr><td>组长</td><td colspan="2"></td><td colspan="2">学号</td><td></td></tr>
<tr><td rowspan="5">组员</td><td>姓名</td><td>学号</td><td colspan="2">姓名</td><td>学号</td></tr>
<tr><td></td><td></td><td colspan="2"></td><td></td></tr>
<tr><td></td><td></td><td colspan="2"></td><td></td></tr>
<tr><td></td><td></td><td colspan="2"></td><td></td></tr>
<tr><td></td><td></td><td colspan="2"></td><td></td></tr>
<tr><td>任务分工</td><td colspan="5">1. 各组成员在组长的带领下，查阅中国高速铁路运营里程。
2. 查阅我国现有的高速铁路线路及其运营情况，做好记录。
3. 查阅中国国家铁路集团有限公司的职能及其下属公司。
4. 讨论：中国铁路运输有哪些特点？</td></tr>
</table>

任务实施

上网检索我国已建成的高速铁路，并结合学习情境相关知识点，回答下列问题。

1. 了解我国已建成的部分高速铁路

引导问题 1　（　　　）是我国第一条高速铁路客运专线。

A. 秦沈客运专线　　B. 京津城际铁路

C. 东南沿海客运专线　　D. 青太客运专线

引导问题 2　（　　　）是目前世界上运营里程最长的高速铁路。

A. 京广高速铁路　　B. 京沪高速铁路

C. 兰新高速铁路　　D. 沪昆高速铁路

引导问题 3　京广高速铁路由哪几段组成？

2. 了解我国铁路运输的机构以及铁路分类

引导问题 4　你知道我国有哪些铁路机构？

引导问题 5　你知道我国目前有哪几个铁路局（集团公司）？

引导问题 6　你知道我国铁路可以分为哪几类？

3. 了解我国铁路运输的特点

引导问题 7　我国铁路运输有哪些特点？

引导问题 8　你知道你现在所学的专业是对口铁路的哪个岗位吗？

学习情境的相关知识点

知识点 1　我国已建成的部分高速铁路

1. 秦沈客运专线

秦沈客运专线是我国第一条高速铁路客运专线，也是我国铁路步入高速化的起点，通过秦沈客运专线的设计、施工、运营，为建设京沪等其他高速铁路提供大量的数据及资料，从而进一步加快了我国铁路高速化的进程。

秦沈客运专线自河北省秦皇岛市起，经辽宁省绥中县、兴城市、葫芦岛市、锦州市、台安县、辽中区，至沈阳市沈阳北站，全线总长 404 km。从 2006 年 12 月 31 日起，秦沈客运专线和京秦铁路、原哈大铁路哈尔滨至沈阳段合并为京哈铁路。

2. 京津城际铁路

京津城际铁路是中国最早开工建设并最先建成的第一条高标准高速铁路，全长约 120 km，连接北京和天津两大直辖市。于 2005 年 7 月 4 日开工建设，2007 年 12 月 15 日全线铺通，2008 年 8 月 1 日运营，启用了代表城际高速列车的 C 字头车次。

3. 京九高速铁路

京九高速铁路采用各地分段建设最后连成一线的方式建设。全长 2 000 km，设计速度 350 km/h，北起北京，跨越京、冀、鲁、豫、鄂、皖、赣、粤八个省级行政区，南至深圳，连接香港九龙，是连接环渤海和珠三角的重要高速铁路干线。

4. 京沪高速铁路

京沪高速铁路是一条连接北京市与上海市的高速铁路，是 2016 年修订的《中长期铁路网规划》中“八纵八横”高速铁路主通道之一。

京沪高速铁路于 2008 年 4 月 18 日正式开工，2011 年 6 月 30 日，全线正式通车，初期运营速度 300 km/h。

京沪高速铁路由北京南站至上海虹桥站，全长 1 318 km，设 24 个车站，设计的最高速度为 380 km/h。截至 2017 年 9 月，京沪高速铁路的运营速度 350 km/h。截至 2021 年 6 月 30 日，京沪高速铁路已开通运营 10 周年，共发送旅客 13.5 亿人次。

知识点 2　中国国家铁路集团有限公司组织架构

中国国家铁路集团有限公司（简称“国铁集团”）是经国务院批准、依据《中华人民共和国公司法》设立、由中央管理的国有独资公司，其组织架构如图 1-3-1 所示。公司注册资本为 17 395 亿元，由财政部代表国务院履行出资人职责。

知识点 3　国家铁路局的职能与组织机构

1. 国家铁路局的主要职责

① 起草铁路监督管理的法律法规、规章草案，参与研究铁路发展规划、政策和体制改革工作，组织拟订铁路技术标准并监督实施。

② 负责铁路安全生产监督管理，制定铁路运输安全、工程质量安全和设备质量安全监督管理办法并组织实施，组织实施依法设定的行政许可。组织或参与铁路生产安全事故调查处理。

③ 负责拟订规范铁路运输和工程建设市场秩序政策措施并组织实施，监督铁路运输服务质量和铁路企业承担国家规定的公益性运输任务情况。

④ 负责组织监测分析铁路运行情况，开展铁路行业统计工作。

⑤ 负责开展铁路的政府间有关国际交流与合作。

⑥ 承办国务院及交通运输部交办的其他事项。

2. 国家铁路局的内设机构

国家铁路局的内设机构有综合司（外事司）、科技与法制司、安全监察司、运输监督管理司、工程监督管理司、设备监督管理司、人事司、直属机关党委，如图 1-3-1 所示。

1）综合司（外事司）

承担局机关日常运转、政务公开、新闻发布、财务和资产管理等工作。组织监测分析铁路运行情况，组织开展铁路行业统计工作。承担国际、港澳台地区交流合作事务及外事工作。

2）科技与法制司

组织拟订铁路技术标准，承担铁路技术监督工作，推动铁路科技创新。组织起草铁路监督管理的法律法规、规章草案，参与研究铁路发展规划、政策和体制改革工作，承担行政复议、行政应诉工作。

3）安全监察司

研究分析铁路安全形势、存在问题并提出完善制度机制建议。组织拟订铁路安全监督管理办法并监督实施，组织或参与铁路生产安全事故调查处理，指导、监督铁路行政执法工作。

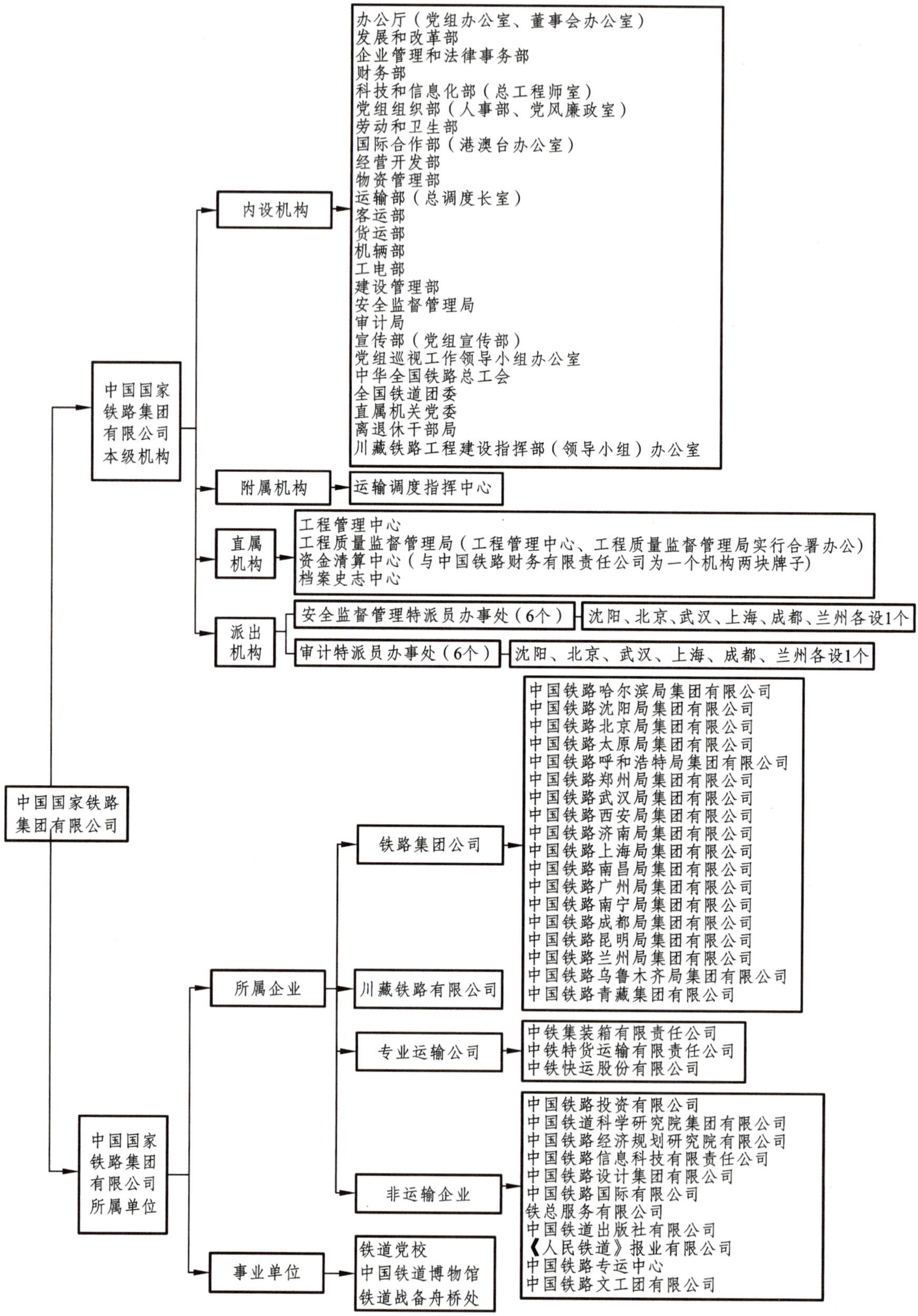

图 1-3-1 中国铁路组织构架

4）运输监督管理司

组织监督铁路运输安全、铁路运输服务质量、铁路企业承担国家规定的公益性运输任务情况，严格按照法律法规规定的条件和程序办理铁路运输有关行政许可并承担相应责任，组织拟订规范铁路运输市场秩序政策措施并监督实施。

5）工程监督管理司

组织拟订规范铁路工程建设市场秩序政策措施并监督实施，组织监督铁路工程质量安全和工程建设招标投标工作。

6）设备监督管理司

组织监督铁路设备产品质量安全，严格按照法律法规规定的条件和程序办理铁路机车车辆设计生产维修进口许可、铁路运输安全设备生产企业认定等行政许可并承担相应责任。

7）人事司

承担局机关和局属单位的人事管理、机构编制、队伍建设等工作。负责局机关退休干部工作。

8）直属机关党委

直属机关党委负责局机关和局属事业单位的党群工作，受局党组委托指导地区铁路监督管理局的党群工作，落实局党组党风廉政建设主体责任相关工作。开展党的思想建设、组织建设、作风建设、反腐败建设和制度建设，推进精神文明建设和文化建设。

知识点 4　我国铁路运输的分类

（1）按铁路管理权限的不同，可将铁路分为国家铁路、地方铁路、合资铁路、专用铁路、铁路专用线等。

① 国家铁路。国家铁路是指由国家出资修建的由国铁集团管理的铁路，它在国民经济中具有重要的地位和作用。

② 地方铁路。地方铁路主要是地方自行投资修建或者与其他几种铁路联合投资修建，由地方人民政府管理，担负地方公共客货短途运输任务的铁路。

③ 合资铁路。合资铁路分为国内合资铁路和中外合资铁路。国内合资铁路是指由两个或两个以上企业或其他单位合资修建的铁路。中外合资铁路是指由中方具有法人资格的企业或者其他单位与外国投资者联合修建的铁路。

④ 专用铁路。专用铁路是指由企业或其他单位管理，并配有机车动力、车辆、站段等铁路设备，专为本企业或本单位内部提供运输服务的铁路。专用铁路主要用于非营业性运输，但经省、自治区、直辖市人民政府批准，也可用于公共旅客、货物营业性运输。

⑤ 铁路专用线。铁路专用线是指由企业或其他单位管理的与国家铁路或其他铁路线路接轨的专为企业使用的铁路岔线，铁路专用线一般不配备机车，大型企业也可配置自己的专用机车及专用自备车辆。

（2）按运输方式多少，铁路运输分为单一方式运输和铁路多式联运。

铁路多式联运一般有国内铁路与国内公路、航空、水路联运；同时，也应包括国内铁路与国际海上相互间的联运。《中华人民共和国铁路法》规定：国家铁路、地方铁路参加国际联运，必须经国务院批准。

（3）按是否以营利为目的，可将铁路运输分为营业性运输和非营业性运输。

① 营业性运输。营业性运输是指为社会服务、发生各种方式运输费用结算的运输。目前我国铁路的客、货运输都是营业性运输。

② 非营业性运输。非营业性运输是指为本单位服务、不发生各种方式运输费用结算的运输。

知识点 5　我国铁路运输的特点

1. 铁路运输是高度集中、统一指挥的大企业

铁路是国家重要的基础设施、国民经济的大动脉，关系到国计民生；而铁路运输又是在点多、线长、流动分散的情况下，夜以继日、连续不断地在高速运输中进行生产活动。这就决定了铁路必须强调高度集中、统一指挥，只有这样，才能保证重点物资运输，才能保证铁路运输任务的完成，也才能获得最好的经济效益和社会效益。

2. 铁路运输是一部大联动机

铁路的运输生产是由车务、机务、工务、电务、车辆等很多部门和很多工作环节紧密联系而共同完成的。各部门、各单位、各工种、各个工作环节必须紧密配合、协调动作，如同钟表一样准确而有节奏地工作，才能安全、有序地完成繁重的运输任务。铁路运输生产中，如果一个局部或一个单位或一个关键岗位出现疏忽或差错，就可能造成事故，影响整条线路的畅通。所以，要求每一个铁路职工必须有认真负责和互相协作的精神。

3. 铁路是半军事化的大企业

铁路实行半军事化管理，有严格的组织性、纪律性。要求铁路职工全力以赴服从工作需要，日常应严格遵章守纪、服从上级命令。铁路的各项规章制度具有科学性，其中有些条文是用血的代价换来的，因而带有权威性、强制性，是铁的纪律。每个铁路职工必须接受纪律的约束，增强纪律观念，培养执行规章制度和严守纪律的自觉性，做到有令则行、有禁则止。由于铁路具有上述特点，因此，要求铁路的企业管理、组织运输生产和各项改革都必须适应这些特点。只有这样，铁路运输生产才能做到安全正点、畅通无阻。

评价反馈

扫描下方二维码对本节课进行评价。

学习领域一学习情境三问卷调查

学习情境四 新型铁路

学习情境描述

在人类旅行的整个速度范围内，对应着不同的运输方式。公路速度一般为 50 ~ 100 km/h；铁路速度一般为 100 ~ 300 km/h；航空速度则为 500 ~ 1 000 km/h。随着高速铁路的发展，虽然速度有所提高，但传统铁路无法摆脱地面摩擦阻力对运行速度的约束。因此，在铁路与航空之间存在一个空白段。长期以来人们就在思索如何弥补铁路和飞机之间的差距，而磁悬浮铁路则是很有发展前途的高速陆上运输系统。

重载运输是除高速铁路以外，铁路现代化的又一个标志。铁路重载运输是在先进的铁路技术装备条件下，扩大列车编组、提高列车载质量的运输方式，是未来铁路发展的方向之一。铁路重载运输技术始于 20 世纪 20 年代，至今已在世界上很多国家被广泛采用，它是提高线路输送能力、提高运输效率的重要措施。特别是对于幅员辽阔的大陆国家，具有更重要的现实意义。因此，重载运输已成为世界各国铁路货物运输发展的共同趋势，也是我国加速提高铁路运输能力的一条主要途径。

学习目标

1. 素质目标

（1）养成爱国意识、创新意识和大国工匠精神。

（2）养成钻研进取、不断进步的精神。

2. 知识目标

（1）了解国内外磁悬浮铁路的发展以及国内外重载铁路的发展概况。

（2）熟悉磁悬浮铁路的基本设备以及重载铁路的国际标准。

（3）掌握磁悬浮铁路的基本原理以及重载列车的组织形式。

3. 能力目标

（1）能知晓磁悬浮铁路的特点及其优越性。

（2）能明确磁悬浮铁路与传统铁路的不同。

（3）能说出重载铁路运输的特点，能区分重载铁路与传统铁路的不同。

课前任务

上网检索我国磁悬浮铁路以及重载铁路的发展现状，并回答下列问题。

（1）相比较传统铁路，磁悬浮铁路有什么不同？

（2）磁悬浮铁路具有什么特点？

（3）在我国，哪些铁路是重载铁路？

任务分组

表 1-4-1　学生任务分配

<table>
<tr><td>班级</td><td colspan="2"></td><td colspan="2">组号</td></tr>
<tr><td>组长</td><td colspan="2"></td><td colspan="2">学号</td></tr>
<tr><td rowspan="5">组员</td><td>姓名</td><td>学号</td><td>姓名</td><td>学号</td></tr>
<tr><td></td><td></td><td></td><td></td></tr>
<tr><td></td><td></td><td></td><td></td></tr>
<tr><td></td><td></td><td></td><td></td></tr>
<tr><td></td><td></td><td></td><td></td></tr>
<tr><td>任务分工</td><td colspan="4">1. 教师帮助学生划分学习小组，在小组划分时应考虑学生个体差异。
2. 各成员两两一组查阅磁悬浮铁路的网络资料（可以是新闻、短视频、文章等），结合课前任务做好学习笔记记录，由组长汇总。
3. 讨论：磁悬浮铁路未来可以往哪些方面发展；重载铁路的国际标准及发展现状，由组长记录</td></tr>
</table>

任务实施

1. 国内外磁悬浮铁路的发展

引导问题 1　国外磁悬浮铁路发展情况如何？

引导问题 2　我国磁悬浮铁路的发展。

引导问题 3　与高速公路、航空及高速铁路相比，磁悬浮铁路具有哪些特点与优越性？
展开讨论______

2. 磁悬浮铁路基本原理

引导问题 4　随机选人回答，磁悬浮铁路的物理原理是什么？

3. 磁悬浮铁路基本设备

引导问题 5　与磁悬浮铁路相关的关键设备有哪些？

4. 重载铁路的标准

引导问题 6　重载铁路的国际标准是什么？

5. 国内外重载铁路的发展概况

引导问题 7　国外重载运输的现状？

引导问题 8　我国重载铁路的发展现状？

小提示

从我国大秦铁路运煤专线上重载列车的运输情况，思考我国重载铁路的发展现状及未来发展方向。

6. 重载列车的组织形式

引导问题 9　重载列车的运输方式有哪些?

7. 重载运输技术设备

引导问题 10　与重载铁路运输相关的关键设备有哪些?

相关知识点

一、磁悬浮铁路

知识点 1　国内外磁悬浮铁路发展情况

1. 国　外

磁悬浮技术的研究源于德国，早在 1922 年德国工程师赫尔曼·肯佩尔就提出了电磁悬浮原理，并于 1934 年申请了磁悬浮列车的专利。德国于 1971 年造出了世界上第一台功能较强的磁悬浮列车。1994 年，德国政府决定修建柏林—汉堡 292 km 长的世界第一条长距离磁悬浮列车运行线，采用新一代 TR08 型磁悬浮列车，由 5 节车厢组成，投入运营的商用速度为 450 km/h，后期建设计划搁浅以后，转而与中国达成协议，在上海修建了一条世界上首条进行商业运行的磁悬浮铁路。

20 世纪 60 年代，日本开始进行磁悬浮技术研究，在试验线上创造了 581 km/h 的世界试验纪录。到 20 世纪 70 年代，随着世界工业化国家经济实力的不断加强，为提高交通运输能力以适应其经济发展的需要，美国、俄罗斯、加拿大、法国、英国等发达国家曾相继开展磁悬浮运输系统的研究与开发。目前国外只有德国和日本仍在继续进行磁悬浮铁路系统的研究，并均取得了令世人瞩目的进展。

2. 国　内

我国是从 20 世纪 80 年代初开始对磁悬浮技术进行跟踪研究，为高温超导磁悬浮（见图 1-4-1）研究奠定了良好的基础。中国铁道科学研究院 1985 年完成了悬球试验等基础性研究，1987 年完成了中国科技馆的直传列车展示模型。1988 年，开展国家“八五”计划“磁悬浮技术研究”的可行性研究，1991 年完成 100 kg 单点悬浮研究。2006 年，西南交通大学承接的四川青城山低速常速常导磁悬浮旅游示范线建成并联调成功。2002 年，由我国和德国合作共同修建的我国第一条集交通、观光于一体的商用磁悬浮列车在上海浦东落户（见图 1-4-2）。该线西起上海地铁 2 号线龙阳路站南侧，终点为上海浦东国际机场一期航站楼东侧，全长 40 km，速度为 400 km/h，磁悬浮列车有 9 节车厢，一次可乘坐 959 人，每小时可发 12 列，最大年运量可达 1.5 亿人次，全线运行时间 7 ~ 8 min。2015 年 12 月 26 日，长沙高铁南站至黄花机场的 18.55 km“长沙磁浮快线”试运行，是中国首条拥有完全自主知识产权的中低速磁浮铁路。该线起于磁浮高铁站，途经长沙市雨花区和长沙县，连接长沙南站和长沙黄花国际机场，止于磁浮机场站，大致呈东西走向。截至 2018 年 7 月，长沙磁浮快线线路全长 18.55 km，全程高架敷设，设车站 3 座，预留车站 2 座；列车采用 3 节编组，设计速度为 100 km/h。

图 1-4-1　上海磁悬浮列车

图 1-4-2　高温超导磁悬浮列车

相比传统的轮轨铁路，磁悬浮铁路在技术、运营管理方面上还未完全成熟。磁浮铁路最大的优点是更加适合超高速行车。但是，长距离磁浮铁路造价极高，经济上存在风险。所以，目前发展磁浮铁路处于两难境地，在可以预见的将来，不大可能有相当大规模的发展，但是由于磁浮铁路本身固有的优越性，成本也将随技术成熟而逐渐降低，从长远来看，磁浮铁路还具有一定发展前途。

知识点 2　磁悬浮铁路的特点与优越性

1. 磁悬浮铁路的特点

磁悬浮铁路与传统铁路有着截然不同的特点。在传统铁路上运行的列车，是靠机车提供牵引力，以钢轨和轮缘作为运行导向设备，由铁路线路承受压力，借助车轮与钢轨之间的摩擦力滚动前进的。而在磁悬浮铁路上运行的列车，是利用电磁系统产生的吸引力/排斥力将车辆托起，使整个列车悬浮在导轨上，并利用电磁力进行导向、利用直线电机将电能直接转换成推进力而推动列车前进的。

所以，磁悬浮列车是介于铁路和航空之间的自动化的地面交通方式，为世界陆上运输开辟了一个新领域。

2. 磁悬浮铁路的优越性

（1）速度快、旅行时间短。磁悬浮铁路由于消除了轮轨之间的接触，因而没有摩擦阻力，速度可达 500 km/h，节省旅客的旅行时间。

（2）安全、可靠。由于磁悬浮系统采用导轨结构，列车运行平稳，不会发生脱轨和颠覆事故，提高了列车运行的安全性和可靠性。

（3）能源消耗低。磁悬浮铁路的运行单位能耗比飞机低 10%。

（4）无公害、无污染。磁悬浮列车可以离开地面（高架线或地下线），利用计算机技术自动控制，有专用线路，可避免交通事故和交通阻塞。由于采用橡胶轮支撑和悬浮运行，无噪声、无振动、无废气排出，对环境无污染。

（5）故障少、维修费用低。磁悬浮列车虽然一次投资较多，但其主要部件比较单一和牢固，因而故障少、维修费用比传统铁路低。

（6）磁悬浮铁路由于采用线性电机，体积大大缩小，可减少占用空间。

（7）可采用较大的坡度，在线路建筑上，尤其是走地下线时，投资比一般地铁低 20%。

磁悬浮铁路的主要投资在于车辆制造、超导技术的应用和线性电机等设备方面，比高速公路略高。

知识点 3　磁悬浮铁路的基本原理

磁悬浮系统是利用同性相斥、异性相吸的电磁感应原理，以直线电动机作为驱动力，运行时车体斥浮或吸浮于导轨上面，并与之保持一定间隙的铁路，如图 1-4-3 所示。由于悬浮在导轨之上，故没有轮轨间的摩擦，不受黏着条件限制。

由于磁铁有同性相斥和异性相吸两种形式，磁悬浮列车也有两种相应的形式：一种是利用磁铁同性相斥原理而设计的电磁运行系统的磁悬浮列车，它利用车上超导体电磁铁形成的磁场与轨道上线圈形成的磁场之间所产生的排斥力，使车体悬浮运行；另一种则是利用磁铁异性相吸原理而设计的电动力运行系统的磁悬浮列车，它是在车体底部及两侧倒转向上的顶部安装磁铁，在 T 形导轨的上方和伸臂部分下方分别设反作用板和感应钢板，控制电磁铁的电流，使电磁铁和导轨间保持 10 ~ 15 mm 的间隙，并使导轨钢板的排斥力与车辆的重力平衡，从而使车体悬浮于车道的导轨面上运行。

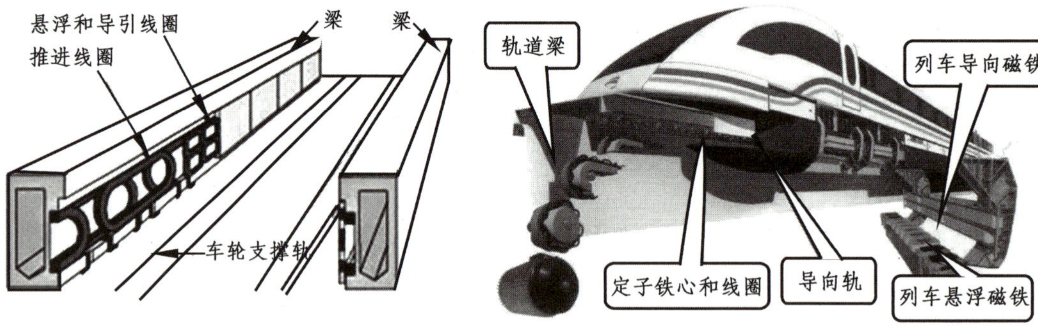

图 1-4-3　磁悬浮铁路原理示意

知识点 4　磁悬浮铁路的基本设备

1. 磁悬浮铁路的线路

磁悬浮列车能够离开地面一定的高度飞速运行，但却不能像飞机以空气为依托，因而在地面上必须有一个坚实可靠的支承和导向系统。也就是说，它虽不像传统铁路那样对线路有强烈的依附性，但必须有线路设备作为基础。所以，磁悬浮列车仍然属于铁路的范畴。

轨道（见图 1-4-4），作为磁悬浮铁路的基本组成部分和走行基础，在构造上应能满足磁悬浮列车的基本要求。因为磁悬浮列车不但在构造和原理上与传统铁路不同，而且采用不同的悬浮方式，所以对线路的要求不一样。磁悬浮铁路的悬浮、导向和推进设备，无论什么形式，总有一部分安装在车辆上，而另一部分安装在线路上，因此线路结构必须与之相适应。尤其是直线电机，对线路平面的要求是较为严格的。

图 1-4-4　磁悬浮铁路轨道

磁悬浮铁路与现代铁路一样，可以修建在路基上或类似地下铁道的隧道内，或者修建在高架桥上。目前，采用最多的是高架式线路。

为了减少与城市或其他道路的干扰，尽量少占土地，并使线路具有足够的平顺性和刚度，修建高架线路具有更大的优越性。

磁悬浮列车施加于线路上的载荷，与传统铁路不同，并非集中荷载，而是分布荷载。因此，其桥梁设计荷载不但大大低于传统铁路，甚至低于公路，其高架桥体尺寸可以明显减小，造价也可大大降低。磁悬浮铁路高架线路的横断面一般采用 U 形、T 形或倒 T 形，如图 1-4-5 所示。

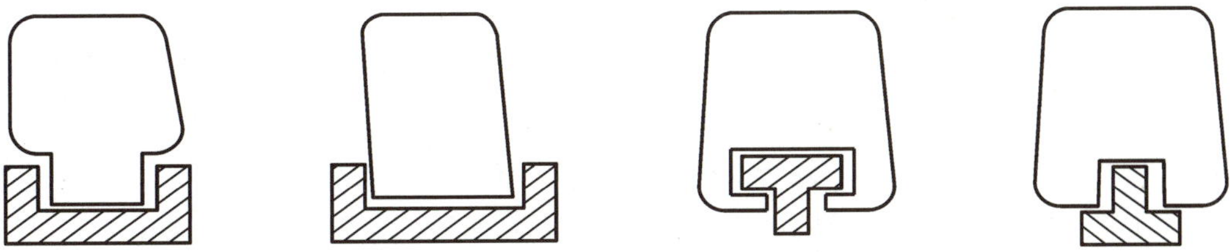

图 1-4-5　磁悬浮铁路高架线路横断面形式

高架桥一般采用块体拼装式连续梁钢筋混凝土结构，跨度 20 ~ 30 m。立柱式墩台，采用深基或桩基基础，直径约为 0.8 ~ 1.2 m，梁柱间采用铰接，橡胶支座调高范围为 20 ~ 60 mm。梁底至地面之间的距离（净空）不小于 5 m。高架线路数有单线、复线之分。线路的最大坡度比传统铁路大得多，线路平面曲线半径在 6 000 ~ 10 000 m。

磁悬浮铁路也需要采用道岔来改变列车的运行方向，但其道岔（见图 1-4-6）的形式和传统铁路大不相同，不采用尖轨、辙叉形式，而采用活动转辙方式。

图 1-4-6　磁悬浮铁路道岔

2. 磁悬浮铁路的车辆

车辆是磁悬浮铁路的重要组成部分，是一种不与地面直接接触的运载工具。从磁悬浮铁路产生到现在，随着时代的发展和制式的不同要求，车辆也不断地更新。尤其是最近十几年来，各国对磁悬浮车辆的结构和外形十分重视，发展很快。

磁悬浮车辆主要由三部分构成，即客室、操纵室和动力室。客室占的比重较大，内设若干排座椅。在动力室中，设有辅助动力装置、冷冻机空调器和冷却风扇等设备。此外，还设有车辆转向架，在车辆未浮起或减速停车着地时的辅助支撑车轮，以及超导磁体、燃料电池等。

3. 磁悬浮铁路的供电

1）区段供电

磁悬浮系统为长定子同步直线电机驱动，采用地向一侧 LSM 同步电机，由地面设置的大功率变流器来控制地面推进绕组的三相交流电。直线电机所需牵引功率变换站按照牵引控制系统所要求的速度，将公共电网的电能变换成变频变压的交流电，该交流电与车速同步，向直线电机供电。该功率变换系统由 1 个整流器、3 组逆变器以及 1 个用于电阻制动的直流斩波器组成。由于推进绕组沿全线分布，但划分为各个区段，可以仅向车辆运行所在区段供电，以提高直线电机功率因数和效率。

2）列车供电

（1）一台功率变换器对应一列车的一对一供电方式。运输能力和电气动力设备容量密切相关。这时，只有列车在区段内运行时，才由功率变换器向列车进行供电。

（2）由地面自动控制列车的运行。磁悬浮列车的走行控制在变电所内进行，而不像普通列车在车上由司机控制。变电所内装有电子计算机实现系统的自动运行。

（3）高精度位置检测，为与同步直线电机 LSM 同步运行，要连续准确地检测地面推进绕组车上超导磁铁的位置，以实现同步控制。

（4）只在列车的走行区段进行供电控制。在同步直线电机驱动系统中，列车的推进只与路的长定子推进绕组有关，因此只对有列车运行的区段的地面绕组进行供电控制。

二、重载铁路

知识点 1　重载铁路的标准

铁路重载运输是指行驶列车总重大、行驶轴重大的货车或行车密度和运量特大的铁路运输。其主要特点是在一定的铁路技术装备条件下，扩大列车编组长度，不降低行车速度，大幅度提高列车载质量，充分利用运输设施的综合能力，采用大功率内燃或电力机车（一台或多台）牵引来达到一定重量标准的运输方式。

国际重载协会先后于 1986 年、1994 年和 2005 年 3 次修订了重载铁路标准。在 2005 年国际重载协会理事会上，对新申请加入国际重载协会的重载铁路，要求满足以下 3 条标准中的至少 2 条。

（1）列车质量不小于 8 000 吨。

（2）轴重达 270 kN 以上。

（3）在长度不小于 150 km 线路上年运量不低于 4 000 万吨。

我国大秦铁路满足国际重载协会 2005 年的重载铁路新标准。

知识点 2　国内外重载运输的发展情况

1. 国外重载运输的现状

20 世纪 50 年代以来，重载铁路运输因其运能大、效率高、运输成本低而受到各国的广泛重视，特别是在一些幅员辽阔、资源丰富，煤炭和矿石等大宗货物运量占有较大比重的国家（如美国、加拿大、巴西、澳大利亚、南非、瑞典等）发展尤为迅速。20 世纪 80 年代以后，由于新材料、新工艺、电力电子、计算机控制和信息技术等现代高新技术在铁路上的广泛应用，铁路重载运输技术及装备水平不断提高，重载列车的牵引质量也有很大提高。

国外重载列车牵引质量一般为 10 000 ~ 30 000 t，美国重载列车编组通常为 108 辆货车，牵引质量为 13 600 t；加拿大典型单元重载列车编组为 124 辆货车，牵引质量为 16 000 t；南非重载列车的牵引质量一般为 18 500 ~ 20 000 t；澳大利亚哈默利斯铁矿铁路重载列车一般编组为 226 辆货车，牵引质量为 28 000 t；巴西维多利亚—米纳斯铁路标准编组列车为 320 辆编组，列车牵引质量 31 000 t。2001 年 6 月 21 日，澳大利亚在纽曼山—海德兰铁路线上，试验开行了编组达 682 辆货车的重载列车，列车总长 7 353 m，牵引质量达 99 734 t，净载质量为 82 000 t，创造了重载列车新的试验纪录。

2. 我国重载铁路的发展

我国铁路重载运输的发展，大致经历了 4 个阶段，并相应开行 3 种模式的重载列车（见图 1-4-7）。

图 1-4-7　我国重载铁路运输现状

（1）第一阶段（1984—1986 年）：改造既有线、开行重载组合列车。

（2）第二阶段（1985—1992 年）：新建大秦铁路、开行重载单元列车。

（3）第三阶段（1992—2002 年）：改造繁忙干线、开行 5 000 t 级重载混编列车。

（4）第四阶段（2003— ）：大秦铁路开行 20 000 t，提速繁忙干线开行 5 500 ~ 5 800 t。

大秦铁路西起大同地区的韩家岭站，东至秦皇岛的柳村南站，途经山西、河北、北京、天津四省市，全长 653 km，是我国第 1 条以开行重载单元列车为主的双线自动闭塞电气化铁路运煤专线，于 1985 年建设，1992 年全线开通，设计能力 1 亿吨。大秦铁路作为我国北路煤炭运输的重要通道承担着我国三西（山西、陕西、内蒙古西部）煤炭基地外运任务，全国原煤产量的近 1/10、铁路煤炭运量的近 1/5 依靠大秦铁路运输。

经过科学论证、技术经济比选，结合我国国情和路情，依靠重载技术的自主创新，在保持列车速度、密度不降低的同时，将列车质量由 5 000 t 级提高到 10 000 t 和 20 000 t，以快速成倍提高大秦铁路的运输能力。2009 年实现了 4 亿吨运量，并且成功开行了 1 万吨和 2 万吨级重载组合列车，有效地缓解了晋煤外运的紧张状况，显著提升了我国铁路重载运输的技术装备水平，推动了铁路技术进步取得了技术创新、体系创新和运输组织创新的重要成果。

根据《中长期铁路网规划（调整）》，我国各区域间将建成大能力货运通道。2020 年我国重载运输通道已形成 8 纵 9 横的网络格局。重载运输网总规模将近 3 万千米。其中南北重载运输通道规划里程约 1.31 万千米，占重载运输总里程的 46%，主要由京哈、京沪、京广、京九、包西等 8 条运输通道构成。东西重载运输通道规划里程约 9 100 km，占重载运输总里程的 32%，主要由大秦、神朔黄、陇海线、沿江通道等 9 条运输通道构成。其他重载线路约 6 000 km，占重载运输总里程的 22%，铁路重载运输主要通道的实现，可极大缓解铁路货物运输压力，保证国家重点物资运输畅通，这些成就标志着我国铁路重载运输技术已达到了世界先进水平。

知识点 3　重载列车的运输方式

根据各国铁路运营条件和技术装备水平的不同，重载列车（见图 1-4-8）的运输方式大致可归纳为 3 种类型。

图 1-4-8　新疆重载运输列车

1. 单元式重载列车

单元式重载列车是由装车地到卸车地固定机车车辆，固定发站和到站，固定运行线，运输单一品种货物，在装、卸站间往返循环运行，中途列车不拆散，不进行改编作业的列车。

其特点如下：

（1）实行“五固定”，即固定机车、车底、货种、装车站和卸车站。

（2）货物装卸时不摘机车整列装卸。

（3）运行过程中不进行改编。

（4）按规定走行公里整列入段检修。

重载单元列车在运行过程中除利用铁路的正线和到发线外，不占用铁路的调车设备。在运输过程中，除列车接、发车作业外，不进行任何其他作业。单元列车不仅机车车辆固定编挂、固定回空，而且两端车站装卸设备必须配套，形成矿区至港口（或电厂）的装、运、卸一条龙重载运输组织形式。这种重载运输方式目前运用范围广，经济效益显著。在路网规模大、行车密度小、货运比重大、运能较富裕的美国、加拿大和澳大利亚等国，组织开行从装车地到卸车地之间的重载单元列车，通过货物集中送达、快速装卸和加速机车车辆的周转来降低成本，从而获得较大的效益，提高竞争力。我国的大秦铁路重载运输也属于这种模式。

2. 整列式重载列车

整列式重载列车是由单机或多机重联牵引，机车挂于列车头部。在站线有效长为 1 050 m 的铁路线上开行的货物列车。

这种货物列车采用普通列车的作业组织方法，其列车到达、解体、编组、出发、取车、送车、装车、卸车和机车换挂作业与普通货物列车完全一样，只不过牵引质量有显著提高。这种列车不像单元式重载列车那样要求严格，既不要求“五固定”，在运输途中还可根据实际需要进行改编，也不要求整列装卸以及整列入段检修，因此具有更大的通用性。

目前，在我国京沪、京广、京哈等繁忙提速干线上开行的重载列车主要采用整列式重载列车的组织形式，货物列车牵引定数由 5 000 t 提升到 5 500 ~ 6 000 t，进一步提高繁忙干线的运输能力，而其他国家应用较少。整列式重载列车具有“短、轻、快”的特点。

3. 组合式重载列车

组合式重载列车是把两列及以上符合运行图规定的质量和长度、开往同一方向的单个列车首尾相接连成一列列车，机车分别挂在列车的前部和中部，在运行图上占用一条运行线，运行到前方某一技术站或终到站再分解的货物列车。它实质上是在线路通过能力紧张的区段，利用一条运行线行驶两列及以上普通货物列车的一种扩大运输能力的方式。

知识点 4　重载运输技术设备

1. 重载轨道结构

重载铁路的基本特征是运量多、轴重大。尤其是轴重，它是车辆每一轮对加于轨道上的重力，对轨道结构与线路状态产生着广泛而重要的影响。轨道破损与运量和轴重有密切关系，可见重载列车的荷载对轨道的破坏是相当严重的。

重载铁路线路应选用重型和特重型的轨道标准。钢轨应采用 60 kg/m 及以上的重轨。为了延长钢轨使用寿命，减少养护维修工作量，宜采用超长轨条无缝线路和可动心轨道岔。此外，在曲线地段、长大下坡制动地段和长隧道内，应采用全长淬火钢轨和轨头硬化钢轨、承载力大的轨枕、扣压力大的弹性扣件等，以减少钢轨由于接触应力所引起的伤损。可采取提高线路技术标准（限制坡度、最小曲线半径、到发线有效长度等）、重型轨道结构（钢轨、扣件、轨枕、道岔等）、先进的检测技术和预防性维修体制（车轮冲击检测系统、车辆运行状态地面安全检测系统）等措施，以保证重载铁路运行的安全。

2. 重载机车车辆

1）牵引动力要求

各国重载列车的牵引动力，除美国和加拿大主要采用内燃机车外，绝大多数国家均采用大功率电力机车。目前，凡列车质量超过 10 000 ~ 12 000 t 时多采用多机牵引，多台机车合理地分布在列车前部和中部，并根据列车的实际质量确定所需要的机车台数。由于列车编组很长，牵引动力又分别位于整个列车的不同部位，前后列车联系、操作动作的失调，都会直接危及行车安全。主要采用机车无线遥控操纵系统（LOCTROL）和电控空气制动（ECP）两种技术，来解决这一问题。

2）车辆要求

重载运输的车辆应采用载质量大、强度高、自重系数小的大型货车（轴重 250 kN 的通用货车和轴重 300 kN 的专用货车）。车体采用耐候钢和铝合金材料等（C_{80} 型铝合金运煤敞车、C_{80B} 型不锈钢运煤敞车）；车辆间装设高强度的车钩（16 号联锁式转动车钩）和大容量、高性能的缓冲器；采用性能良好的制动装置；采用可控列尾技术（减少列车制动延迟时间，提高列车制动能效）。

3. 通信信号技术

目前重载运输相关的通信信号技术包括：四显示 ZPW-2000 自动闭塞系统使各列车以最小安全距离追踪运行；主体机车信号设备和列车运行监控装置为列车安全运行、提高运输效率提供保证；分散自律调度集中系统采用智能化分散自律设计原则，以列车运行调整计划为中心，兼顾列车作业与调车作业，提高正点率和服务质量、降低运行成本。

4. 装卸设备

重载单元列车采用环线式装车站、高速定量装车系统、漏卸式和翻卸式设备。

A4 评价反馈

扫描下方二维码对本次课进行评价。

学习领域一学习情境四问卷调查

学习领域二　高速铁路线路

建议学时　12 学时

学习要求　通过本活动，熟悉线路平面、纵断面及路基、桥隧建筑物、轨道和限界等相关知识，具体学习任务简介及学时安排见表 2-0-1。

表 2-0-1　高速铁路线路学习任务简介及学时安排

序号	学习情境	学习任务简介	建议学时
1	线路平面和纵断面	熟悉线路平面和纵断面的含义、组成要素和技术标准	2
2	高速铁路路基和桥隧建筑物	熟悉高速铁路路基和桥隧建筑物的类型和结构组成	4
3	高速铁路轨道	了解高速铁路轨道类型，熟悉轨道结构组成	4
4	限界及线路标志	了解限界及线路标志的概念和含义，熟悉限界的标准	2

学习情境一　线路平面和纵断面

学习情境描述

铁路线路的走向及空间位置是通过线路平面和纵断面设计来确定的，高速铁路线路也是如此。通过完成本情境的学习任务，使学生了解线路平面和纵断面的含义及组成要素，理解铁路线路的走向，为识读线路平面和纵断面图提供知识储备。

学习目标

1. 素质目标

（1）热爱铁路行业。

（2）养成节能环保意识和团结协作的精神。

2. 知识目标

（1）理解线路平纵断面的含义。

（2）了解线路的平纵断面的组成。

3. 能力目标

（1）能按照学习任务开展自主学习。

（2）能识读铁路线路的平面和纵断面图。

课前任务

上网检索关于铁路线路平、纵断面的相关视频和信息，观看动画视频“铁路线路曲线”，回答下列问题。

铁路线路曲线

（1）线路平面和纵断面的组成要素是什么?

（2）你认为铁路在选线时，曲线半径和线路坡度受什么制约?

任务分组

表 2-1-1　学生任务分配

<table>
<tr><td>班级</td><td colspan="2"></td><td>组号</td><td colspan="2"></td></tr>
<tr><td>组长</td><td colspan="2"></td><td>学号</td><td colspan="2"></td></tr>
<tr><td rowspan="5">组员</td><td>姓名</td><td>学号</td><td colspan="2">姓名</td><td>学号</td></tr>
<tr><td></td><td></td><td colspan="2"></td><td></td></tr>
<tr><td></td><td></td><td colspan="2"></td><td></td></tr>
<tr><td></td><td></td><td colspan="2"></td><td></td></tr>
<tr><td></td><td></td><td colspan="2"></td><td></td></tr>
<tr><td>任务分工</td><td colspan="5">1. 教师帮助学生划分学习小组，在小组划分时应考虑学生个体差异。
2. 各小组成员在组长的带领下，扫码观看课前任务视频，提取关键词。
3. 各成员查阅铁路线路平面和纵断面的网络资料（可以是新闻、短视频、文章等），组长汇总。
4. 讨论：线路平面和纵断面的组成要素是什么？曲线半径和线路坡度如何确定，组长记录</td></tr>
</table>

任务实施

1. 铁路线路的作用和组成

引导问题 1　铁路线路在铁路运输中起着什么作用，它由哪些部分组成？

2. 铁路线路平、纵断面的定义

引导问题 2　铁路线路为什么不是既平又直的直线？它的空间位置选定需要考虑哪些因素？

3. 铁路线路的平面

引导问题 3　铁路线路的平面有哪些组成要素？

引导问题 4　列车在直线和曲线上运行时，所受到的阻力有什么不同？高速铁路曲线半径有什么要求？

引导问题 5　铁路线路纵断面由哪些部分组成？

相关知识点

知识点 1　铁路线路的作用和组成

铁路线路是机车车辆运行的基础，直接承受机车车辆轮对传来的压力。为了保证列车能按规定的最高速度安全、平稳和不间断地运行，使铁路运输部门能够高质量地完成客货运输任务，铁路线路必须经常保持完好状态。

铁路线路是由路基、桥隧建筑物和轨道组成的一个整体工程结构。

知识点 2　铁路线路平纵断面的定义

铁路线路在空间的位置是用它的线路中心线表示的。中心线点的位置是路肩连线 CD 的中点 O，如图 2-1-1 所示。

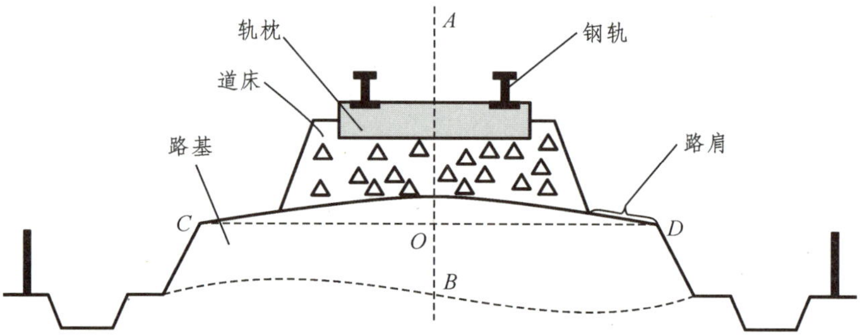

图 2-1-1　线路中心线

线路中心线在水平面上的投影，叫作铁路线路的平面（见图 2-1-2），它表示线路的直、曲变化状态。线路中心线纵向展直后在垂直面上的投影，叫作铁路线路的纵断面（见图 2-1-3），它表示线路的起伏变化情况，其高程为路肩高程。线路的平面和纵断面不但确定了线路的空间位置，同时也为路基、桥隧及车站等其他设备的设置提供依据，对铁路运输能力的大小有直接影响。

图 2-1-2　线路平面

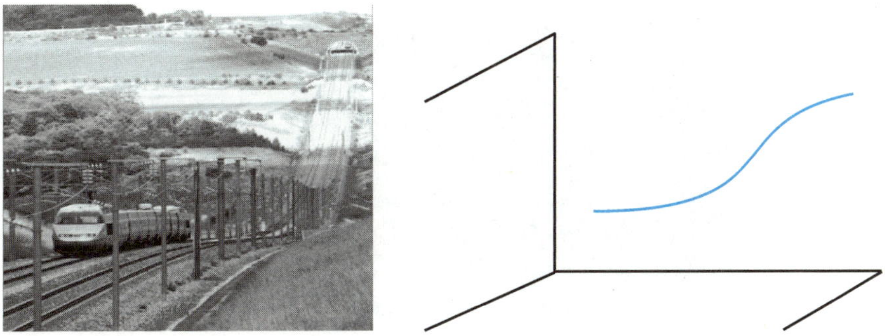

图 2-1-3　线路纵断面

高速铁路的线路平面和纵断面设计，更需满足行车安全平顺，保证旅客舒适和便于线路维修等要求，应该综合考虑工程和运营的要求，通过方案比选，在满足运营基本要求的前提下，尽量减少工程量，降低造价。

知识点 3　铁路线路的平面及平面图

1. 铁路线路平面组成要素

铁路线路在直线（见图 2-1-4）转角处需要用曲线（见图 2-1-5）连接。因此，直线和曲线就成为线路平面的组成要素。

图 2-1-4　直线线路

图 2-1-5　曲线线路

2. 曲线半径

列车在线路上运行，总会受到各种阻力。归纳起来，阻力主要有基本阻力和附加阻力两大类。

1）基本阻力

基本阻力是指在空旷地段沿平、直轨道运行时所受到的阻力，包括车轴与轴承之间的摩擦阻力、轮轨之间的摩擦阻力钢轨接头对车轮的撞击阻力等。基本阻力在列车运行时总是存在的。

2）附加阻力

列车在线路上运行时，除基本阻力外所受到的额外阻力，如曲线阻力、坡度阻力、起动阻力等称为附加阻力。附加阻力随列车运行条件或线路平、总断面情况而定。阻力方向与行车方向相反。

曲线附加阻力：列车通过曲线时，由于离心力的作用，使外侧车轮轮缘和外轨内侧的挤压摩擦增大；同时还由于曲线外轨长于内轨，外侧车轮在轨面上滚动时产生相对滑动，从而给运行的列车造成一种附加阻力，称为曲线附加阻力，如图 2-1-6 所示。

图 2-1-6 轮轨接触关系

试验研究表明，曲线附加阻力的大小与曲线半径成反比。曲线半径越小，运营条件越差；大半径曲线对列车运行的影响较小，而小半径曲线容易适应困难地形。因此，在设计铁路线时必须根据铁路所允许的旅客列车的最高运行速度，由大到小合理地选用曲线半径。我国高速铁路区间线路最小曲线半径，见表 2-1-2。

表 2-1-2 高速铁路区间线路最小曲线半径

设计行车速度/（km/h）		最小曲线半径/m	
		一般	困难
200	客运专线	2 200	2 000
250	有砟轨道	3 500	3 000
	无砟轨道	3 200	2 800
300	有砟轨道	5 000	4 500
	无砟轨道	5 000	4 000
350	有砟轨道	7 000	6 000
	无砟轨道	7 000	5 500

最大曲线半径通常是在小偏角情况下为保证圆曲线长度而采用的半径。最大曲线半径主要受线路的铺设、养护能达到的精度控制。当曲线半径达到一定程度后，管理波长范围内矢距值将很小，现有的检测精度难以保证其准确性，可能反而成为轨道不平顺的因素。综合考虑以上因素，我国高速铁路规定的最大曲线半径一般为 12 000 m。

3. 缓和曲线

列车由直线过渡到圆曲线，在直线和圆曲线设置一定长度的缓和曲线，以保证列车从直线进入圆曲线（或从圆曲线进入直线）所产生的离心力逐渐增加或减少，有利于行车平稳。

缓和曲线是一段曲率连续变化的曲线，我国高速铁路采用三次抛物线作为缓和曲线的线型。列车从直线经缓和曲线进入圆曲线，在缓和曲线范围内，将曲率、超高由零过渡到圆曲线地段的规定值，这种过渡是渐变的，它应满足行车安全和舒适度的要求。

4. 线间距

区间及站内两相邻线路须保持一定的安全距离，《铁路技术管理规程》中规定了相邻线路中心线间的最小距离。

（1）直线部分铁路线间距见表 2-1-3。

表 2-1-3　铁路线间距

序号	名　称		线间最小距离/mm
1	区间双线	v=160 km/h	4 200
		160 km/h < v≤200 km/h	4 400
		200 km/h < v≤250 km/h	4 600
		250 km/h < v≤300 km/h	4 800
		300 km/h < v≤350 km/h	5 000
2	三线及四线区间的第二线与第三线		5 300
3	站内正线	v≤250 km/h	4 600
		250 km/h < v≤300 km/h	4 800
		300 km/h < v≤350 km/h	5 000
4	站内正线与相邻到发线		5 000
5	到发线与相邻到发线		5 000
6	安全线与其他线路		5 000

注：线间有建（构）筑物或有影响限界的设施，最小线间距按建筑限界计算确定。

进出枢纽或大型车站两端的加减速地段的线间距，根据列车运行速度确定；区间正线与站内正线线间距不同时，宜利用邻近曲线完成过渡。

（2）曲线地段线路中心线间水平距离可不加宽。

知识点 4　铁路线路纵断面

1. 铁路线路纵断面组成要素

为了适应地面的起伏，线路上除了平道以外，还修成不同的坡道。因此，平道与坡道就成了线路纵断面的组成要素。

坡道的陡与缓常用坡度来表示。坡度是一段坡道两端点的高差 h 与水平距离 L 之比，如图 2-1-7 所示，坡道坡度的大小通常用千分率来表示。

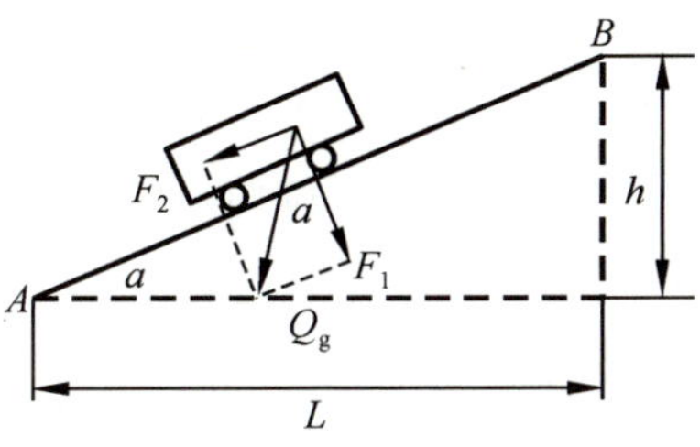

图 2-1-7　坡度示意图

$$i‰ = \frac{h}{L} = \tan\alpha$$

式中　i——坡度值（‰）；

α——坡道段线路中心线与水平夹角（°）。

2. 限制坡度

坡道给列车运行带来不利影响。列车在坡道上运行时，会受到由坡道引起的阻力，成为坡道附加阻力。从图 2-1-7 中可知，线路坡度越大，列车上坡时的坡道阻力也就越大，同一台列车（列车运行速度相同的条件下）所能牵引的列车质量也就越小。

在同一个区段，决定一台某一类型机车所能牵引的货物列车最大质量的坡度，叫作限制坡度。限制坡度的大小，影响一个区段设置全铁路线的运输能力。限制坡度小，列车质量可以增加，运输能力就大，运营费用就省。但是限制坡度过小时，就不容易适应地面的天然起伏，特别是在地形变化很大的地段，使工程量增大，造价提高。因此，限制坡度的选定是一个很重要的问题，要经过仔细综合研究，才能得出合理结论。

我国《铁路技术管理规程（高速铁路部分）》规定：高速正线的最大坡度不宜大于 20‰，困难条件下经技术经济比选后不应大于 30‰。动车组走行线的最大坡度不宜大于 30‰，困难条件下不应大于 35‰。当动车组走行线的最大坡度大于 30‰时，宜铺设无砟轨道。

《铁路技术管理规程（普速铁路部分）》规定：铁路区间线路最大限制坡度（‰）见表 2-1-4。

表 2-1-4　铁路区间线路最大限制坡度

铁路等级		I		II	
		一般	困难	一般	困难
牵引种类	电力	6.0	15.0	6.0	20.0
	内燃	6.0	12.0	6.0	15.0

3. 变坡点

在铁路线路纵断面上，相邻坡段的交点叫作变坡点。列车经过变坡点时，由于坡度的突然变化，车钩内产生附加应力。坡度变化越大，附加应力越大，容易造成断钩事故。为了保证列车的运行安全和平稳，我国铁路规定，在 I 、II 级线路上相邻坡段的坡度代数差大于 3‰、III 级铁路大于 4‰，应以竖曲线连接；高速铁路正线相邻坡段的坡度差大于或等于 1‰时，应采用圆曲线形竖曲线连接，最小竖曲线半径应根据所处区段设计行车速度按表 2-1-5 选用，最大竖曲线半径不应大于 30 000 m。最小竖曲线长度不得小于 25 m。

表 2-1-5　最小竖曲线半径

设计行车速度/（km/h）	250	300	350
最小竖曲线半径/m	20 000	25 000	25 000

动车组走行线相邻坡段坡度差大于 3‰时设置圆曲线形竖曲线，竖曲线半径一般为 5 000 m，困难条件下为 3 000 m。

评价反馈

扫描下方二维码对本次课进行评价。

学习领域二学习情境一问卷调查

学习情境二　高速铁路路基和桥隧建筑物

学习情境描述

高速铁路线路是动车组运行的基础，是由路基、桥隧建筑物和轨道组成的一个整体工程结构。其中，路基和桥隧建筑物都是轨道的基础，它们直接承受轨道的重力，以及列车及其载荷的压力。因此路基和桥隧建筑物的状态与线路质量的关系极为密切。

学习目标

1. 素质目标

（1）具备爱岗敬业、节能环保、团结协作的精神。

（2）树立安全和质量意识。

2. 知识目标

（1）掌握高速铁路路基的类型和结构组成。

（2）掌握高速铁路桥涵的常用类型和结构组成。

（3）了解高速铁路隧道的特点。

3. 能力目标

（1）能通过查阅资料进行拓展学习。

（2）能识别高速铁路路基和桥隧建筑物的类型。

（3）能识别高速铁路路基和桥隧建筑物组成结构名称。

课前任务

上网检索铁路路基、桥梁和隧道的短视频，记录对路基和桥隧建筑物的认识，回答下列问题：

（1）铁路线路由哪些部分组成？

（2）路基和桥隧建筑物各分为哪些类型？

任务分组

表 2-2-1　学生任务分配

<table>
<tr><td>班级</td><td></td><td>组号</td><td></td></tr>
<tr><td>组长</td><td></td><td>学号</td><td></td></tr>
<tr><td>组员</td><td colspan="3"><table><tr><td>姓名</td><td>学号</td><td>姓名</td><td>学号</td></tr><tr><td></td><td></td><td></td><td></td></tr><tr><td></td><td></td><td></td><td></td></tr><tr><td></td><td></td><td></td><td></td></tr><tr><td></td><td></td><td></td><td></td></tr></table></td></tr>
<tr><td>任务分工</td><td colspan="3">1. 教师帮助学生划分学习小组，在小组划分时应考虑学生个体差异。
2. 各组成员在组长的带领下，查阅我国具有代表性的高速铁路桥梁和隧道，组长汇总。
3. 讨论：铁路路基有什么特点？为什么高速铁路桥梁和隧道占比会增加？</td></tr>
</table>

任务实施

1. 铁路线路的组成

引导问题 1　铁路线路是由哪些部分组成的？路基和桥隧建筑物在铁路线路中起什么作用？

2. 铁路路基

引导问题 2　铁路路基是由哪些部分组成的？

引导问题 3　看图 2-2-1，谈谈图中路基病害产生的原因，应该如何防治？铁路路基有哪些防护方式？

图 2-2-1　洪水冲刷后的铁路

3. 铁路桥涵

引导问题 4　高速铁路桥梁主要结构形式有哪些?

4. 铁路隧道

引导问题 5　高速铁路隧道由哪些组成部分?

相关知识点

知识点 1　路基和桥隧建筑物的作用

铁路线路是由路基、桥隧建筑物和轨道组成的一个整体工程结构。

路基和桥隧建筑物都是轨道的基础，它们直接承受轨道的重力，以及列车及其载荷的压力。因此路基和桥隧建筑物的状态与线路质量的关系极为密切。

知识点 2　铁路路基

1. 铁路路基的组成和特点

铁路路基是为了满足轨道铺设和运营条件而修建的土工构筑物，如图 2-2-2 所示，与桥涵、隧道连接组成贯通坚实的轨道基础。路基工程主要由路基本体（如基床、路堤、路堑等）、路基防护和加固建筑物、路基排水设备三部分组成。

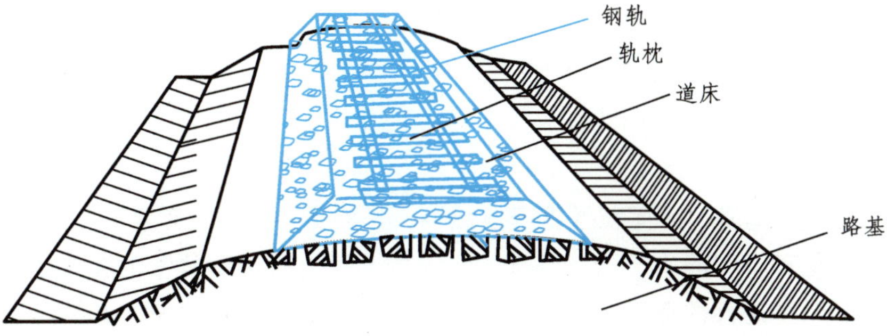

图 2-2-2　铁路路基

路基工程材料以土为主，复杂多变，受环境影响大。高速铁路对路基的总体要求是地基的工后沉降小，基床的强度高，路基的刚度沿线路变化平缓，防排水系统完善，防护和加固建筑物稳定可靠。

路基主体工程设计使用年限规定为 100 年，边坡防护设施使用年限规定为 60 年，防排水设施使用年限规定为 30 年。路基排水设施降雨量设计为 50 年一遇。我国高速铁路通过的地区，软土、黄土分布广泛，路基比例相对较小。

路基的基本形式

2. 路基本体及基床

路基本体是指与桥涵、隧道连接共同保持线路连贯的路堤、路堑等。路基本体中承受列车动荷载作用，同时受环境影响显著的部分为路基基床，基床又分为基床表层和基床底层。基床表层一般采用级配碎石填筑，底层一般采用优良的 A、B 组填料。

在铁路线路工程中，依其所处的地形条件不同，路基本体的断面形式按填筑与开挖体与天然地面的关系分为路堤、路堑两种基本形式，如图 2-2-3 所示。

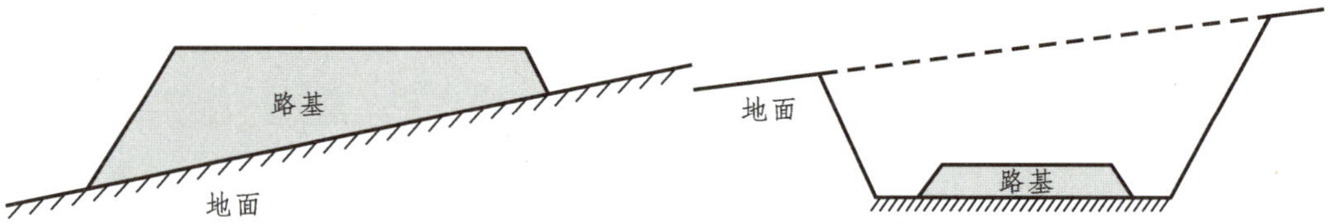

（a）路堤　　（b）路堑

图 2-2-3　路基本体断面形式

路堤：当铺设轨道的路基面高于天然地面时，路基以填筑方式构成，这种路基称为路堤。路堤的组成包括路基面、护坡、护道、取土坑（或纵向排水沟）等，如图 2-2-4（a）所示。

路堑：当铺设轨道的路基面低于天然地面时，路基以开挖方式构成，这种路基称为路堑。路堑的组成包括路基面、边坡、侧沟、弃土堆和截水沟等，如图 2-2-4（b）所示。

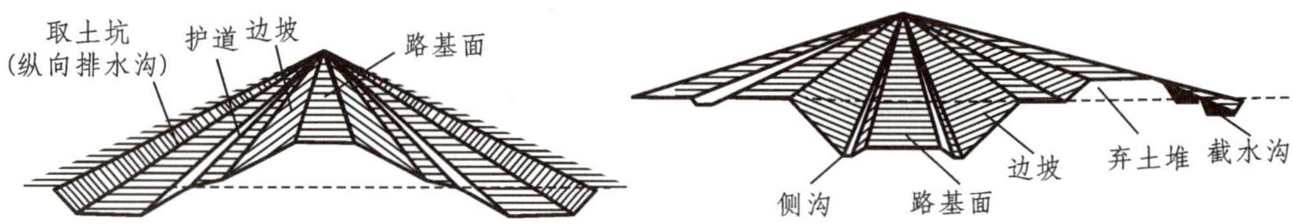

（a）路堤　　（b）路堑

图 2-2-4　铁路路基基本形式

3. 路基防护与加固

1）路基防护

由于土石修筑的路基，大面积暴露于自然中，长期受各种自然因素（如雨、雪、日晒等）的强烈作用，在这种不利的水、温条件下，土石的物理力学性质常发生较大变化。路基防护是保证路基强度和稳定性的重要措施之一，其防护的重点是路基边坡，必要时也包括路肩表面，以及同路基稳定有直接关系的近旁河流与山坡。路基防护分为坡面防护和冲刷防护两种。

（1）坡面防护。

路基坡面防护应根据路基边坡的土质、岩性、水文地质条件、边坡坡度与高度等，选用适宜的防护措施。常用的方法有骨架护坡、锚杆（索）框架梁、植被护坡等，如图 2-2-5 所示。

（2）冲刷防护。

按冲刷防护的应用范围，路基冲刷防护可分为直接防护和间接防护两种。

图 2-2-5　路堑边坡骨架草皮护坡

2）路基加固

当路基修筑在滑坡、崩塌地区时，应设置挡土墙、抗滑桩或其他拦挡建筑物，如图 2-2-6 所示。在隧道的洞口、桥梁与路堤连接的桥台处和沿河路堤，应设有支挡建筑物。

路基支挡结构类型较多，按照结构形式可分为重力式挡土墙、悬臂式挡土墙、锚定板挡土墙、桩板式挡土墙、锚杆挡土墙等，图 2-2-6 所示为重力式挡土墙。

图 2-2-6　重力式挡土墙

4. 路基排水

路基排水就是把路基工作区内的填料含水量降低到一定范围内，路基排水包括地面排水和地下排水两大类。

1）地面排水

地面水对路基稳定性有严重危害。例如，地面水渗入路基土体，会降低土的抗剪强度；地面水的流动会造成路基边坡坡面冲刷和坡脚冲刷；地面水渗入含易溶盐的土（如黄土）中会产生溶蚀作用形成陷穴；在气温下降时，地面水也是寒冷地区产生冻害的一个重要因素。此外，地面水还给施工及运营造成许多困难和危害。

排除路基地面水的设备主要有排水沟、侧沟、截水沟（天沟）、跌水、急流槽和缓流井等，如图 2-2-7 所示。

2）地下排水

在路基设计和施工中，由于地下水存在的形式和数量可使工程设计和施工产生一定的困难，因而应采取措施，使地下水存在的形式或数量改变，以确保路基稳固和工程实施。同样，对已修建的路基，地下水的变化造成路基稳定性下降，也应采取必要的措施，将其变化调节到允许的限度内。

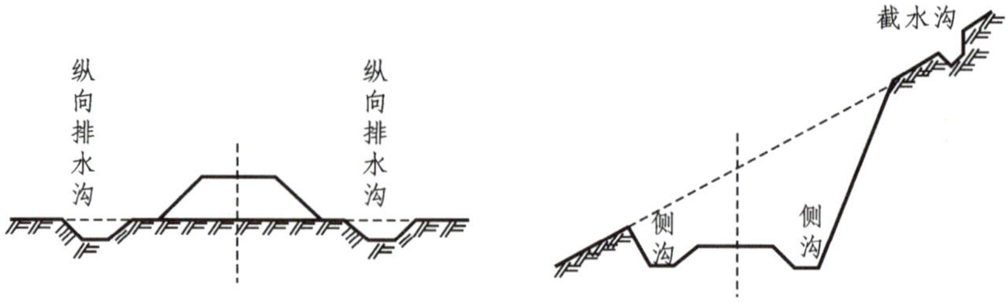

（a）路堤　　（b）路堑

图 2-2-7　地面排水设备

降低和排除地下水的设备主要有明沟及排水槽、渗水暗沟、渗水隧洞、平孔排水和集水渗井等。

知识点 3　铁路桥涵

1. 铁路桥涵的定义

桥涵是铁路线路跨越河流、池沼、低地、深谷、公路以及另一条铁路时而修建的建筑物，使水流、船只及相交线路上的汽车、火车或行人等能顺利通过，如图 2-2-8 所示。

图 2-2-8　高速铁路桥梁

2. 高速铁路桥梁的特点

高速铁路桥梁的总体要求是简洁、耐久、美观、便于施工和养护维修，具有较大的竖向、横向、抗扭和纵向刚度，小的工后沉降，良好的高速行车动力性能，并满足限界、通航、立交净空、渡洪、抗震和国土规划要求。

高速铁路桥梁设计使用年限规定为 100 年，设计洪水频率为百年一遇。

桥梁的组成

3. 结构组成

铁路桥梁一般由上部结构、下部结构、支座和附属构造物组成，如图 2-2-9 所示。

1）上部结构

上部结构又称桥跨结构，是跨越障碍的主要结构，包括承重结构（如梁、拱等）、桥面等；主要承受列车活载和列车运行所产生的各种力及风力等，并将这些荷载连同桥跨结构的自重通过支座传到下部结构。

2）下部结构

下部结构包括桥台、桥墩和基础，主要支撑桥跨结构，把上部结构传来的荷载连同它的自重和所受的外力传到地基。

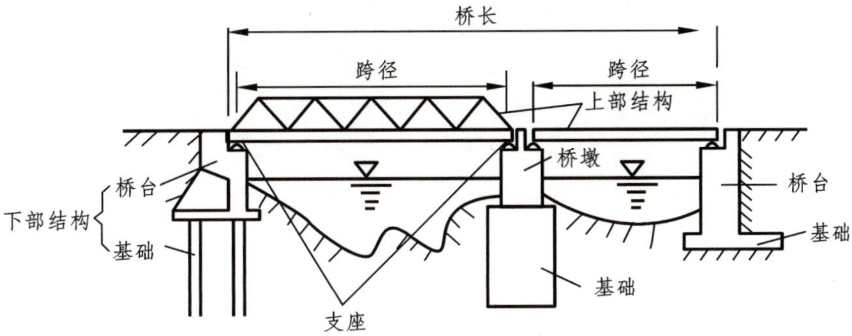

图 2-2-9　桥梁结构组成

3）支　座

支座是桥跨结构与桥墩或桥台支承处所设置的传力装置。

4）附属设施

附属构造物包括桥头搭板、锥形护坡、护岸、限高架、导流工程等，主要作用是引导水流均匀而顺畅地通过桥孔，减轻桥下河床变形，保护桥头路堤或河岸。

4. 桥梁分类

1）按桥梁长度分类

（1）特大桥：桥长 500 m 以上。

（2）大桥：桥长 100 m 以上至 500 m。

（3）中桥：桥长 20 m 以上至 100 m。

（4）小桥：桥长 20 m 及以下。

2）按桥梁结构建筑材料分类

（1）钢桥：以钢材作为桥跨结构主要建筑材料的桥。

（2）预应力混凝土桥：桥跨结构以用预应力钢材预先施加应力的混凝土为主制造的桥。

（3）结合梁桥：钢筋混凝土桥面与钢梁结合成一体共同受力的桥梁。

3）按桥梁结构形式（或承受荷载特征）分类

高速铁路桥梁主要结构形式包括梁桥、预应力混凝土连续梁桥、框架桥、拱桥、刚构连续梁桥、斜拉桥和组合体系桥等。

（1）梁桥：用梁作为桥跨结构的桥，有简支梁桥（见图 2-2-10）、连续梁桥和悬臂梁桥三种。

（2）拱桥：用拱圈或拱肋作为桥跨结构的桥。拱桥又可按结构形式分为无铰拱、双铰拱和三铰拱；按有无外推力分为推力拱和无推力拱。

（3）刚构桥：桥跨结构与桥墩或桥台刚性连接的桥，如图 2-2-11 所示。

（4）框架桥：桥梁为整体箱形框架的桥。

（5）悬索桥：用桥塔支撑锚在两岸（端）的缆索，借助挂于缆索上的吊杆悬吊桥面和梁形成桥跨结构的桥，如图 2-2-12 所示。

图 2-2-10　简支梁桥

图 2-2-11　刚构桥

图 2-2-12　悬索桥

（6）斜拉桥：以斜拉索连接索塔和主梁作为桥跨结构的桥，如图 2-2-13 所示。

图 2-2-13　斜拉桥

（7）组合体系桥：桥跨同时由几个体系特征结构相互联系结合而成，如钢桁拱桥等（见图 2-2-14）。

图 2-2-14　钢桁拱桥

4）按桥面所在位置分类

（1）上承式桥：桥面位于桥跨结构上部的桥，如图 2-2-15 所示。

图 2-2-15　上承式桥

（2）中承式桥：桥面位于桥跨结构中部的桥，如图 2-2-16 所示。

图 2-2-16　中承式桥

（3）下承式桥：桥面位于桥跨结构下部的桥，如图 2-2-17 所示。

图 2-2-17　下承式桥

5）按梁的截面形式分类

按照梁的截面形式分为板形梁、T 形梁（见图 2-2-18）、箱形梁。高速铁路一般采用箱形梁，如图 2-2-19 所示。

高速铁路桥梁主要形式有梁桥、拱桥、连续刚构桥、梁拱组合桥和斜拉桥等。桥梁主型为预应力混凝土简支箱梁。以京沪高速铁路为例，预应力混凝土简支箱梁占全线桥梁总长度 94%，其中跨度 32 m 的预应力混凝土简支箱梁占桥梁总长度 88.5%。

图 2-2-18　T 形梁截面

图 2-2-19　箱形梁截面

5. 救援疏散通道

高速铁路大量采用高架线路行驶，单座桥梁长度数千米以上已为常见，目前最长者已达 164.851 km。运营中，为应对列车在桥上可能发生的诸如火险、电力中断、设备故障等突发事件，安全、快速疏散乘客，以及方便桥上固定设备养护维修，每隔 3 km（单侧 6 km）左右设置一处上下桥的救援疏散通道，救援疏散通道侧对应的桥上栏杆或声屏障位置应预留出口，如图 2-2-20 所示。为了快速疏散，救援疏散通道通常为顺坡式和折向式。

（a）顺坡式　　（b）折向式

图 2-2-20　救援疏散通道

6. 涵　洞

涵洞设在路堤下部的填土中，是用以通过水流或行人的一种建筑物。涵洞由洞身、基础、进出口建筑物（端墙、翼墙等）以及附属设备组成。

高速铁路涵洞一般采用整体性好的钢筋混凝土框架箱涵为主，如图 2-2-21 所示。主要形式有单孔或双孔钢筋混凝土框架箱涵，孔径一般在 2～6 m，为降低路基刚度突变，涵洞顶至轨底填土厚度一般不小于 1.5 m。

图 2-2-21　钢筋混凝土框架箱涵

知识点 4　铁路隧道

隧道是指修建在地层内的建筑物。在山区修建铁路时，为避免开挖深路堑或修建过长的迂回线，开凿隧道往往会改善线路条件、提高运输效率、节省运营费用，如图 2-2-22 所示。

图 2-2-22　高速铁路隧道

高速铁路隧道与普速铁路隧道最大的区别，在于列车高速通过隧道时产生的空气动力学效应，对运行、旅客舒适度、车体变形和密封性、洞口环境的不利影响十分明显，同时对于防排水标准、防灾救援和耐久性等也有较高的要求。

高速铁路隧道的总体要求如下：洞口“早进晚出”且美观，洞内空间满足建筑限界和救援疏散要求，洞内空气动力学效应满足旅客舒适度要求，洞口满足环保和防护要求，衬砌结构满足受力和沉降要求，防水符合国家一级防水标准要求，排水满足当地环保要求，便于施工和养护维修。隧道使用年限规定为 100 年。

1. 隧道分类

（1）按穿越障碍或作用不同分：山岭隧道、水底隧道和地下隧道。

（2）按隧道长度分：特长隧道，全长 10 000 m 以上；长隧道，全长 3 000 m 以上至 10 000 m；中隧道，全长 500 m 以上至 3 000 m；短隧道，全长 500 m 及以下。

（3）按隧道埋藏深度分：深埋隧道和浅埋隧道。

（4）按隧道内线路数目分：单线隧道、双线隧道和多线隧道。

（5）按受力条件或地质条件分：偏压隧道或不良地质隧道。

（6）按隧道所在平面位置分：直线隧道和曲线隧道。

2. 结构组成

铁路隧道结构由主体建筑物和附属建筑物两部分组成。

隧道的主体建筑物是为了保持隧道的稳定，保证列车的安全运行而修建的，由洞身和洞门组成，洞身包括围岩、支护和衬砌。在洞口容易坍塌或有落石危险时，还需要加筑明洞。

隧道的附属建筑物是为了养护、维修工作的需要及供电、通信等方面的要求而修建的，包括防排水设施、安全避让设施、电缆槽，长大隧道还有通风、照明及应急救援疏散设施等。

1）衬砌结构

隧道开挖后，坑道周围地层原有平衡遭到破坏，引起坑道变形或崩塌。为了保护围岩的稳定性，确保行车安全，隧道必须有足够强度的支护结构，即隧道衬砌。

隧道衬砌是指支护和维护隧道长期稳定和耐久性的永久结构物，如图 2-2-23 所示。暗挖隧道采用复合式衬砌，明挖隧道采用整体式衬砌，掘进机施工圆形隧道采用管片单层衬砌。

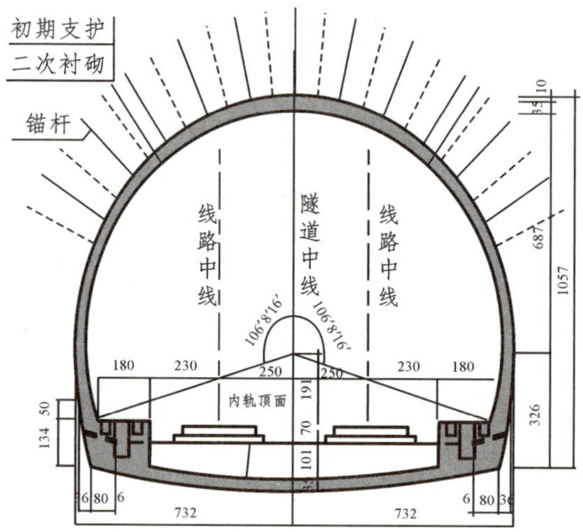

图 2-2-23 隧道衬砌

高速铁路隧道衬砌内轮廓主要受空气动力学效应控制。为了减缓高速列车通过隧道时产生的空气动力学效应对旅客舒适度和车厢变形的影响，350 km/h 双线隧道和单线隧道有效净空面积分别达到了 100 m^2 和 70 m^2，250 km/h 双线隧道和单线隧道有效净空面积分别达到了 90 m^2 和 58 m^2。与受建筑限界控制的既有铁路双线和单线隧道有效净空面积 76 ~ 80 m^2 和 31 ~ 42 m^2 相比明显增大。高速铁路双线隧道开挖面积达到 120 ~ 160 m^2，属超大断面隧道，开挖时围岩松弛范围大，变形加快，自稳能力差，开挖难度加大。

2）洞口结构

与我国铁路传统的端墙、翼墙挡土墙式洞门（见图 2-2-24）结构相比，高速铁路隧道洞口结构设计，本着简洁大方、美观实用、保护环境的原则，优先选用斜切式和帽檐式结构形式（见图 2-2-25），以减少洞口边仰坡开挖。两座隧道洞口距离小于 30 m 时，宜采用明洞式将两座隧道连接。

图 2-2-24　端墙式洞门

图 2-2-25　斜切式隧道洞口

高速列车通过隧道时，在隧道出口产生微气压波，发出强烈爆破音，产生噪声污染，引起附近房屋门窗的振动，影响洞口环境以及人员身体健康。为减缓高速列车通过隧道产生的空气动力学效应，在洞口设置缓冲结构（见图 2-2-26），降低压缩波前压力梯度，以缓解隧道出口端的冲击压力波强度。

图 2-2-26　隧道缓冲结构

3）防排水

高速铁路提高了隧道防水等级，加强了排水措施，采用耐久性好、可靠性高的防排水材料，提高防排水系统的使用功能。

隧道防水标准采用我国现行《地下工程防水技术规范》规定的一级防水等级，即不允许渗水，结构表面无湿渍。单线隧道隧底布置每侧一沟一槽，双线隧道每侧一沟两槽加中心水沟，衬砌设置纵、环向盲管，如图 2-2-27 所示。

4）安全避让设施

当列车通过隧道时，为了保证洞内行人、维修人员及维修设备的安全，在隧道两侧边墙上交错均匀修建的为人员躲避及放置车辆、料具的洞室叫作避车洞。避车洞根据其断面尺寸的大小分为大避车洞和小避车洞两种。

5）电力及通信设施

电缆槽：用混凝土浇筑，可与水沟同侧并与水沟并行，或设置在水沟的异侧。槽内铺以细砂做垫层，低压电缆可直接放在垫层面上，高压电缆则吊在槽边预埋的托架上。槽顶设有盖板防护，盖板顶面应与避车洞底面或道床顶面齐平。当电缆槽与水沟同侧并行时，应与水沟盖板齐平。

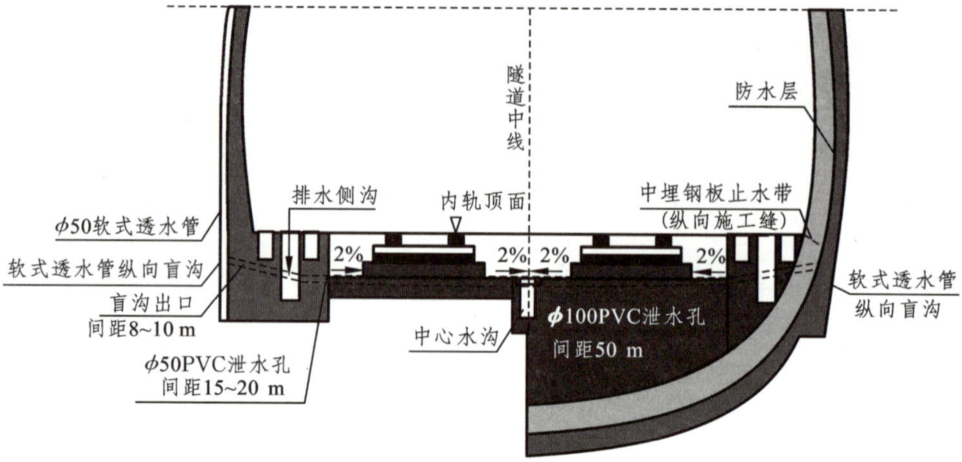

图 2-2-27　隧道防排水示意图

评价反馈

扫描下方二维码对本次课进行评价。

学习领域二学习情境二问卷调查

学习情境三　高速铁路轨道

学习情境描述

在路基、桥隧建筑物修成之后，就可以在上面铺设轨道。轨道是铁路线路设备的重要组成部分，其作用是引导列车运行，直接承受列车荷载，并把荷载分布传递给路基或桥隧建筑物。轨道结构应具有足够的强度、稳定性和平顺性，以保证列车按规定的最高允许速度运行。

高速铁路轨道分为有砟轨道和无砟轨道。

学习目标

1. 素质目标

（1）养成爱岗敬业和团结协作精神。

（2）树立安全和责任意识。

2. 知识目标

（1）掌握高速铁路轨道的作用和类型。

（2）掌握高速铁路有砟轨道的特点和结构组成。

（3）掌握高速铁路无砟轨道特点和类型。

（4）掌握道岔的作用、类型。

（5）了解高速铁路道岔的特征。

3. 能力目标

（1）能识别有砟轨道结构各组成部分。

（2）能识别不同类型的无砟轨道。

（3）能识别不同类型的扣件。

课前任务

上网检索陆游科技铁路轨道的短视频，记录对轨道的认识，回答下列问题：

（1）铁路轨道的作用是什么？

（2）铁路轨道分为哪些类型？各有什么特点？

（3）铁路道岔的作用是什么？

任务分组

表 2-3-1 学生任务分配

<table>
<tr><td>班级</td><td colspan="2"></td><td colspan="2">组号</td><td></td></tr>
<tr><td>组长</td><td colspan="2"></td><td colspan="2">学号</td><td></td></tr>
<tr><td rowspan="5">组员</td><td>姓名</td><td>学号</td><td colspan="2">姓名</td><td>学号</td></tr>
<tr><td></td><td></td><td colspan="2"></td><td></td></tr>
<tr><td></td><td></td><td colspan="2"></td><td></td></tr>
<tr><td></td><td></td><td colspan="2"></td><td></td></tr>
<tr><td></td><td></td><td colspan="2"></td><td></td></tr>
<tr><td>任务分工</td><td colspan="5">1. 教师帮助学生划分学习小组，在小组划分时应考虑学生个体差异。
2. 各组成员在组长的带领下，查阅有砟轨道和无砟轨道的适用范围。
3. 查阅有砟轨道的结构组成和我国高速铁路无砟轨道的类型，做好记录。
4. 讨论：有砟轨道和无砟轨道各有什么特点？</td></tr>
</table>

任务实施

1. 铁路轨道的作用和类型

引导问题 1　高速铁路有砟轨道和无砟轨道各有什么特点？

2. 有砟轨道

引导问题 2　在图 2-3-1 中标注出有砟轨道各部分的名称。

图 2-3-1　有砟轨道

引导问题 3　请标注图 2-3-2 中高速铁路有砟轨道扣件名称。

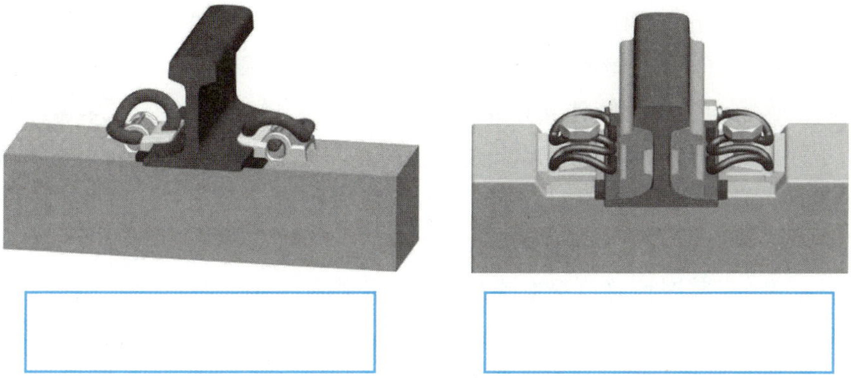

图 2-3-2　有砟轨道扣件

3. 无砟轨道

引导问题 4　我国高速铁路无砟轨道有哪些类型?

4. 道　岔

引导问题 5　常用的道岔有哪些类型?

学习情境的相关知识点

知识点 1　轨道的作用和分类

1. 轨道的作用

轨道是铁路线路设备的重要组成部分，其作用是引导列车运行，直接承受列车荷载，并把荷载分布传递给路基或桥隧建筑物。轨道结构应具有足够的强度、稳定性和平顺性，以保证列车按规定的最高允许速度运行。

2. 轨道结构的分类

高速铁路轨道结构包括有砟轨道和无砟轨道，如图 2-3-3 所示。

（a）有砟轨道　　（b）无砟轨道

图 2-3-3　轨道

1）有砟轨道

有砟轨道由钢轨、轨枕、连接零件、道床、道岔等部分组成。

高速铁路有砟轨道在结构上与普通铁路的有砟轨道没有本质的区别，但为了满足高速列车运行安全与平稳的需要，在部件的性能与维修标准上要求更高、更严，如在钢轨、混凝土轨枕、扣件、道砟的材质和道床断面尺寸等方面的要求均比普通的有砟轨道严格得多。

有砟轨道结构断面

有砟轨道是铁路的一种传统的轨道形式，具有建设费用低、噪声传播范围小、建设周期短、便于养护维修等优点，在国内外已获得广泛应用。但其在运营过程中易产生道床不均匀下沉、维修工作量大等问题，而且高速行车造成的列车风致使道砟飞溅，对车轮、钢轨及轨旁设备造成严重损害。

2）无砟轨道

无砟轨道结构断面

无砟轨道是以混凝土或沥青混合料取代散粒体道砟而组成的轨道结构。

无砟轨道结构与有砟轨道结构的根本区别在于无砟轨道结构用塑性变形小、耐久性好的混凝土或沥青材料代替有砟轨道结构中容易磨耗、粉化和破碎的道砟材料。相对于有砟轨道，无砟轨道具有以下优点：良好的稳定性、平顺性和耐久性；结构高度低、自重轻，可减小隧道开挖面积，降低桥梁二期恒载；道床整洁美观，可避免列车高速运行时道砟飞溅；轨道变形缓慢，可减少养护维修工作量。但无砟轨道存在建设成本高，刚度较大，轨道弹性较差，振动噪声较大，难以适应路基基础有较大变形等问题。

无砟轨道在高速线路上被广泛应用。从各个国家高速铁路的综合运用经验得出，轨下基础的稳定是铺设无砟轨道的基本条件，设计速度 300 km/h 及以上的高速铁路采用无砟轨道较有砟轨道更具优越性。根据无砟轨道的结构特点和线下基础的设计要求，我国高速铁路在桥梁、隧道和路基稳定地段采用无砟轨道。

我国《铁路技术管理规程（高速铁路部分）》规定：新建 300 km/h 及以上铁路、长度超过 1 km 的隧道及隧道群地段，可采用无砟轨道。

知识点 2 有砟轨道

1. 钢 轨

1）作 用

钢轨是铁路轨道的主要组成部件。它的功用在于引导列车的车轮运行，承受车轮的巨大压力，并传递到轨枕上。钢轨必须为车轮提供连续、平顺和阻力最小的滚动表面。在电气化铁道或自动闭塞区段，钢轨还可兼作轨道电路之用。

2）断面形状

为了使钢轨具有最佳的抗弯性能，钢轨截面呈工字形，由轨头、轨腰和轨底组成，如图 2-3-4 所示。

3）类 型

在我国，钢轨的类型或强度以每米长度的质量表示，现行的标准钢轨类型有 75 kg/m、60 kg/m、50 kg/m、43 kg/m。

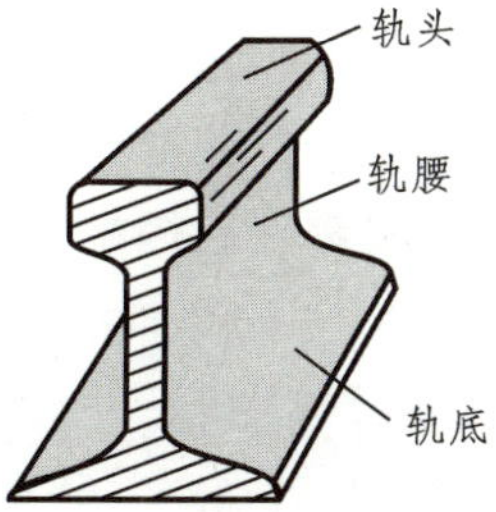

图 2-3-4 钢轨断面

4）长 度

我国钢轨的标准定尺长度有 12.5 m、25 m、75 m 和 100 m。

由于长定尺钢轨具有无探伤盲区、端头平直度好、焊接接头少等优点，百米定尺钢轨近年来得到了广泛的推广使用。

5）高速铁路钢轨

高速铁路钢轨具有四大技术特点：高纯净、高平直、高精度和长定尺。高速铁路常用 60 kg/m、100 m 定尺轨。200 km/h 及以上高速客运铁路应选用 U71MnG，强度等级为 880 MPa 热轧钢轨；200 ~ 250 km/h 高速客货混运铁路应选用 U75VG 钢轨，强度等级为 980 MPa 热轧钢轨。

2. 轨 枕

1）作 用

轨枕的作用是支承钢轨，并将钢轨传来的压力传递给道床，同时轨枕可固定钢轨的位置并保持规定的轨距。轨枕应具有必要的坚固性、弹性和耐久性，制造简单、铺设及养护方便。

2）类 型

轨枕按用途可分为普通轨枕、桥枕和岔枕等。

轨枕按制作材料分，主要有钢筋混凝土枕和木枕两种。木枕消耗大量木材，使用寿命较短。钢筋混凝土枕使用寿命长、养护工作量小、轨道的强度和稳定性强，所以在我国铁路上得到广泛使用，如图 2-3-5 所示。

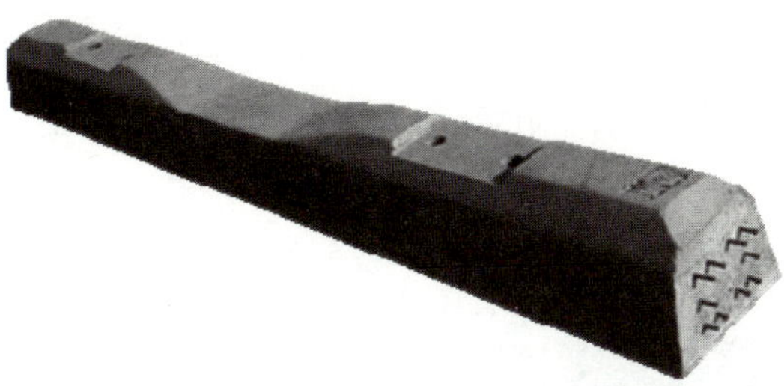

图 2-3-5 混凝土枕

世界各国高速铁路有砟轨道均采用混凝土轨枕。目前，我国高速铁路正线有砟轨道采用 2.6 m 长混凝土轨枕，每千米铺设 1 667 根。道岔区段应铺设混凝土岔枕。我国高速铁路采用跨区间无缝线路，轨枕间距按 60 cm 等间距、均匀布置，可有效降低轮轨冲击力。

3. 连接零件

连接零件包括接头连接零件和中间连接零件。

1）接头连接零件

钢轨连接是将标准长度的钢轨连接起来，使钢轨连接部分具有与钢轨一样的整体性，可采用接头连接零件或焊接、胶接方式连成连续的轨线，如图 2-3-6 所示。

钢轨接头连接

（a）普通接头　（b）焊接接头　（c）胶接绝缘接头

图 2-3-6　接头方式

接头连接零件：连接钢轨与钢轨的接头，包括夹板（又称鱼尾板）、螺栓、螺母和弹性垫圈等，如图 2-3-7 所示。钢轨接头处为满足钢轨的自由伸缩，需要预留一定的缝隙，称为轨缝。钢轨接头是线路上的薄弱环节，它使行车阻力和线路维修费用显著增加。

扣板式扣件

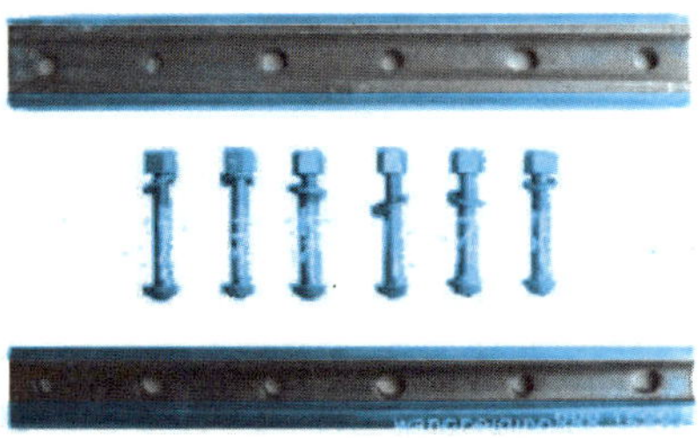

图 2-3-7　普通接头联结零件

为减少接头轨缝对行车带来的不利影响，我国高速铁路采用无缝线路减少接头的数量，将定尺轨通过焊接接头连接。我国钢轨焊接方法主要采用闪光焊接、气压焊接和铝热焊接三种。

2）中间连接零件（扣件）

中间连接零件，又称扣件，作用是将钢轨扣压在轨枕上，固定钢轨的正确位置，阻止钢轨的纵、横向位移，防止钢轨侧翻，同时还能提供必要的弹性和绝缘性能等。

扣件须和轨枕配套使用，分为钢筋混凝土枕扣件和木枕扣件两大类，如图 2-3-8 所示。

（a）木枕扣件　（b）混凝土枕弹条扣件

图 2-3-8　扣件

高速铁路扣件要求具有以下特点：足够的扣压力，以确保钢轨的纵、横向稳定；弹性好，以保证良好的减振、降噪性能；扣压力保持能力好，以减少日常维修工作量；绝缘性能好，以提高轨道电路工作的可靠性，延长轨道电路长度，减少轨道电路投资。

高速铁路有砟轨道轨枕均为混凝土轨枕，扣件主要采用弹条Ⅳ型、弹条Ⅴ型和 FC 型三种类型扣件，按轨下基础形式分为有挡肩和无挡肩扣件，如图 2-3-9 所示。

（a）弹条Ⅳ型扣件（无挡肩）

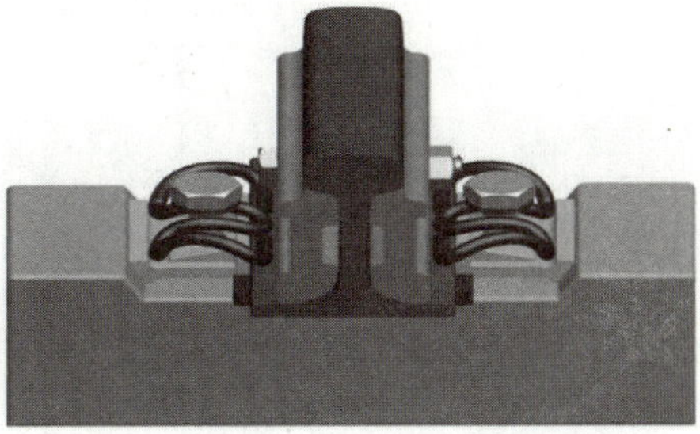

（b）弹条Ⅴ型扣件（有挡肩）

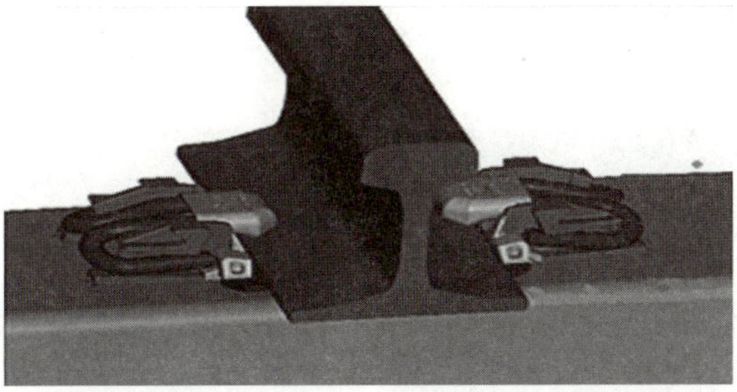

（c）FC 型扣件（无挡肩）

图 2-3-9 混凝土轨枕用扣件

4. 有砟道床

有砟道床（见图 2-3-10）是铺设在路基面上的石砟（道砟）垫层，主要作用是支承轨枕，把轨枕上部的压力均匀地传递给路基；并固定轨枕的位置，阻止轨枕纵向或横向移动，增加轨道的弹性，缓和列车轮对对钢轨的冲击，此外还起到排水的作用。

道床的材料应坚硬、不易粉碎和风化、利于排水等，常用的有碎石、卵石、粗砂等，其中以碎石为最优。我国高速铁路有砟轨道采用特级碎石道砟。特级碎石道砟一般由火成岩加工而成，物理力学性能应符合有关规定，上道铺设之前进行水洗，清洁度应满足有关要求。

道床的断面呈梯形，如图 2-3-11 所示，其顶面宽度、边坡坡率及道床厚度等指标根据轨道类型确定。

图 2-3-10 有砟道床

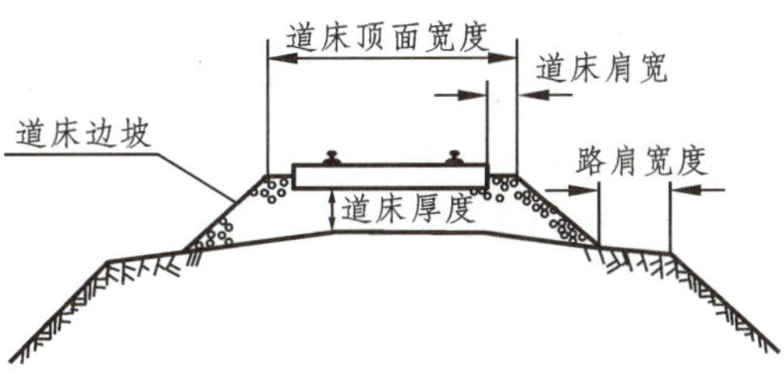

图 2-3-11 道床断面示意图

知识点 3　无砟轨道

CRTS Ⅰ 型板式无砟轨道结构组成

1. 无砟轨道类型

我国高速铁路无砟轨道分为 CRTS Ⅰ 型板式、CRTS Ⅱ 型板式、CRTSⅢ型板式、双块式以及道岔区轨枕埋入式和板式无砟道床等，如图 2-3-12 ~ 图 2-3-17 所示。

图 2-3-12　CRTS Ⅰ 型板式无砟轨道

图 2-3-13　CRTS Ⅱ 型板式无砟轨道

图 2-3-14　CRTSⅢ型板式无砟轨道

图 2-3-15　CRTS 双块式无砟轨道

图 2-3-16　道岔区板式无砟轨道

图 2-3-17　道岔区轨枕埋入式无砟轨道

2. 无砟轨道扣件

无砟轨道施工完成后，不能像有砟轨道一样通过调整道床来改变钢轨的位置，因此要求无砟轨道扣件除具备有砟轨道扣件的特点外，还应具有足够的钢轨左右和高低调整能力。我国无砟轨道扣件系统主要有 WJ-7 型、WJ-8 型、W300-1 型和 SFC 型扣件，按无砟道床形式分为有挡肩和无挡肩扣件，如图 2-3-18 ~ 图 2-3-21 所示。

图 2-3-18　WJ-7 型扣件（无挡肩）

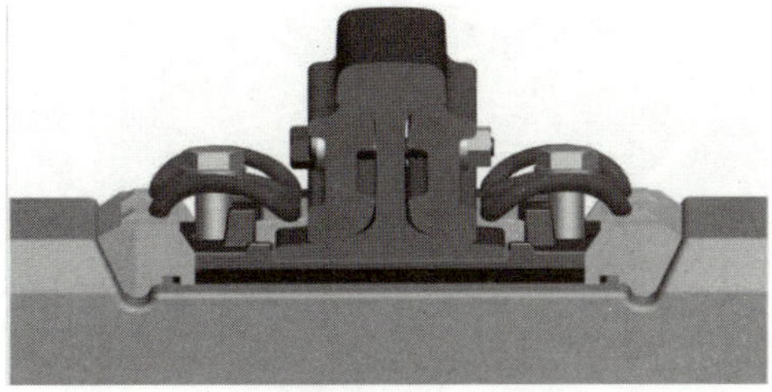

图 2-3-19　WJ-8 型扣件（有挡肩）

图 2-3-20　W300-1 型扣件（有挡肩）

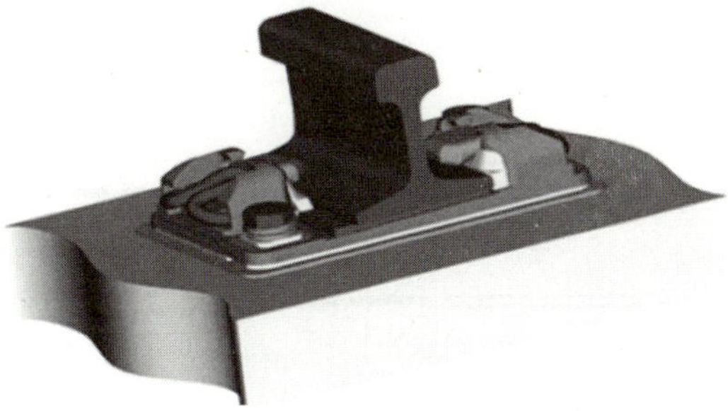

图 2-3-21　SFC 错列式扣件（无挡肩）

知识点 4　道　岔

1. 道岔定义和类型

道岔是指铁路轨道在平面上的连接和交叉设备，是铁路轨道的一个重要组成部分，它的作用是引导机车车辆能从一条线路转入或越过另一条线路。道岔构造复杂，是轨道的薄弱环节之一。

单开道岔组成

道岔类型主要有普通单开道岔（见图 2-3-22）、对称双开道岔（见图 2-3-23）、交叉设备（见图 2-3-24）、交分道岔（见图 2-3-25）和渡线道岔（见图 2-3-26）等，其中普通单开道岔最为常见。

2. 普通单开道岔

普通单开道岔是一种主线为直线，侧线向主线的左侧或右侧分支的道岔，由转辙器、连接部分和辙叉及护轨所组成，如图 2-3-27 所示。

图 2-3-22　单开道岔

图 2-3-23　对称双开道岔

图 2-3-24　菱形交叉设备

图 2-3-25　交分道岔

图 2-3-26　交叉渡线

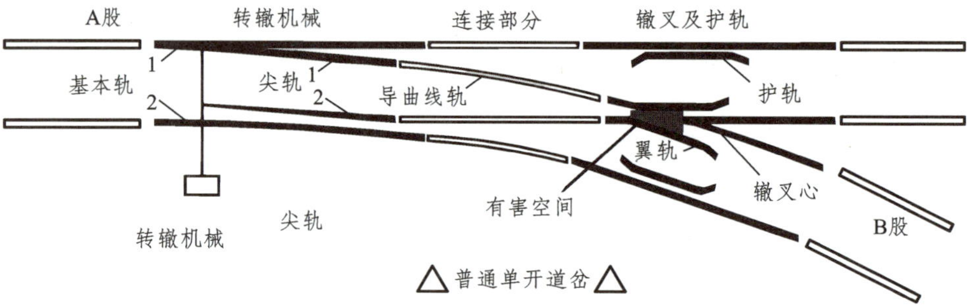

图 2-3-27　普通单开道岔结构

1）转辙器

转辙器是引导机车车辆沿直线方向或侧线方向行驶的线路设备，由两根尖轨、两根基本轨和转辙机械组成。尖轨是转辙器的主要部件，通过连接杆与转辙机械相连，所以操纵转辙机械可以改变尖轨的位置，确定道岔的开通方向。

2）连接部分

连接转换器和辙叉及护轨的部分，使之成为一组完整的道岔。连接部分包括两根直轨和两根导曲轨。在导曲线上，一般不设缓和曲线和超高，所以列车在侧向过岔时，速度要受到限制。

3）辙叉及护轨

辙叉及护轨包括辙叉心、翼轨及护轨。它的作用是保证车轮安全通过两股轨线的相互交叉处。

道岔的有害空间

从翼轨最窄处（辙叉咽喉）到辙叉心实际尖端之间，存在一段轨线中断的空隙，称作有害空间，如图 2-3-28 所示。道岔上的有害空间是限制列车过岔速度的一个重要因素。活动心轨道岔（见图 2-3-29）的辙叉心轨和尖轨是同时扳动的，与开通方向一侧翼轨密贴，与另一侧翼轨分离，从而消灭了有害空间。由于活动心轨道岔消灭了有害空间，具有行车平稳、直向过岔速度高等优点，适合高速铁路使用。

3. 道岔号数

道岔号数 N 习惯用辙叉角的余切值来表示，道岔号数与辙叉角成反比，如图 2-3-30 所示。辙叉角越小，道岔号数越大，导曲线半径也越大，机车车辆侧线通过道岔时就越平稳，允许的侧线过岔速度也越高。所以采用大号码道岔对于列车运行是有利的，但道岔号数越大，道岔长度就越长，铺设时占地就越多。目前，我国铁路的主要线路上大多使用 9 号、12 号和 18 号道岔。为满足高速行车的要求，高速铁路至少采用 18 号道岔。

图 2-3-28　有害空间

图 2-3-29　活动心轨道岔

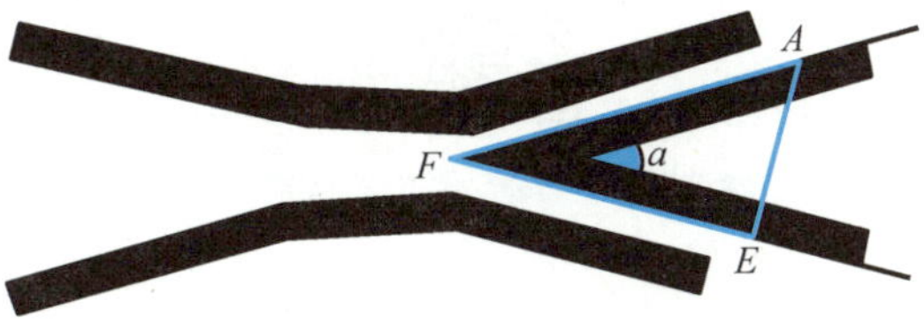

$$N = \cot\alpha = \frac{EF}{AE}$$

图 2-3-30　道岔号数 N 示意图

4. 高速铁路道岔

为了满足动车组高速过岔时的安全性和平稳性要求，高速道岔必须具备高平顺性、高精度和高可靠性。

2005 年 6 月，铁道部组织国内相关单位开展了高速道岔的自主研发。2006 年，完成了速度 250 km/h、60 kg/m 钢轨 18 号高速道岔的研究，并上道试验取得良好效果，同年推广使用。从 2007 年开始，国内相继开展了 350 km/h、60 kg/m 钢轨 18 号、42 号、62 号道岔的研究，并上道试验，道岔平稳性、舒适性良好。国内自主研发的高速道岔称为“客运专线系列”高速道岔。

高速道岔均为单开道岔，其类型按技术系列分为客运专线系列、CN 系列（德国）和 CZ 系列（法国）；按直向容许通过速度可分为速度 250 km/h、350 km/h 两种类型，按侧向容许通过速度可分为 80 km/h、120 km/h、160 km/h 和 220 km/h 四种类型；按道岔功能可分为正线道岔、渡线道岔和联络线道岔，如图 2-3-31 ~ 图 2-3-33 所示；按轨下基础可分为有砟轨道及无砟轨道两种类型。

图 2-3-31 联络线道岔

图 2-3-32 正线道岔

图 2-3-33 渡线道岔

评价反馈

扫描下方二维码对本次进行评价。

学习领域二学习情境三问卷调查

学习情境四　限界及线路标志

学习情境描述

为了确保机车车辆在铁路线路上运行的安全，防止机车车辆撞击邻近线路的建筑物和设备，而对机车车辆和接近线路的建筑物、设备所规定的不允许超越的轮廓尺寸线，称为限界。铁路基本限界可分为机车车辆限界和建筑接近限界。

线路标志表示铁路线路建筑物及设备的状态或位置，以及表示铁路各级管理机构管界范围的标志。线路标志供铁路工作人员了解线路状况，便于从事线路维修、检查及联系工作，并使乘务人员了解线路状况，以达到列车安全运行的目的。

学习目标

1. 素质目标

（1）树立安全意识。

（2）锻炼团队协作能力。

2. 知识目标

（1）掌握限界的定义和类型。

（2）了解客运专线铁路建筑限界的基本尺寸。

（3）了解不同类型线路标志的含义。

3. 能力目标

（1）能区分机车车辆限界和建筑接近限界。

（2）能判定某设备是否侵入客运专线铁路建筑接近限界。

（3）能识别各类型线路标志。

课前任务

任务一　事故案例原因分析。

事故案例：返回途中侵入限界，造成人身伤亡事故。

案例概况：2010 年 7 月 22 日，南昌局赣州工务段泰和路桥车间沙村路桥工区一名实习生，在京九线 K1738+920 处病害隧道看守点交班后返回工区途中，行走至京九线上行 K1738+450 处时，被后方驶来的 89178 次货物列车碰撞，当场死亡。

任务二　上网检索陆优科技“铁路线路标志”视频，回答下列问题。

（1）铁路线路标志有什么作用？

（2）你认识哪些铁路线路标志？分别表示什么含义？请举例说明。

任务分组

表 2-4-1　学生任务分配

<table>
<tr><td>班级</td><td colspan="2"></td><td colspan="2">组号</td><td></td></tr>
<tr><td>组长</td><td colspan="2"></td><td colspan="2">学号</td><td></td></tr>
<tr><td rowspan="5">组员</td><td>姓名</td><td>学号</td><td colspan="2">姓名</td><td>学号</td></tr>
<tr><td></td><td></td><td colspan="2"></td><td></td></tr>
<tr><td></td><td></td><td colspan="2"></td><td></td></tr>
<tr><td></td><td></td><td colspan="2"></td><td></td></tr>
<tr><td></td><td></td><td colspan="2"></td><td></td></tr>
<tr><td>任务分工</td><td colspan="5">1. 教师帮助学生划分学习小组，在小组划分时应考虑学生个体差异。
2. 各成员查阅铁路限界和线路标志的网络资料（可以是新闻、短视频、文章等），组长汇总。
3. 讨论：铁路限界和线路标志的重要作用，组长记录</td></tr>
</table>

任务实施

1. 限　界

引导问题 1　根据图 2-4-1 所示异物侵限事故，回答什么是限界，并谈谈限界的意义。

图 2-4-1　异物侵限事故

引导问题 2　若某高速铁路进站信号机距线路中心线 2.3 m，请根据图 2-4-2 所示客运专线铁路建筑限界，判定其位置是否会影响动车组运行安全。

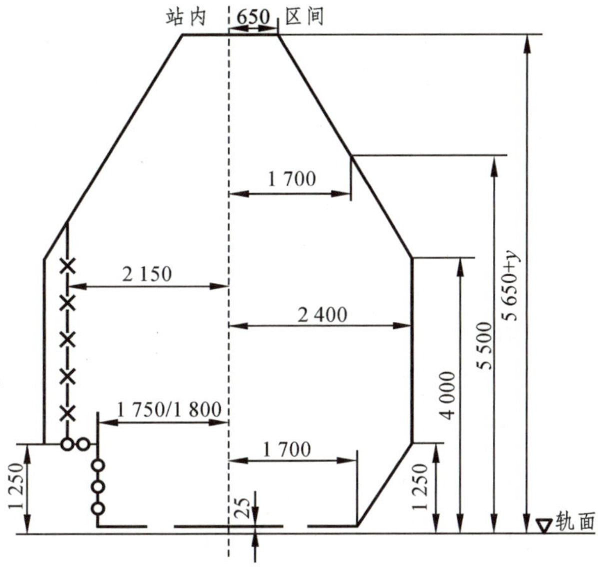

—×—×—×— 信号机、高架候车室结构柱和接触网、跨线桥、天桥、电力照明、雨棚等杆柱的建筑限界（正线不适用）。

-o-o-o-o-o- ①站台建筑限界（侧线站台为 1 750 mm；正线站台，无列车通过或列车通过速度不大于 80 km/h 时为 1 750 mm，列车通过速度大于 80 km/h 时为 1 800 mm）。

②站内反方向运行矮型出站信号机的限界为 1 800 mm。

———— 各种建（构）筑物的基本限界，也适用于桥梁和隧道。

y 为接触网结构高度。

图 2-4-2　客运专线铁路建筑限界（单位：mm）

2. 线路标志

引导问题 3　铁路线路标志有什么作用？

引导问题 4　你认识哪些铁路线路标志，分别表示什么含义？

相关知识点

知识点 1　限界的定义

为了确保机车车辆在铁路线路上运行的安全，防止机车车辆撞击邻近线路的建筑物和设备，而对机车车辆和接近线路的建筑物、设备所规定的不允许超越的轮廓尺寸线，称为限界。铁路基本限界可分为机车车辆限界和建筑接近限界。

知识点 2　限界的类型

1. 机车车辆限界

机车车辆限界是机车车辆横断面的最大极限，它规定了机车车辆不同部位宽度、高度的最大尺寸和底部零件至轨面的最小距离，如图 2-4-3 和图 2-4-4 所示。机车车辆无论空、重状态，均不得超出机车车辆限界。

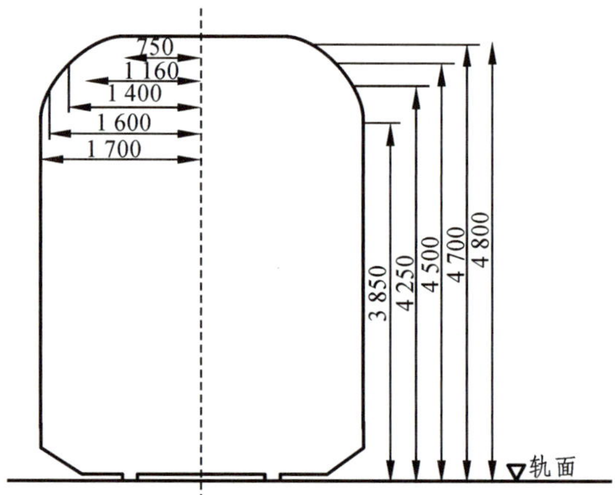

图 2-4-3　机车车辆上部限界图（客运专线）（单位：mm）

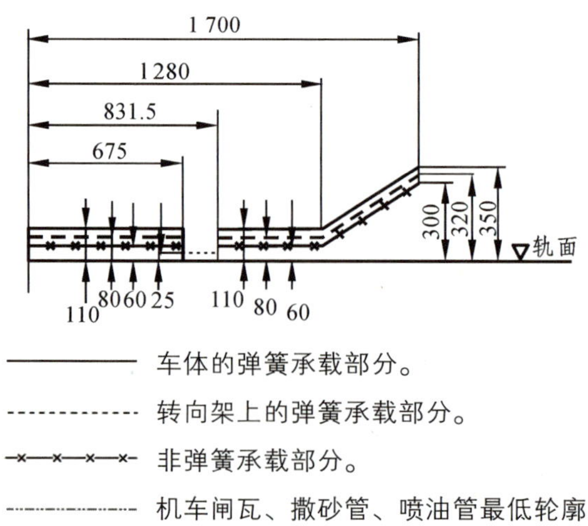

图 2-4-4　机车车辆下部限界图（客运专线）（单位：mm）

客运专线铁路的机车车辆在客货共线铁路运用时，还应符合客货共线铁路机车车辆限界要求，如图 2-4-5 和图 2-4-6 所示。

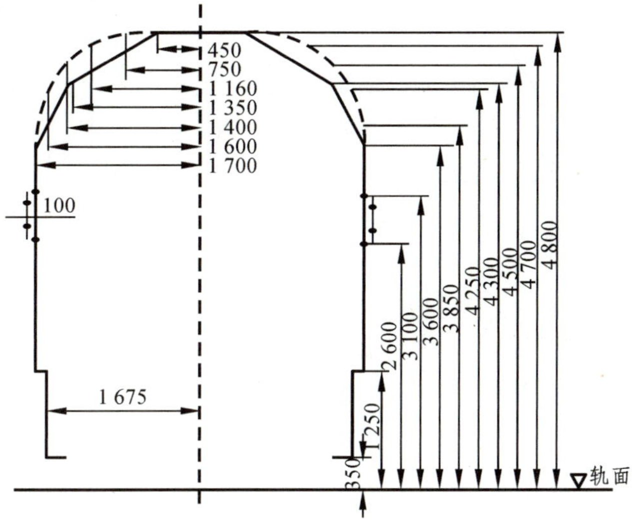

机车车辆限界基本轮廓。

电力机车限界轮廓。

列车信号、后视镜 装置限界轮廓。

图 2-4-5　机车车辆上部限界图（客货共线）（单位：mm）

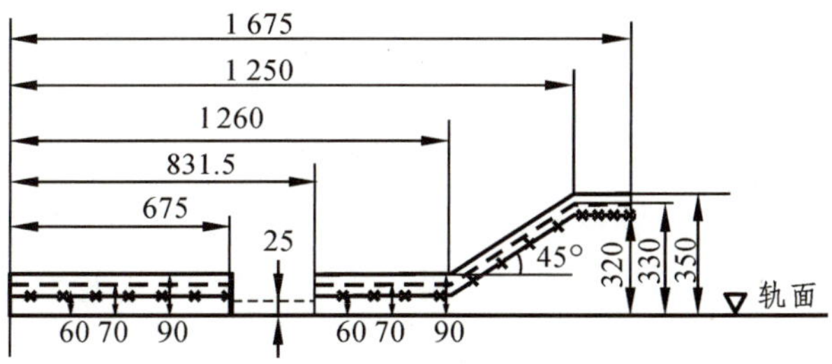

车体的弹簧承载部分。

转向架上的弹簧承载部分。

非弹簧承载部分。

机车闸瓦、撒砂管、喷油嘴最低轮廓。

图 2-4-6　机车车辆下部限界图（客货共线）（单位：mm）

2. 建筑限界

建筑限界是一个与线路中心线垂直的横断面，它规定了保证机车车辆安全通行所必需的横断面的最小尺寸，如图 2-4-7 所示。

一切建（构）筑物、设备，均不得侵入铁路建筑限界。与机车车辆有直接互相作用的设备，在使用中不得超过规定的侵入范围。

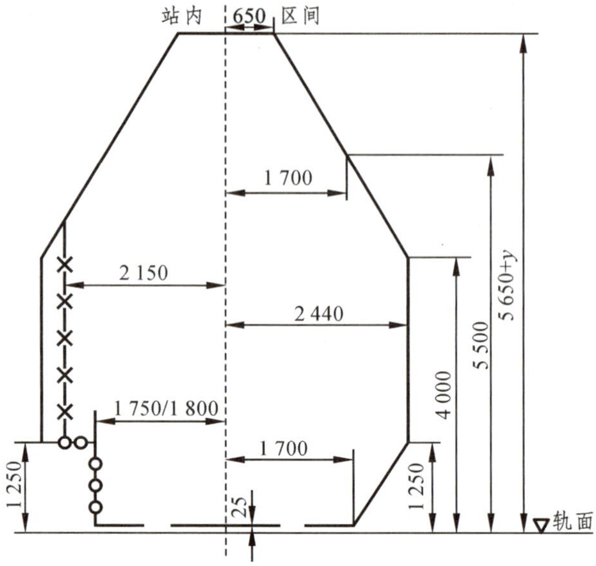

—×—×—× 信号机、高架候车室结构柱和接触网、跨线桥、天桥、电力照明、雨棚等杆柱的建筑限界（正线不适用）。

-o-o-o-o-o- ①站台建筑限界（侧线站台为 1 750 mm；正线站台，无列车通过或列车通过速度不大于 80 km/h 时为 1 750 mm，列车通过速度大于 80 km/h 时为 1 800 mm）。

②站内反方向运行矮型出站信号机的限界为 1 800 mm。

———— 各种建（构）筑物的基本限界，也适用于桥梁和隧道。

y 为接触网结构高度。

图 2-4-7　客运专线铁路建筑限界（单位：mm）

知识点 3　线路标志

线路标志表示铁路线路建筑物及设备的状态或位置，以及表示铁路各级管理机构管界范围的标志，供铁路工作人员了解线路状况，便于从事线路维修、检查及联系工作，并使乘务人员了解线路状况，以达到列车安全运行的目的。

线路标志有公里标、半公里标、曲线标、圆曲线和缓和曲线的始终点标、桥梁标、隧道标、坡度标及各集团公司、设备管理单位站段、车间、工区交界处的界标。

与工务有关的信号标志，有警冲标、站界标、司机鸣笛标、减速地点标和作业标。

1. 线路标志

线路标志，按计算公里方向设在线路左侧。双线区段须另设线路标志时，应设在列车运行方向左侧。

1）里程标

普速铁路公里标、半公里标，设在一条线路自起点计算每一整公里、半公里处（见图 2-4-8）。

高速铁路的公里标、半公里标，设在一条线路自起点计算每一整公里、半公里处（见图 2-4-9）。在有接触网支柱的地段设置在距实际位置最近的接触网支柱上，在站内无接触网支柱的地段按标准式样标注在站台侧面，在桥梁地段可设置在线路一侧的防护墙上，在隧道地段设置在边墙上。其实际位置应在钢轨轨腰或无砟轨道底座上标注。

（a）公里标

（b）半公里标

图 2-4-8　普速铁路里程标

（a）公里标

（b）半公里标

图 2-4-9　高速铁路里程标

2）曲线标

曲线标设在曲线中点处，标明曲线中心里程、半径大小、曲线和缓和曲线长度以及曲线超高和加宽值，如图 2-4-10 所示。

图 2-4-10　曲线标

3）圆曲线、缓和曲线始终点标

圆曲线和缓和曲线的始终点标，设在直缓、缓圆、圆缓、缓直各点处，标明所向方向为直线、圆曲线或缓和曲线，如图 2-4-11 所示。

4）桥梁标

桥梁标设在桥梁两端桥头处，标明桥梁编号、中心里程和长度，如图 2-4-12 所示。

5）隧道（明洞）标

隧道标直接标注在隧道（明洞）两端洞门端墙上，标明隧道号或名称、中心里程和长度，如图 2-4-13 所示。

图 2-4-11　圆曲线、缓和曲线始终点标

图 2-4-12　桥梁标

图 2-4-13　隧道标

6）坡度标

坡度标设在线路坡度的变坡点处，两侧各标明其所指方向的上、下坡度值及其长度，如图 2-4-14 所示。

图 2-4-14　坡度标

7）管界标

管界标设在各单位管辖地段的分界处，两侧标明所向的单位名称，如图 2-4-15 所示。

图 2-4-15　管界标

2. 信号标志

信号标志，设在列车运行方向左侧（警冲标除外）。双线区段的轨道电路调谐区标志设在线路外侧。

1）警冲标

警冲标设在两会合线路间距离为 4 m 的中间。线间距离不足 4 m 时，设在两线路中心线最大间距的起点处。警冲标用来指示机车车辆的停留位置，防止机车车辆侧面冲突，如图 2-4-16 所示。

2）站界标

站界标设在双线区间列车运行方向左侧最外方顺向道岔（对向出站道岔的警冲标）外不少于 50 m 处，或邻线进站信号机相对处，如图 2-4-17 所示。

图 2-4-16　警冲标

图 2-4-17　站界标

3）减速地点标

减速地点标，设在需要减速地点的两端各 20 m 处。正面表示列车应按规定限速通过地段的始点，背面表示列车应按规定限速通过地段的终点，如图 2-4-18 所示。

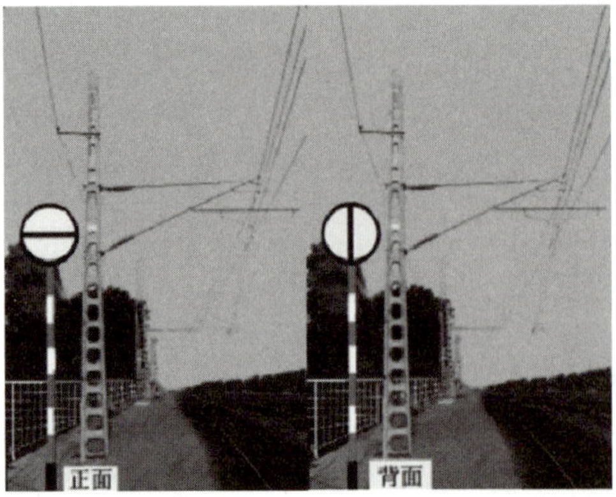

图 2-4-18 减速地点标

评价反馈

扫描下方二维码对本次课进行评价。

学习领域二学习情境四问卷调查

学习领域三　高速铁路车站

建议学时　4 学时

学习要求　通过本活动，了解车站基础知识、熟悉高速铁路车站的分类与发展，掌握铁路车站的重要意义，具体学习任务简介及学时安排见表 3-0-1。

表 3-0-1　绪论学习任务简介及学时安排

序号	学习情境	学习任务简介	建议学时
1	车站基础知识	了解车站的定义和作用，熟悉车站的分类与等级，掌握车站办理的作业和设备	1
2	高速铁路车站的特点与类型	了解高速铁路车站的特点，掌握高速铁路车站类型以及办理的业务	1.5
3	高速铁路车站分布及设备	了解高速铁路车站的分布，掌握其布局原则，熟悉高速铁路车站技术设备	1.5

学习情境一　车站基础知识

学习情境描述

车站既是铁路办理客、货运输的基地，又是铁路运输的基层生产单位。在铁路车站，除了办理旅客与货物运输的各项作业外，还要办理与列车运行有关的作业，如列车的接发、会让与越行，车列的解体与编组，机车的换挂与整备，车辆的检修等。本情景旨在让学生感受不同类型的铁路车站，理解车站的重要意义，以及引领学生树立建设交通强国的使命与担当。

学习目标

1. 素质目标

（1）树立交通强国，铁路先行的时代责任感。

（2）养成顾全大局，同心抗疫的铁路使命感。

2. 知识目标

（1）了解车站的定义与作用。

（2）熟悉车站的分类与等级。

（3）掌握车站办理的作业和设备。

3. 能力目标

（1）能阐述车站的定义与重要意义。

（2）能理清中间站、区段站、编组站的区别。

课前任务

上网检索我国有哪些有特色的铁路车站，记录其特色与自我感想。

任务分组

表 3-1-1　学生任务分配

<table>
<tr><td>班级</td><td colspan="2"></td><td>组号</td><td colspan="2"></td></tr>
<tr><td>组长</td><td colspan="2"></td><td>学号</td><td colspan="2"></td></tr>
<tr><td rowspan="5">组员</td><td>姓名</td><td>学号</td><td colspan="2">姓名</td><td>学号</td></tr>
<tr><td></td><td></td><td colspan="2"></td><td></td></tr>
<tr><td></td><td></td><td colspan="2"></td><td></td></tr>
<tr><td></td><td></td><td colspan="2"></td><td></td></tr>
<tr><td></td><td></td><td colspan="2"></td><td></td></tr>
<tr><td>任务分工</td><td colspan="5">1. 教师帮助学生划分学习小组，在小组划分时应考虑学生个体差异。
2. 各小组成员在组长的带领下，网络检索课前任务，分享检索结果（新闻、短视频、文章等），组长记录汇总。
3. 讨论：自己到过的让你印象最深刻的车站，你认为这个车站有哪些优缺点，组长记录</td></tr>
</table>

任务实施

1. 车站的定义

引导问题 1　车站的定义是什么？

引导问题 2　车站在铁路运输过程中主要有哪些作用？

2. 车站的分类

引导问题 3　铁路车站可以分成哪些类型？

3. 车站线路种类

引导问题 4　参考图 3-1-1，在表 3-1-2 中填写车站线路种类。

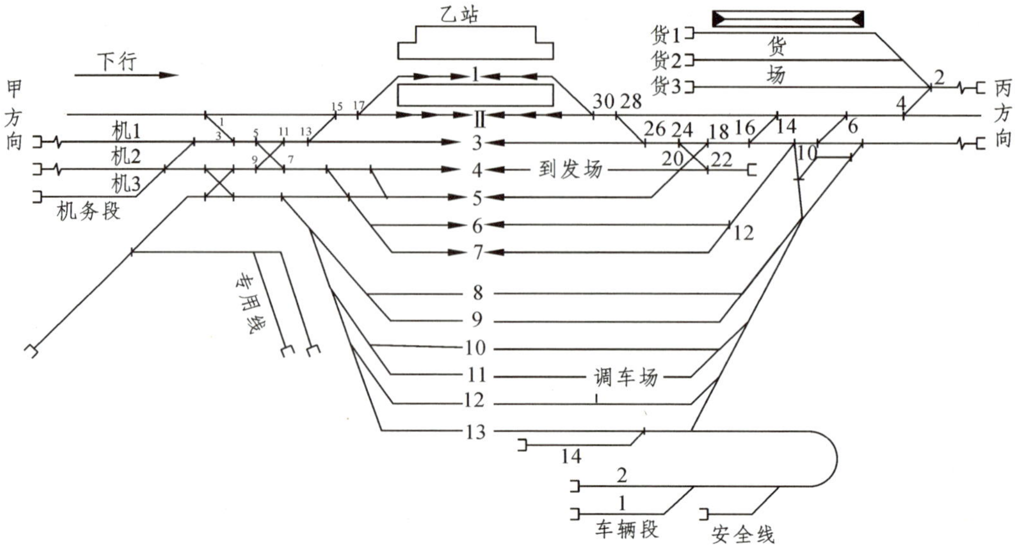

图 3-1-1　车站线路图

表 3-1-2　车站线路各类

股道	线路种类	股道	线路种类
1		8	
Ⅱ		9	
3		10	
4		11	
5		12	
6		13	
7		14	

小提示

车站应设有正线，根据车站作业的需要还需配置各种用途的站线。正线是直接与区间连通的线路，如图 3-1-1 中的Ⅱ道；站线包括有到发线、牵出线、调车线、货物线及站内指定用途的其他线。

到发线：用于接发旅客列车与货物列车的线路，如图 3-1-1 中的 1 道用于接发旅客列车，3、4、6、7 为货物列车到发线。

牵出线：用于进行调车作业时将车列、车组、车辆牵出的线路。

货物线：用于货物装卸作业时货车停留的线路，如货 1、货 2、货 3 线。

调车线：用于车列解体和编组并存放车辆的线路，如 8、9、10、11、12、13 道。

站内指定用途的其他线路主要有机车走行线（如 5 道）、车辆站修线（如 14 道）、驼峰迂回线及驼峰禁溜线等。此外，有些车站还连接有某些段管线和特别用途线。

所谓段管线，是指机务段、车辆段、务段、电务段等专用并由其管理的线路。特别用途线是指安全线和避难线。安全线为进路隔开设备之一，是防止列车或机车车辆进入另一列车或机车车辆进路而发生冲突的一种安全设备。安全线一般由有效长不小于 50 m 的尽头线，连接尽头线和正线的道岔及信号等设施组成。岔线、段管线与正线、到发线接轨时，均应铺设安全线。避难线是长大下坡道下方车站设置的专门线路，用以容纳坡道上失去控制溜下的列车，防止其闯入站内股道。它设在车站的出站端或进站端。

相关知识点

知识点 1　车站的定义

为了保证行车安全和必要的线路通过能力，以满足人们对运输的需要，铁路上每隔一定距离需要设置一个车站。两相邻车站间的线路称为区间。而车站就成为相邻区间之间的分界点，因此，区间和分界点是组成铁路线路的两个基本环节，如图 3-1-2 所示，甲、乙、丙、*A*、*B*、*C*、*D*、*E*、*F*、*G*、*H* 车站都是分界点。

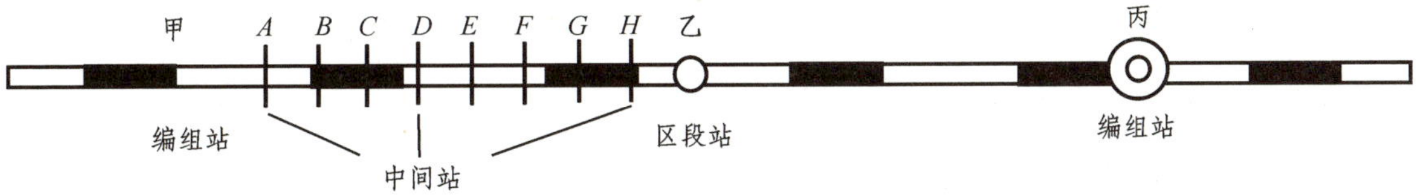

图 3-1-2　铁路线路车站示意图

车站内除了正线以外，还配有其他线路（到发线、调车线、牵出线、货物线及站内指定用途的其他线路等），所以把车站定义为在铁路线上设有配线的分界点。此外，还有无配线的分界点，它包括非自动闭塞区段两车站间设置的线路所和自动闭塞区段两车站间划分为若干个闭塞分区处所设置的通过色灯信号机。车站与车站之间的区间称为站间区间（见图 3-1-3）；车站与线路所之间的区间称为所间区间（见图 3-1-4）；自动闭塞区段通过色灯信号机之间称为闭塞分区（见图 3-1-5）。

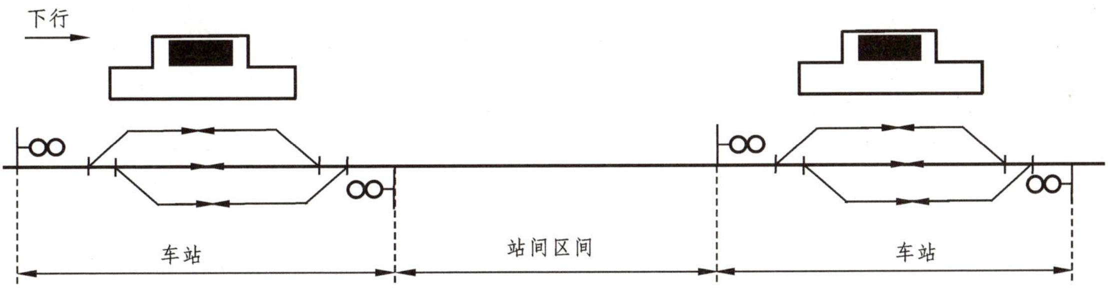

图 3-1-3　单线铁路站间区间示意图

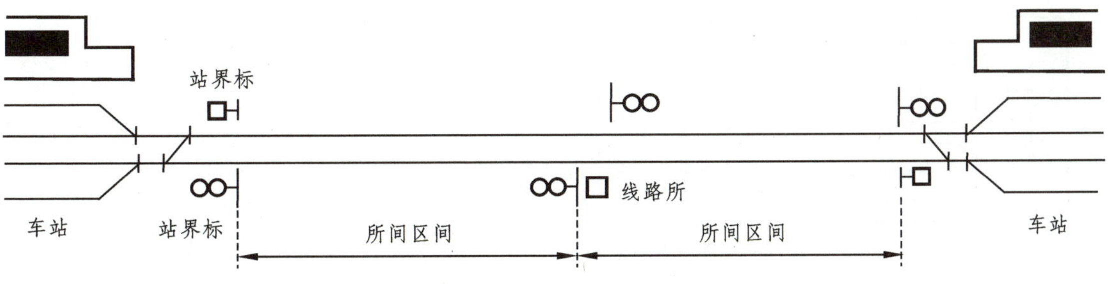

图 3-1-4　双线铁路所间区间示意图

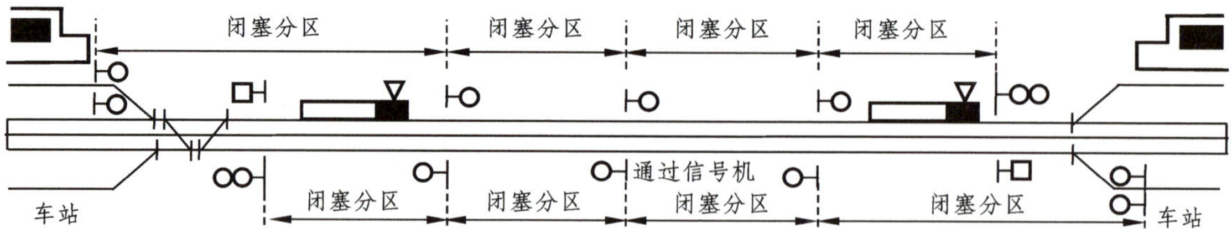

图 3-1-5　双线铁路自动闭塞分区示意图

车站是铁路上设有配线的分界点。在车站办理列车的接发和会让，通常还办理客货运输业务。车站在铁路运输过程主要有以下作用：

（1）车站是铁路运输业的基层生产单位，拥有铁路线路、站场、通信、信号等技术设备和行车、客运、货运、装卸等方面的工作人员。

（2）车站是办理客货运输的始发、中转和终到作业的地点，是铁路与运输有关的行车、客运、货运、机务、供电等部门协调进行生产活动的场所。

（3）车站是将铁路线路划分为若干个区段和区间。

区间：两相邻车站间的线路。

区段：指两相邻技术站（指编组站以及区段站）间，包含若干个区间和分界点的铁路线段。

例如，图 3-1-2 中的甲、乙、丙站，将该铁路线路划分为甲—乙和乙—丙区段；*A*、*B*、*C*、*D* 等站，将甲—乙区段划分为 *A*—*B*、*B*—*C*、*C*—*D* 等区间。

知识点 2　车站的分类

全路共有车站 5 544 个，因各车站担负的任务量、业务性质和技术作业类型不同，而有不同的分类。

车站的分类与等级

（1）车站按业务性质可以分为客运站、货运站、客货运站、非营业站，如图 3-1-6 所示。

① 客运站：专门为办理旅客运输而设的车站称为客运站。客运站通常设在大中城市或旅游胜地等大量旅客到发的地点，主要担当旅客列车的始发、终到作业，并为旅客提供旅行服务的业务。例如，北京西站、北京南站、广州南站、龙岩站。

② 货运站：专门为办理货物运输而设的车站称为货运站。货运站一般设在大城市、工矿地区和港口等有大量货物装卸的地点，主要担当货物列车的始发、终到作业以及货运有关的业务。例如，衡阳西站、衡阳北站、龙岩东站。

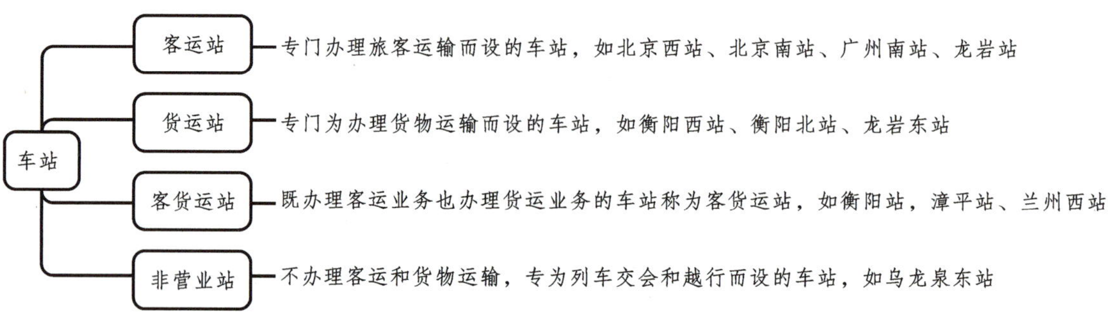

图 3-1-6　车站按业务性质分类示意

③ 客货运站：既办理客运业务也办理货运业务的车站称为客货运站。铁路网上绝大多数的车站都属于客货运站（衡阳站、漳平站、兰州西站）。

④ 非营业站：不办理客运和货物运输的车站。

（2）车站按技术作业分为编组站、区段站、中间站，如图 3-1-7 所示。

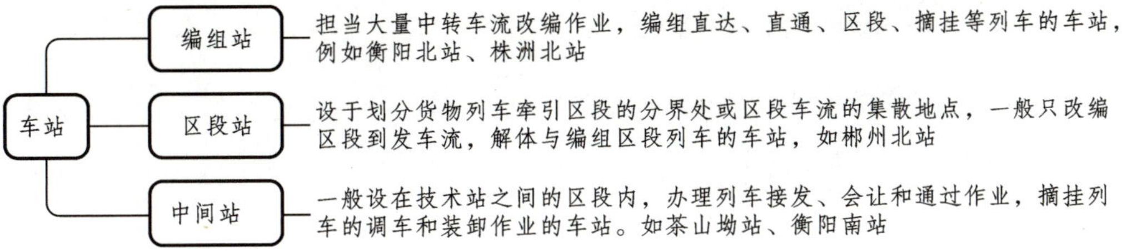

图 3-1-7 车站按技术作业分类示意

由于区段站和编组站拥有较多的技术设备，并主要办理货物列车和车辆的技术作业，故又统称为技术站。铁路线以技术站划分区段。

① 编组站：担当大量中转车流改编作业，编组直达、直通、区段、摘挂等列车的车站称为编组站。编组站通常设在大量车流集中或消失的地点或几条铁路线的交叉点，如衡阳北站、株洲北站、向塘西站、兰州西站。

② 区段站：设于划分货物列车牵引区段的分界处或区段车流的集散地点，一般只改编区段到发车流，解体与编组区段的车站，称为区段站，如郴州北站、铁山洋站。

③ 中间站：一般设在技术站之间的区段内，办理列车接发、会让和通过作业，摘挂列车的调车和装卸作业的车站，称为中间站，如图 3-1-1 中的 *A*、*B*、*C*、*D* 等车站（茶山坳、周家坳站）。

（3）车站按其他担负客货运量和技术作业量的大小以及在政治、经济和铁路网上所处的地位，划分为特等站和一、二、三、四、五等站。

车站数量每年都在变化之中，当新线开通时，会增加若干车站，当旧线改造后，也可能减少若干车站，核定车站等级应依据《铁路车站等级核定办法》相关规定。车站等级是车站设置相应机构和配备定员的依据。

截至 2022 年年底，我国有特等站 79 个，其中中国铁路广州局集团有限公司有 11 个特等站，包括衡阳站、衡阳东站。

知识点 3 国内特色火车站

1. 中国第一座火车站——唐山站

1881 年，中国第一条自建铁路唐胥铁路正式通车，唐山站为线路的始发终到站。1882 年初，唐山站正式建成营业，是中国第一个火车站（与胥各庄站齐名），原址在唐山市路南区车站路，站线为两股。1907 年，唐山站西迁约 1 km，到今唐山南站的位置，如图 3-1-8 所示。1976 年 7 月 28 日，唐山发生大地震，唐山站遭到严重破坏，震后在原址修建唐山站，车站内建于 1922 年的旅客天桥、候车钢架、雨棚，建于 1939 年的铁路水塔等三处铁路高层建筑幸免。1978 年，在唐山站原址动工重建唐山站（今唐山南站），如图 3-1-9 所示。

图 3-1-8　原唐山站

图 3-1-9　今唐山南站

2. 国内最大的火车站

西安北站（见图 3-1-10）是中国铁路西安局集团有限公司管辖的铁路车站，于 2008 年 9 月 19 日开工建设、2011 年 1 月 11 日投入使用，总投资超过 60 亿元人民币。西安北站位于西安市城区北部中轴线上，分别距西安市中心钟楼 12 km、西安市行政中心 3 km、西安咸阳国际机场 20 km，是西北地区最重要的、规模最大的铁路客运枢纽，是西安铁路枢纽的主要客运站之一。西安北站占地面积 53.3 万平方米，设 18 台 34 线（2 个侧式站台+16 个岛式站台），是亚洲站台股道数最多、站场规模最大的高铁站。

图 3-1-10　西安北站

3. 国内停靠车次最多的车站

广州南站被誉为“中国客流量最大的高铁站”，2020 年春运高峰期间，一天可发旅客将近 40 万人次。从地域和数量分布来看，广州南站是一个大型枢纽站，接入京广高速铁路、广深港高速铁路、贵广高速铁路、南广铁路、广珠城轨和粤西沿海铁路，是粤港澳大湾区、泛珠江三角洲地区的铁路核心车站，是广州铁路客运枢纽的站点之一，是不折不扣的大枢纽。广州南站地处珠三角经济发达，一方面有充足的客流，另一方面又有充足的资金来建设这么大的枢纽站和这些线路。据统计，广州南站总投资 130 亿元人民币，车站由东、西两个广场和体现广东岭南文化特色以芭蕉叶为造型的主站房组成（见图 3-1-11），总建筑面积约 61.5 万平方米，就算是在春运期间，广州南站也不会十分拥挤。

图 3-1-11　广州南站

评价反馈

扫描下方二维码对本次课进行评价。

学习领域三学习情境一问卷调查

学习情境二　高速铁路车站的特点及类型

学习情境描述

高速铁路的车站是高速铁路枢纽系统的核心，是铁路运输的关键节点，是办理客货运输组织的基地，又是铁路系统的一个基本生产单位。本学习情境引导学生探索高速铁路车站的定义与类型，归纳高速铁路车站的业务特点，展望高速铁路车站的发展趋势，从而提高学生对高速铁路车站的认知。

学习目标

1. 素质目标

（1）树立对中国高铁的自豪感。

（2）养成团队合作的意识。

2. 知识目标

（1）了解高速铁路车站的基本定义。

（2）熟悉高速铁路车站的分类。

（3）掌握高速铁路车站办理的业务特点。

3. 能力目标

（1）能阐述高速铁路车站与既有线铁路车站的区别。

（2）能区分高速铁路车站类型。

（3）能阐述高速铁路车站办理的业务。

课前任务

上网检索《航拍中国——广州南站》视频以及相关信息，小组探讨：

（1）广州南站为何是华南地区最大的高铁站?

（2）高铁车站对于人们的生活有什么意义?

任务分组

表 3-2-1　学生任务分配

<table>
<tr><td>班级</td><td></td><td>组号</td><td></td></tr>
<tr><td>组长</td><td></td><td>学号</td><td></td></tr>
<tr><td>组员</td><td colspan="3"><table>
<tr><td>姓名</td><td>学号</td><td>姓名</td><td>学号</td></tr>
<tr><td></td><td></td><td></td><td></td></tr>
<tr><td></td><td></td><td></td><td></td></tr>
<tr><td></td><td></td><td></td><td></td></tr>
<tr><td></td><td></td><td></td><td></td></tr>
</table></td></tr>
<tr><td>任务分工</td><td colspan="3">1. 观看课前任务视频。
2. 各组成员在组长的带领下，两两一小组上网检索相关资料，组长汇总。
3. 共同探讨课前任务问题。
4. 主动上网检索高速铁路车站相关资料，初步回答引导问题</td></tr>
</table>

任务实施

1. 认识高速铁路车站的概念

引导问题 1　结合自身经历对比高速铁路车站与既有线铁路车站。

____

____

____

引导问题 2　总结归纳高速铁路车站的定义。

____

____

____

2. 熟悉高速铁路车站的分类

引导问题 3　高速铁路车站按技术作业性质可分为（　　）。

A. 始发、终到站　　B. 中间站　　C. 枢纽站　　D. 越行站

引导问题 4　你所在的城市是否有高铁车站？如果有它属于（　　）。

A. 始发、终到站　　B. 中间站　　C. 枢纽站　　D. 越行站

3. 熟悉高速铁路车站的分布特点

引导问题 5　你认为高速铁路车站的分布主要取决于（　　）。

A. 人口数量　　B. 城市分布　　C.市场需求　　D. 经济水平

引导问题 6　如果一条高速铁路线上车站过多会有什么影响？或者如果车站与车站之间站间距过大又会有什么影响？

引导问题 7　高速铁路布局应该遵守（　　　）原则。

A. 始发站、终到车站应该设置在两站间具有大量直达客流的大城市或特大城市，以满足客流和运营效益的需求。

B. 沿线车站应该最大限度满足周边重要城市旅客出行量和跨线客流需求。

C. 车站位置应该既要考虑与既有线的衔接，同时也要考虑与其他交通运输方式的衔接，以便最大限度缩短旅客出行时间，吸引更多的客流。

D. 如果高速线与既有线基本并行修建时，若既有线站场有条件扩建，高速铁路车站应该尽量与既有线合并设置，可以充分利用既有客运设施、减少投资，同时还避免了跨线客流的换乘。例如广州北站，就是一个既有线与高速线合并的一个车站，车场分为普速场和高速场。

4. 掌握高速铁路车站办理的业务特点

引导问题 8　高速铁路车站一般办理（　　　）业务。

A. 客运　　B. 货运　　C. 行包装卸　　D. 邮件装卸

相关知识点

知识点 1　高速铁路车站的定义

高速铁路车站（简称高铁车站），指专为高速铁路运营而设计和修建的新型铁路车站。高速铁路车站不同于我们常见的铁路车站，此类车站的设计和修建应用了更加先进的服务理念，要考虑与城市轨道交通线路及其他城市公共交通方式的接驳，而且还要考虑到进、出站客流有序快速流动等问题。有些城市的高速铁路车站，已经能够满足旅客不出站换乘城市公共交通工具的要求。

高速铁路车站是高速铁路运输生产的基层单位，也是城市的窗口，更是高速铁路技术的标志。高速铁路车站在满足铁路运输的同时，更应该与城市的各种交通运输方式协调发展，为旅客的方便出行提供优质的服务。因此，高速铁路车站的设计显得尤为重要。

知识点 2　高速铁路车站的类型

按车站的作业性质及其在线路上的位置，《京沪暂规》将高速车站分为越行站、中间站和始发站三类，并根据车站客运量的大小将其分为大、中、小型车站。一般情况下，直辖市、省会市所在地的车站为大型站；省辖市所在地的车站为中型站；县城、县级市的车站为小型站。按照上述方法分类，中间站的范围相当广泛，不但包括了沿线市、县所在车站，也包括了直辖市和省会的车站；另外中间站的规模差别也非常大，具有 2～11 个站台面的车站均属中间站，名称体现不了它的特性，基于此，增加了一类“枢纽站”。即车站共分为越行站、中间站、始发站和枢纽站四类车站。

1. 越行站

越行站是专为办理本线旅客列车越行跨线旅客列车而设的车站，基本上是中国客运专线铁路特有的，设于站间距离较长的区间，为中速列车待避高速列车越行而设置的车站，武广高铁中设计的乌龙泉东站即是一个越行站。越行站不办理客运业务，一般仅设 2 条到发线，原则上不设置站台，也可设置为车站接发列车用的小站台 1 座。日本、法国等国高速铁路，也有不同等级速度的列车运行，速度较低的列车也要在一些车站待避高速列车越行通过，但这些车站都兼办客运业务，因此没有单纯的越行站。

2. 中间站

中间站主要办理列车通过、旅客上下、越行及少量的列车折返作业。一般是通过列车多于停站列车，办理旅客上下车及换乘，一般具有 2～4 条到发线和 2～3 座旅客站台。较大的一些中间站还办理少量始发、终到或立即折返的高速列车作业。这些车站或车站附近都设有与既有站（线）衔接的联络线，在车站或附近办理高、中速列车的转线或可能的中速车换挂机车作业。车站规模较大，一般具有 4～6 条到发线、8 条站台站线（包括正线）停靠客车，配设有高速列车运用维修所等机车、车辆设施，武广高铁中的衡阳东站即是一个中间站。

3. 始发、终到站

始发站主要办理列车始发、终到作业及客运业务并设有动车段（所）。一般位于客运专线铁路的起讫点，如武广高铁中的广州南站。办理全部始发（终到）列车到发作业，具有全线最大的客运量，一般没有不停站通过列车，但有少量停站通过列车。如广州南站担任武汉至深圳方向的停站折返通过列车作业。始发站是全线高速列车主要检修基地和运营指挥机构所在地的车站，一般设有高速列车动车段和管理机构等。

按技术作业性质划分三种车站的目的是为根据列车技术作业需要，如越行、折返、始发及终到等确定站型、车站到发线数量及其他线路数量。

知识点 3　高速铁路车站的分布

高速车站的分布主要取决于城市分布和市场需求情况。如果在一条高铁线上车站过多、过密，消耗的停车附加时分和起动附加时分使得停站列车运营速度难以提高，通过列车运行在过密集的咽喉区将影响旅客的舒适度和增加不安全因素，也给线路的维修养护增加难度。高速铁路车站造价较高，特别是受客观因素控制时需要设高架站或拆迁大量建筑物，使得一个中间站的造价高达亿元以上。车站过密将增加大量投资。但由于高速铁路列车运行速度并不相等，高速列车也需越行较低速度的列车，如果站间距离过长，而不能进行待避越行，则将降低通过能力。因此，既要保证高速铁路有足够的运量又要合理设置车站。从我国实际情况出发，高速客运站的设站条件应是具有较多的到发客运量和地市（省辖市）级城市包括经济发达的一些县级城市。根据有关规定，我国高速铁路车站站间距一般为 30～100 km，在已经开通运营的线路中，武广高速铁路车站的平均站间距为 62.8 km，最大站间距 84.27 km，京沪高铁的平均站间距为 57.3 km。日本东海道新干线平均 36.8 km，最长的区间为 68 km，山阳新干线最短的站间距为 10.55 km。

一般来说，高速铁路车站的布局遵循以下原则：

（1）始发站、终到车站应该设置在两站间具有大量直达客流的大城市或特大城市，以满足客流和运营效益的需求。

（2）沿线车站应该最大限度满足周边重要城市旅客出行量和跨线客流需求。

（3）车站位置应该既要考虑与既有线的衔接，同时也要考虑与其他交通运输方式的衔接，以便最大限度缩短旅客出行时间，吸引更多的客流。

（4）如果高速线与既有线基本并行修建时，若既有线站场有条件扩建的条件下，高速铁路车站应该尽量与既有线合并设置，可以充分利用既有客运设施、减少投资，同时还避免了跨线客流的换乘。例如，广州北站就是一个既有线与高速线合并的一个车站，车场分为普速场和高速场。

知识点 4　高速铁路车站办理的业务

1. 办理车站的接发列车作业

高速铁路车站最主要的业务是办理动车组列车的到达、出发、通过、会让与越行作业。

2. 办理客运业务，不办理货运业务

目前，我国的高速铁路基本上都属于客运专线，只办理客运业务，包括售票、检票、安检、候车、换乘、列车上水等客运业务，不办理货物运输作业。主要是由于客货同线运输存在以下问题：

（1）货车轴重问题。我国货车轴重大多在 210 kN 及以上，并正在发展 250 kN 轴重。高速铁路上的列车轴重不宜超过 180 kN。

（2）速度差问题。根据运行图铺画结果显示：当时速 300 km/160 km 匹配时，160 km/h 速度的列车占总列车的 20%～30%时其扣除系数为 5～6。而目前我国的货物列车速度只能达到 80～90 km/h，轻快货物列车速度也只能达到 100～120 km/h。如此大的速差，扣除系数就更大，成为不合理的运输组织。因此，客货车共线运行迫使降低旅客列车速度。

（3）信号适应问题。高速铁路无地面信号，行车控制靠 CTCS 和 CTC，而货运机车没有相应匹配的车载设备。

3. 不办理行包和邮件装卸业务

我国普通客车多挂有行李、邮包车厢。列车到达较大车站时，要进行邮件和行李（托运的包裹）的装、卸作业，车站站台上、沿站台的纵横向均须设行李和邮件拖车的走行通道，列车繁忙的大站通常须设横越股道、站台和纵向贯通车站的地下车道。而在高速铁路车站不办理行包和邮件装卸作业，但在每节车厢两端均有较宽敞的行李架供旅客放置自带的行包。

高速铁路不办理行包和邮件装卸业务主要是由于办理行包、邮件装卸会延长列车停站时间，这与高速铁路追求最短的旅行时间是相违背的。

评价反馈

扫描下方二维码对本次课进行评价。

学习领域三学习情境二问卷调查

学习情境三　高速铁路车站分布及设备

学习情境描述

高速铁路车站的站址必须结合城市发展规划，位于新发展市区内，站房面向市区方向。

高速铁路的起讫点都是在大城市，由于旅客出行的起讫点并不都是在高速铁路网络里，因此高速铁路车站的分布对旅客出行的方便程度有较大影响。本学习情境引导学生探索高速铁路车站的分布，归纳高速铁路车站的布局原则，认识高速铁路车站的技术设备，从而加深对高速铁路车站的认识。

学习目标

1. 素质目标

（1）养成坚定理想信念，德技并修的能力与意识

（2）养成谦虚、好学，勤于思考、认真负责的良好作风

2. 知识目标

（1）了解高速铁路车站的分布情况以及高速铁路引入既有线枢纽的优点

（2）熟悉高速铁路车站的布局原则

（3）掌握高速铁路车站技术设备类型

3. 能力目标

（1）能阐述高速铁路车站的布局对旅客的影响

（2）能区分高速铁路车站各种技术设备类型

课前任务

网络检索国内外高速铁路车站间距及高速铁路车站布局的相关信息，小组探讨：

① 高速铁路线路上车站过密有何优缺点？

② 高铁车站的站间距过长又有何缺点？

任务分组

表 3-3-1 学生任务分配表

<table>
<tr><td>班级</td><td colspan="2"></td><td>组号</td><td colspan="2"></td></tr>
<tr><td>组长</td><td colspan="2"></td><td>学号</td><td colspan="2"></td></tr>
<tr><td rowspan="5">组员</td><td>姓名</td><td>学号</td><td>姓名</td><td>学号</td></tr>
<tr><td></td><td></td><td></td><td></td></tr>
<tr><td></td><td></td><td></td><td></td></tr>
<tr><td></td><td></td><td></td><td></td></tr>
<tr><td></td><td></td><td></td><td></td></tr>
<tr><td>任务分工</td><td colspan="4">1. 观看课前任务视频；
2. 各组成员在组长的带领下，两两一小组网络检索相关资料，组长汇总；
3. 共同探讨课前任务问题；
4. 主动网络检索高速铁路车站相关资料，初步回答引导问题。</td></tr>
</table>

任务实施

（3）熟悉高速铁路车站的分布特点

引导问题 1　你认为高速铁路车站的分布主要取决于什么？（　　）

A. 人口数量　　B. 城市分布　　C. 市场需求　　D. 经济水平

引导问题 2　如果一条高速铁路线上车站过多会有什么影响？或者如果车站与车站之间站间距过大又会有什么影响？

____

____

____

____

引导问题 3　高速铁路车站布局应该遵守什么原则？（　　）

A. 始发站、终到车站应该设置在两站间具有大量直达客流的大城市或特大城市，以满足客流和运营效益的需求。

B. 沿线车站应该最大限度满足周边重要城市旅客出行量和跨线客流需求。

C. 车站位置应该既要考虑与既有线的衔接，同时也要考虑与其他交通运输方式的衔接，以便最大限度缩短旅客出行时间，吸引更多的客流。

D. 如果高速线与既有线基本并行修建时，若既有线站场有条件扩建的条件下，高速铁路车站应该尽量与既有线合并设置，可以充分利用既有客运设施、减少投资，同时还避免了跨线客流的换乘。例如广州北站，就是一个既有线与高速线合并的一个车站，车场分为普速场和高速场。

引导问题 4　高速铁路车站应具备哪些客运服务设备？（　　）

A. 站房　　B. 站前广场　　C. 站台

D. 出入站通道　　E. 商铺　　F. 旅客服务设备

相关知识点

知识点 1　高速铁路车站的分布

高速车站的分布主要取决于城市分布和市场需求情况。如果在一条高铁线上车站过多、过密，消耗的停车附加时分和起动附加时分使得停站列车运营速度难以提高，通过列车运行在过密集的咽喉区将影响旅客的舒适度和增加不安全因素，也给线路的维修养护增加难度。高速铁路车站造价较高，特别是受客观因素控制时需要设高架站或拆迁大量建筑物，使得一个中间站的造价高达亿元以上。车站过密将增加大量投资。但由于高速铁路列车运行速度并不相等，高速列车也需越行较低速度的列车，如果站间距离过长，而不能进行待避越行，则将降低通过能力。因此，既要保证高速铁路有足够的运量又要合理设置车站。从我国实际情况出发，高速客运站的设站条件应是具有较多的到发客运量和地市（省辖市）级城市包括经济发达的一些县级城市。根据有关规定，我国高速铁路车站站间距一般为 30 ~ 100 km，在已经开通运营的线路中，武广高速铁路车站的平均站间距为 62.8 km，最大站间距 84.27 km，京沪高铁的平均站间距为 57.3 km。日本东海道新干线平均 36.8 km，最长的区间为 68.1 km，山阳新干线最短的站间距为 10.55 km。

表 3-3-2　国内外高速铁路车站间距表

国家及地区	线名	总长度/km	车站数/个	平均站间距/km	最大站间距/km	最小站间距/km
日本	东海道	515	15	36.8	68.1	15.9
	山阳	554	18	32.6	55.9	10.5
	东北	496.5	18	29.2	49.0	14.5
	上越	269.5	9	33.7	41.8	23.6
	北陆	117.4	6	23.5	33.2	17.6
法国	巴黎—里昂	417	4	104		
	里昂—瓦朗斯	121	2	121	121	
	瓦朗斯—马赛	303	3	156		
	大西洋	281	4	70	168	15
	北方线	333	3	111		
德国	汉诺威—威尔茨堡	327	5	82		
	曼海姆—斯图加特	105	2	105	105	
	法兰克福—科隆	219	5	55		
	汉诺威—柏林	264	5	66	130	10
中国	武广高铁	1068	18	62.8	84.27	36.46
	京沪高铁	1318	24	57.3	108	25

知识点 2　高速铁路车站的布局原则

一般来说，高速铁路车站的布局遵循以下原则：

（1）始发站、终到车站应该设置在两站间具有大量直达客流的大城市或特大城市，以满足客流和运营效益的需求。

（2）沿线车站应该最大限度满足周边重要城市旅客出行量和跨线客流需求。

（3）车站位置应该既要考虑与既有线的衔接，同时也要考虑与其他交通运输方式的衔接，以便最大限度缩短旅客出行时间，吸引更多的客流。

（4）如果高速线与既有线基本并行修建时，若既有线站场有条件扩建的条件下，高速铁路车站应该尽量与既有线合并设置，可以充分利用既有客运设施、减少投资，同时还避免了跨线客流的换乘。例如广州北站，就是一个既有线与高速线合并的一个车站，车场分为普速场和高速场。

知识点 3　高速铁路车站设备

为了完成旅客列车和动车的各项行车技术作业，迅速、有序地完成旅客运输任务，高速铁路车站应根据其技术作业特点和作业量的大小来配置相应的技术设备。各站的技术设备主要包括车站线路设备和客运服务设施等。

（1）车站线路设备

车站线路设备分为车站正线、站线和辅助线路三种。

① 车站正线。车站正线指直接与区间连接的线路。

② 站线。站线包括到发线、牵出线、调车线、货物线及站内其他线路。

③ 辅助线路。辅助线路包括安全线、避难线、渡线、联络线、走行线及其他线路。

（2）客运服务设备

车站为方便旅客乘降和完成列车的技术作业，主要配备了站房、旅客站台、站前广场、出入站通道、高铁商铺、车站旅客服务设备、旅客安全监控管理设备等客运服务设施。

1）站房

站房是客运站的主体，包括为旅客服务的各种用房，运营管理工作所需要的各种技术办公用房及办理售票、行包、邮政转运等用房。

站房的设置应该与城镇规划、车站总体布置相配合，还应考虑流线的合理设计。流线按流动方向可分为进站和出站两大流线；按流动实体可分为旅客流（人流）、行包流（货流）和车辆流。站房布局是否合理，对提高服务质量，保证车站良好秩序，提高车站运输能力是十分重要的。因此，站房的设置必须满足以下要求：

① 站房的位置要和城市规划及市内交通网密切配合。

② 各种流线应该保证畅通无阻、便捷，避免交叉干扰，使旅客、行包和各种车辆在站安全、迅速地集散与通行。

③ 站房建筑应按旅客的需求设置，方便旅客办理各种手续，便于车站工作人员组织旅客上下车。

④ 根据客流量的大小，尽可能使到达与始发客流、短途与长途客流分开。在站房内、站

台上应将行包、邮件搬运与旅客上下车的通路分开。

⑤ 站房应力求适用、经济、美观，并体现出城市的建筑风格和地理环境特点，还要求有良好的通风和采光条件。

高铁车站站房从其布局来看大体可分为线上式车站（车站的主体建筑在线路上方）、线下式车站（车站的主体建筑建在高铁高架线路下方）、线侧式车站（车站的主体建筑建在铁路的一侧或两侧）。

站房应根据客运量设置为旅客服务和为客运生产、管理、办公、生活及驻站单位使用的各类房舍与设施。如候车室、售票处、问讯处、携带品寄存处、行包房等。

2）旅客站台

按站台与线路钢轨顶面的高差值，旅客站台可分为三种，即低站台（高差为 300 mm）、一般站台（高差为 500 mm，站台平面大致与列车最低阶梯的踏板等高）、高站台（高差为 1 100 mm，站台与列车车厢底平面相同）。高铁车站的站台高差为 1 250 mm。

旅客一般站台的宽度，对特、一等车站应不少于 20 m，对二等车站及县城所在地车站应不少于 12 m，对其他车站应不少于 6 m。

3）站前广场

站前广场应具备供旅客和各种车辆集散、停留的场所，旅客活动地带和相应的绿化区域，并考虑远期规划用地。站前广场由以下三部分组成：

① 各种车辆停车场。

② 旅客活动地带，包括人行通道、交通安全岛和旅客活动平台。

③ 旅客服务设施，包括旅馆、商店、邮政、汽车站、厕所等。

4）出入站通道

出入站通道设有售票处和旅客购物、就餐等服务设施。出站通道是客运站内人流最集中、方向最复杂的位置，客运站应该在出站检票口设足够面积的旅客缓冲区域，加强旅客的通过性和导向性。

5）高铁商铺

高铁车站的商业开发是随着高铁的不断发展而逐步形成的，利用的是车站宽大的地下层和候车室夹层，主要以餐饮、百货及食品等项目为主。

6）车站旅客服务设备

高速铁路车站旅客服务设备主要包括票务服务设备、乘降服务设备、候车服务设备、信息服务设备及为特需旅客提供的服务设备等，如图 3-3-1 ~ 图 3-3-4 所示。

7）旅客安全监控管理设备

① 电视监控系统。该系统为客运值班员、广播员、行包房值班人员、车站工作人员等观察旅客列车到发、进出车站的情况，车站客流动态及岗位服务状况而设置。

② 安检设备。该设备为车站对旅客携带品及托运的行包进行安全检查而设置，由通过式检查仪、操作仪和监视器组成。

③ 火灾自动报警系统。该系统可以实现系统设备自动监视和控制，提前发现火灾并进行预警，启动防排烟、消防灭火、疏散救灾等相关设备，实施火灾模式运转。

图 3-3-1　自动售（取）票系统

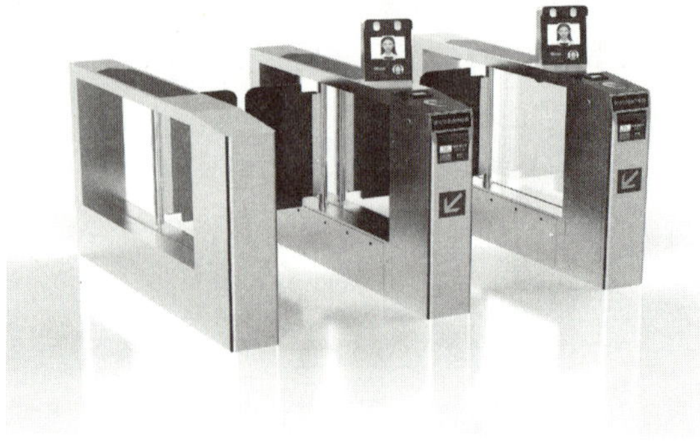

图 3-3-2　自动检票系统

图 3-3-3　引导指示系统

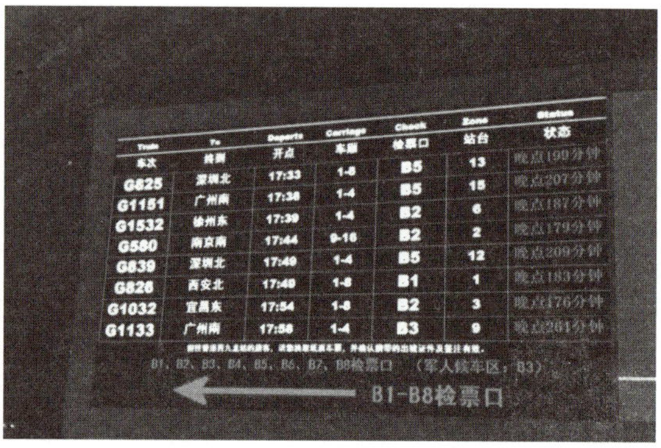

图 3-3-4　信息服务系统

知识点 4　高速铁路枢纽

把以高速铁路车站为中心，在场站外部有动车检修基地、动车检修所、动车运用所、综合维修段（工区）及连接这些段所需的联络线、迂回线等相衔接，在车站内部实现高速铁路、普通铁路、城际铁路，地铁、公交、出租等多种交通方式间的立体换乘的综合体称为高速铁路枢纽。为最大限度方便旅客出行，减少旅客的换乘，将高速铁路与既有线枢纽进行合理的衔接设计是非常有必要的。而且将高速铁路引入既有线有其自身的优点：

（1）有利于吸引更多的旅客乘坐高速动车组。既有线客运站一般都位于城市的中心地段，对于旅客出行来说无疑是最便捷的。

（2）有利于充分利用既有客运站的站场设备和客运服务系统，节省工程投资和建设用地。

（3）最大限度方便旅客换乘。既有线与高速线上的旅客可以在同个车站实现无缝换乘，无须乘坐其他交通工具换乘，节省了旅客换乘时间，同时也减轻了城市的交通压力。

高速铁路引入既有线枢纽虽然有其优势，但是，真正实施起来有很大困难，主要是因为它是个复杂的系统工程，它将对城市规划和枢纽布局产生重大影响。因此，高速铁路引入既有枢纽时主要应考虑满足以下要求：

（1）高速铁路线的走向要与城市规划密切配合：高速铁路线的走向应尽量顺直通过枢纽，其技术条件应尽量保证高速列车“高进高出”，即不降低原有速度通过枢纽，缩短市内走行时间；当条件困难时，为减少城市拆迁工程量，也可以适当降低技术标准，高速列车“高进低出”或“低进低出”通过枢纽。高速线要尽量与枢纽内既有线并行，以免造成对城市区域功能的破坏；要尽量避开城市居民密集区，减少列车噪声对居民的干扰。

（2）枢纽内客运系统与货运系统宜采用“客货分线、客内货外”布置。高速线的引入应尽量不影响既有货运的总体布局。客运系统的进路与货运系统的进路应采用立交疏解布置，避免相互间的交叉干扰。

（3）枢纽内高速铁路车站要与其他客运站密切配合：当枢纽内设有两个及以上的客运站时，首先高速线应尽量引入枢纽内的既有主要客运站，以便减少换乘的不便，吸引更多的旅客乘坐高速列车；其次要保证充分利用既有的客运站的设施，减少改扩建工程，节省工程费用，充分发挥既有客运设备的能力；适当调整枢纽内各客运站的分工，制订各客运站接发各种列车的合理方案并保证客站间宜有便捷的联系通路。

（4）高速线要考虑近远期新线引入枢纽问题：引入枢纽的新线包括普速线和高速线。要保证引入的新线与高速线有方便的通路，高速线与引入新线在枢纽内的进站线路疏解要提前规划；近期高速线与远期高速线在枢纽内客运站的作业分工应互相结合；近、远期动车段及综合维修基地应统筹安排。

高速铁路引入既有枢纽的方式，按其引入线的平、纵断面不同，有平面引入、高架引入、地下引入三种方式；按其引入客运站类别不同，有引入既有站（高速铁路与既有铁路共用车站的方案）和引入新建站（分设方案）的两种方式。按高速铁路引入枢纽内的走向和既有线的关系不同分为并行引入、并线引入和分线引入三种方式。

（1）并行引入方式

高速铁路线 $A'B'$ 与既有线 AB 在枢纽内并行设计，在既有客运站旁设高架（或地面）高速车场，与既有客运车场横向并列。如图 3-3-5 所示。这种引入方式对城市功能不产生重新分割。站房可共用，旅客不必出站换乘，可充分利用既有客运设施和市政公用设施。但高速线穿越市区与城市干道交叉，拆迁工程量较大，工程费用较高，高速线在枢纽内的技术条件受到城市建筑限制，将会影响高速列车在枢纽内的运行速度。

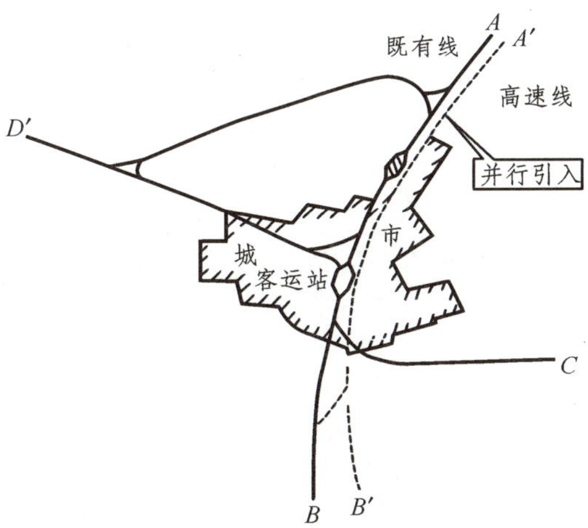

图 3-3-5 高速铁路并行引入枢纽站示意图

（2）并线引入方式

图 3-3-6 所示为高速铁路在枢纽后方站（即进入枢纽前的一个车站）与既有线合并后，再

利用既有正线引入枢纽内主要客运站。

这种引入方式工程量较小，节约城市用地，拆迁工程量也少，高速线对城市干扰小。但高速列车在枢纽内的合并区间，受到曲线半径等技术条件制约需减速运行，且由于该区间客、货混跑，造成通过能力紧张，这种方式在既有线有较大富余通过能力时适合采用。

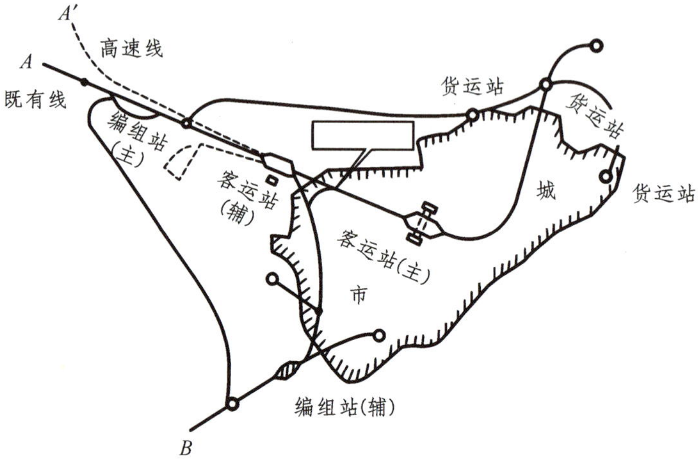

图 3-3-6 高速线与既有线并线引入枢纽示意图

（3）分线引入方式

图 3-3-7 所示为高速铁路在枢纽内走行时与既有线分开，进入枢纽内新建的高速车站，图中高速线 $A'B'$进出枢纽都与既有线 AB 分开。高速线 $A'B'$在大江上游新桥过江后，引入城市南侧边缘新建高速站，在枢纽内编组站附近再与既有线并行，在枢纽进出口处用 a、b 联络线与既有线相连接。这种引入方式对城市环境影响小，拆迁工程量小，有利于扩大枢纽的客运能力，高速线的施工不影响运营。但新建高速站远离城市中心，不利于吸引客流，且与既有主要客运站相隔甚远，不利于旅客换乘。选择何种引入方式，应根据以上所述的一些基本原则和要求并根据现有的城市规划和现有枢纽的具体条件进行多种方案比选后予以确定。

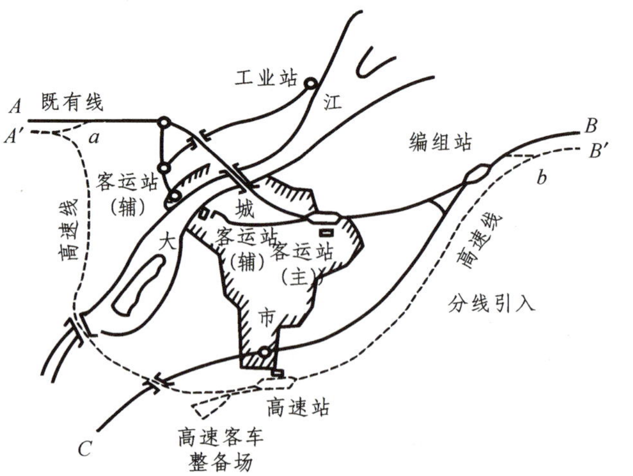

图 3-3-7 高速线与既有线分线引入枢纽示意图

评价反馈

扫描下方二维码对本节课进行评价。

学习领域三学习情境三问卷调查

学习领域四　高速铁路动车组

建议学时　8 学时

学习要求　通过本活动，了解动车组基本知识、动车组构造、动车组运用与检修的相关知识，熟悉动车组的发展历程、特点和优越性，掌握动车组基本组成，了解我国动车组运用规章和检修要求，具体学习任务简介及学时安排见表 4-0-1。

表 4-0-1　高速铁路动车组学习任务简介及学时安排

序号	学习情境	学习任务简介	建议学时
1	动车组基本知识	了解动车组基本知识	2
2	动车组车辆构造	掌握动车组的基本构造	4
3	动车组运用与检修	了解动车组运用规章和检修要求	2

学习情境一　动车组基本知识

学习情境描述

高速铁路作为一种安全可靠、快捷舒适、运载量大、低碳环保的运输方式，已经成为世界铁路发展的重要趋势。截至目前，全球投入运营的高速铁路近 7 万 km，分布在中国、日本、法国、德国、意大利、西班牙、比利时、荷兰、瑞典、英国、韩国等 17 个国家和地区。

中国铁路现代化建设加快推进，取得丰硕成果，特别是高速铁路建设和运营成绩斐然，由“四纵四横”到“八纵八横”，高铁运营里程达到 4 万 km。目前，全国铁路每天开行动车组列车 5 000 列左右，运营状况良好，赢得了社会各界的赞誉。

学习目标

1. 素质目标

（1）理解“交通强国、铁路先行”的精神。

（2）树立创新意识和团队协作意识。

（3）树立铁路远大理想、培养工匠精神。

2. 知识目标

（1）了解国内外动车组的发展。

（2）掌握国内 CRH 及 CR 系列动车组的基本类型。

3. 能力目标

（1）能知晓动车组的特点及优越性。

（2）能明确动车组与高速动车组的不同。

动车组的优点

课前任务

上网检索 Discovery 频道的“京沪高铁 CRH380”纪录片相关视频及信息，回答下列问题：

（1）我国从国外引入动车组时的背景。

（2）你认为我国动车组发展的道路是否合理。

任务分组

表 4-1-1 学生任务分配

<table>
<tr><td>班级</td><td colspan="2"></td><td>组号</td><td></td></tr>
<tr><td>组长</td><td colspan="2"></td><td>学号</td><td></td></tr>
<tr><td rowspan="5">组员</td><td>姓名</td><td>学号</td><td>姓名</td><td>学号</td></tr>
<tr><td></td><td></td><td></td><td></td></tr>
<tr><td></td><td></td><td></td><td></td></tr>
<tr><td></td><td></td><td></td><td></td></tr>
<tr><td></td><td></td><td></td><td></td></tr>
<tr><td>任务分工</td><td colspan="4">1. 教师帮助学生划分学习小组，在小组划分时应考虑学生个体差异。
2. 各小组成员在组长的带领下，观看课前任务视频，提取关键词。
3. 各组成员查阅动车组的网络资料（可以是新闻、短视频、文章等），组长汇总。
4. 讨论：我国动车组发展的思路是什么？</td></tr>
</table>

任务实施

1. 国内外动车组的发展

引导问题 1　国外动车组的发展情况如何？

引导问题 2　我国动车组的发展？

2. CRH 及 CR 系列动车组

网络检索和谐号、复兴号型号相关视频及信息，记录关键词。

引导问题 3　CRH 及 CR 系列动车组有哪些型号？

相关知识点

知识点 1　国内外动车组发展情况

1. 国　外

日本的高速列车以动力分散为主，大编组、高功率、小轴重。1964 年 10 月，日本先于其他国家开通了世界第一条高速铁路—东海道新干线（东京一新大阪的高速客运专线），最高运行速度为 210 km/h。至今已 60 多年过去，高速列车从东海道新干线的 O 系，发展了 100 系、200 系、300 系、400 系、500 系、700 系、El 系（MAX）、E2 系（见图 4-1-1）、E3 系等。

图 4-1-1　日本新干线 E2 动车组

日本高速铁路的发展有以下几个特点：高速列车采用动力分散型，轴重小，这样的设计使得列车的安全性增强；线路中桥隧比重大，线路的标准不断提高；列车运行密度大，定员多，旅客输送最大；安全性能好，旅客死亡事故少。

德国是铁路客运速度提高较快的国家之一。1962 年德国研制的“莱茵金子”号客车的构造速度已达 160 km/h，1974 年 ET403 型电动车组的最高运行速度为 160 km/h，1977 年提高到 200 km/h，1985 年制造出 1CE 型高速列车。由 5 辆车组成的 1CE 列车于 1985 年交付试验。头车和尾车为动车，各长 20.8 m，自重 78.2 t，采用三相交流牵引装置，每辆动车的功率为 4 209 kW。中间 3 辆拖车的长度均为 24.34 m。德国的 ICE 第一代列车（ICE1）于 1988 年就跑出了 400 km/h 的速度，列车编组为 2 辆动力头车牵引 10 ~ 14 节客车不等。该列车的设计把乘客的舒适度放在第一位，由于德国铁路穿越隧道较多，故对列车的密封性设计也仿效日本新干线列车进行设计，为欧洲第一代气密性列车，随后改进制成 ICE 第二代（ICE2）和 ICE 第三代（ICE3）产品（见图 4-1-2）。

图 4-1-2　德国西门子 ICE3 动车组

由于 ICE3 要在莱茵—科隆线路上运行，该线路设计坡度为 40‰，并且速度高达 300 km/h，为了有足够的黏着力，故该车采用动力分散型。

德国高速铁路发展有其一定特点：它采用三相交流传动技术，计算机控制列车制动，轻型车体构造，列车有自诊断技术，统一调度指挥。

法国高速铁路线上采用的电动车组在牵引动力上的布置与日本不同，它采用的是动力集中式，只在列车两端的头车（或与头车相邻的客车的一端）装有牵引动力装置。法国第一条铁路线（巴黎东南新干线）于 1972 年动工，1983 年投入运用。运用 TGV-PSE 电动车组，最高速度为 270 km/h。在巴黎东南新干线通车后，法国继续扩大高速铁路线，1990 年大西洋新干线（巴黎—勒芒、图尔）正式通车，采用 TGV-A 电动车组（见图 4-1-3），最高运行速度为 300 km/h。

图 4-1-3 法国 TGV 动车组

“欧洲之星”高速列车是法国 TGV 列车的派生系列，目前运行在伦敦至巴黎和布鲁塞尔之间、该车载客量 794 人、12 根动轴，总功率 12 000 kW，速度达 300 km/h，编组型式为 2L18T，铰接式转向架。法国高速铁路发展的特点是：动车组采用动力集中方式及铰链式车厢；多电流制供电与简单链型悬挂接触网，能使用一般线路的 1 500 V/3 000 V 直流供电，也能使用高速线 25 kV 交流供电；采用符合 ETCS 标准的 TVM 列车控制系统；注重系统的安全性与可靠性；线路要求高标准高质量。

另外，意大利也开发了 ETR450 摆式列车（见图 4-1-4），用于其国内的高速线路。

图 4-1-4 意大利 ETR450 摆式列车

2. 国　内

我国是从 20 世纪 90 年代开始对动车组进行研究。包括长春轨道客车股份有限公司开发制造中国首列商业运行电动车组——昆明电动车组；动力集中式双层内燃动车组——北京神州号；拥有完全自主知识产权的高速电动车组——“中华之星”电动车组（见图 4-1-5）；株洲电力机车厂研制的中国第一台正式进入高速领域的动力集中式高速动车组——“大白鲨”高速电动车组（见图 4-1-6）；另外，还开发了 NZJ2“神舟号”动车组（见图 4-1-7）、“中原之星”号动车组（见图 4-1-8）。

图 4-1-5　“中华之星”电动车组

图 4-1-6　“大白鲨”高速电动车组

图 4-1-7　NZJ2 神州号动车组（猫）

图 4-1-8　“中原之星”号动车组

2004 年 4 月 1 日，国务院召开会议专题研究铁路机车车辆装备有关问题，形成《研究铁路机车车辆装备有关问题的会议纪要》，明确了“引进先进技术、联合设计生产、打造中国品牌”的基本原则，确定重点扶持国内几家机车车辆制造企业、引进少量原装、国内散件组装和国内生产的项目运作模式。

2004 年 7 月 29 日，国家发改委与铁道部联合印发《大功率交流传动电力机车技术引进与国产化实施方案》和《时速 200 公里动车组引进与国产化实施方案》。

2004 年 8 月，铁道部公开招标采购时速 200 km 动车组项目。2005 年 10 月，铁道部公开招标采购时速 300 公里动车组项目。2006 年 7 月 31 日，国内首列国产化时速 200 km 动车组下线。

2006 年 9 月，铁路部门在胶济线以及第六次大提速既有线改造区段组织了多次全线拉通试验和提速平推试验，动车组进入运行试验。

2007 年 2 月，动车组以 160 km 的时速投入春运。2007 年 4 月 18 日，动车组全面上线投入运营。

2008 年 8 月 1 日，动车组投入运营的京津线是中国首条高速铁路客运专线，是中国进入高铁时代的标志。

中国铁道部将所有引进国外技术、联合设计生产的 CRH 动车组车辆均命名为“和谐号”。通常用来指 2007 年 4 月 18 日起在中国铁路第六次提速调图后开行的 CRH 动车组列车。CRH 为英文缩写，全名 China Railway High-speed，中文意为“中国铁路高速”，是中国高速铁路系统的品牌名称。中国铁路开行的 CRH 动车组已有 CRH1、CRH2、CRH3、CRH5 等车型。

知识点 2　我国 CRH 及 CR 系列动车组型号

我国 CRH 系列动车组大致可分为三代半：

一代，即 2006 年引进的四款动车及后续一些改进车型（分 2004 年第一轮和 2005 年第二轮招标），这一代的车型绝大部分（2004 年第一次招标）是 200 km/h 级别的快速动车组，而且总体上没有跳出外国原有车型的框架，分别为：

CRH1 系列——四方有限公司与加拿大庞巴迪合资公司 BST 的产品（原型车为庞巴迪 ReginaC2008，这个系列因为是合资，所以国产化率是最低的）。

CRH1A（见图 4-1-9）：8 列短编组，5 动 3 拖，运营速度 200 km/h，2007 年 2 月投入运营，共 168 列（1-001A 至 1-168A），对应的是快速铁路的 D 字头车。

图 4-1-9　CRH1A 动车组

CRH1B（见图 4-1-10）：16 列长编组，10 动 6 拖，运营速度 200 km/h，2009 年 4 月投入运营，共 25 列（前 20 列编号 1-041B 至 1-060B，后 5 列为原 1E 订单，采用 1E 头型），外形和一代 CRH1A 一样，非常像地铁，也是快速铁路的 D 字头车，只有 5 列的 1E 头型的 1B（1-076B 至 1-080B）。

图 4-1-10　CRH1B 动车组

CRH1E：长编组卧铺，10 动 6 拖，运营速度 200 km/h，2009 年 11 月投入运营，D 字头车，共 15 列（1-061E 至 1-075E）。

CRH2 型动车组编组

总的来说，CRH1 系是最早投入使用的两款 CRH 动车组之一（另一种是 CRH2A），但由于是合资不是引进，技术一直掌握在外方手中，所以一直是游离于 CRH 动车组大家族之外的一个独特存在，其技术对 CRH 动车组家族的国产化之路，起了启发借鉴的作用。

CRH2 系列——四方股份引进日本（川崎重工为代表的日本企业联合体）技术（原型车为川崎的 E2-1000 系）。

CRH2A（见图 4-1-11）：短编组，4 动 4 拖，运营速度 200 km/h，最高速度 250 km/h，2007 年 2 月投入运营，D 字头车。该型车是目前所有 CRH 系动车组单个子型号中产量最大的一款，前三列为日本原装进口。从 2013 年开始，升级为统型 CRH2A，即规范了各系车组统一性能标准的动车组，车组编号为：2-001A 至 2-060A，2-151A 至 2-211A，2-212A 开始为统型，到 2-460A 截止，共计 358 列。

CRH2B（见图 4-1-12）：长编组，8 动 8 拖，运营速度 200 km/h，最高运营速度 250 km/h，2008 年 8 月投入运营，同样为 D 字头车，共计 10 列（2-111B 至 2-120B，现在的编号是 2111 至 2120）+最新订单 10 列。

CRH2C（见图 4-1-13）：短编组，6 动 2 拖。2005 年，我国第二轮高速动车组招标（350 km 级别）的产物，真正意义上的 CRH 家族第一款高铁车型（G 字头），由于这是我国开始进行自主技术改进和创新的阶段，所以 CRH2C 本身就带有试验性质，其发展也被分为两个阶段：

第一阶段，以 CRH2A 为基础进行改进，运营速度提高到 330 km/h，最高运营速度提高到 350 km/h，最高试验速度 392 km/h（实际最高试验速度在 2010 年达到了 393 km/h）。2008 年 8 月正式投入运营，共计 30 列（2-061C 至 2-090C，其中 2-061C 和 068C 后改为高速综合检测车）。

第二阶段，在第一阶段基础上继续改进，并部分借鉴 CRH2C 的技术，运营速度提高到 350 km/h，最高运营速度提高到 380 km/h，最高试验速度 410 km/h。2010 年 2 月正式投入运营，共计 30 列（2-091C 至 2-110C，2-141C 至 2-150C，其中最后一列 2-150C 为高速综合检测车，还做过 CRH380A 的头型试验车）。

CRH2E（见图 4-1-14）：长编组卧铺，8 动 8 拖，运营速度 200 km/h，最高运营速度 250 km/h，D 字头动车组。这是在 CRH2B 长编组车基础上自主创新研制出的长编组卧铺车，2008 年 12 月投入运营，共计 20 列（2-121E 至 2-140E）。

CRH2J（见图 4-1-15）：综合检测车，俗称黄医生，只有一列，CRH2J-0205 号

总的来说，CRH2 系基于日本 20 世纪 90 年代新干线技术，水准比欧洲标准略低，但技术水平扎实，故障率低，并且在四方自己的努力下，技术水平已经大大提高，成为我国一代动车组中数量最多、使用最广的一系。

图 4-1-11 CRH2A 动车组

图 4-1-12 CRH2B 动车组

图 4-1-13　CRH2C 动车组

图 4-1-14　CRH2E 动车组

图 4-1-15　CRH2J-0205 动车组

CRH3 系列——唐车引进德国西门子技术，原型为西门子的 Velaro，即德国铁路系统中的 ICE-3。

CRH3C：（原 CRH3A，见图 4-1-16）短编组，4 动 4 拖，第一代引进车型中唯一不用改型就能直接上 300 km/h 的列车，最高运营速度高达 350 km/h，因此和 CRH2C 一样也是第一批 G 字头车。2008 年 8 月正式投入运营，共计 80 列，编号 CRH3-001C 至 080C（其中 002C、004C 是德国原装进口）。

CRH5 系列——长客引进法国阿尔斯通技术。

CRH5A（见图 4-1-17）：短编组，5 动 3 拖，最高运营速度 250 km/h，2007 年 4 月投入运营，共计 140 列，编号 CRH5-001A 至 140A。

图 4-1-16　CRH3C 动车组

图 4-1-17　CRH5A

二代：在之前四款车型的基础上不断改进，最终研发出的运营速度 380 km/h 级别的国产 CRH380 系列，分别为：

CRH380D 系列——四方有限与庞巴迪合资公司（BST）。

CRH380D（见图 4-1-18）：短编组，4 动 4 拖，最高运营速度 380 km/h，2015 年 5 月投入运营。380 系列中唯一非国产型号，庞巴迪 ZEFIRO 380 的国内版，只有这一个短编组型，截至目前共 85 列订单，编号 CRH380D-1501 至 1585（2014 年 7 月前原编号 CRH380D-6601 至 6685）。

CRH380A 系列——四方股份出品，基于 CRH2C 技术。

CRH380A（见图 4-1-19）：短编组，6 动 2 拖，最高运营速度 380 km/h，2010 年 10 月正式投入运营。380 系中最早出现的一款，2010 年 9 月因在沪杭专线跑出当时世界上正常运营编组列车的最高速度 416.6 km/h 而轰动一时，380 系因此第一次进入大众视野。截止到目前共计 215 列，编号 CRH380A-2501 至 2895（原首列编号 CRH380A-6001）。

图 4-1-18　CRH380D

图 4-1-19　CRH380A

CRH380AL（见图 4-1-20）：长编组，14 动 2 拖，最高运营速度 380 km/h，也是一款屡屡打破纪录的明星车型，截止到目前共计 100 列，编号 CRH380AL-2540 至 2640（原首列编 CRH380A-6041L）。

CRH380AJ（见图 4-1-21）：高速综合检测车，也是最有名的黄医生，共 3 列，编号 CRH380AJ-0201 至 0203（0201 原编号 CRH380A-001）。

图 4-1-20　CRH380AL

图 4-1-21　CRH380AJ

CRH380AM（见图 4-1-22）：非常著名的 500 km/h 试验车，编号 0204，原称 CIT500 更高速度试验列车。

CRH380B 系列——长客与唐车联合研发，原名依次为 CRH3-350 和 CRH3-380，基于 CRH3C 技术开发。

CRH380BL（见图 4-1-23）：长编组，8 动 8 拖，最高运营速度 380 km/h，2011 年 1 月投

入运营，主跑京沪线。由长客和唐车联合研发和分别生产，截至目前共计 115 列，长客 45 列，唐车 70 列，编号：长客生产的为 CRH380BL-5501 至 5545（原编号 CRH380B-6201L 至 6245L），唐车生产的为 CRH380BL-3501 至 3570（原编号 CRH380B-6401L 至 6470L）。

CRH380B（见图 4-1-24）：短编组，4 动 4 拖，2012 年 12 月投入运营，适用于北方的高寒型车，主要跑哈大线，有长客和唐车的两个版本，而长客的又分为早期非统型和后期统型两个版本。长客版截至目前能统计到的共计 237 列，其中早期非统型 66 列，编号 CRH380BG-5546 至 5600，5626 至 5636（原编号 CRH380B-6246 至 6300，6326 至 6336），而唐车版截至目前共计 30 列，编号 CRH380B-3571 至 3600（原编号 CRH380B-6471 至 6500）。

图 4-1-22　CRH380AM

图 4-1-23　CRH380BL

图 4-1-24　CRH380B

三代：中国标准动车组，或者俗称 350 标动。

前面的一代 CRH1、2、3、5 系是引进仿制外国技术，到二代 CRH380 系是在此基础上开始自主研发，但依然以外国标准为规则，而第三代的中国标准动车组，则是彻底摆脱对外国技术和标准的依赖，不仅技术上完全自主，标准上也是独立的中国标准，是真正意义上的中国创造。

项目于 2013 年 6 月正式启动，四方和长客各自负责一款，但采用统一标准，2015 年 6 月正式下线。2017 年 1 月 4 日，国家铁路局正式给四方和长客颁发型号合格证和制造许可证，这也标志着我国的高速铁路从此进入一个与 CRH 不同的 CR 时代。

CR400AF（见图 4-1-25 ~ 图 4-1-28）：四方出品，短编组，4 动 4 拖，编号意味着最高运营速度可达 400 km/h。目前有两列，绰号“蓝海豚”，原编号 CRH0207 和 0208。

CR400BF（见图 4-1-29 ~ 图 4-1-32）：长客出品，短编组，4 动 4 拖，也是两列，绰号“金凤凰”，原编号 CRH0503 和 0507。

图 4-1-25　CR400AF-1

图 4-1-26　CR400AF-2

图 4-1-27　CR400AF-3

图 4-1-28　CR400AF-4

图 4-1-29　CR400BF-1

图 4-1-30　CR400BF-2

图 4-1-31　CR400BF-3

图 4-1-32　CR400BF-4

评价反馈

扫描下方二维码对本次课进行评价。

学习领域四学习情境一问卷调查

学习情境二　动车组车辆构造

学习情境描述

动车组车辆结构作为高速铁路系统的核心技术体现，代表中国制造业的最高水平。在我国动车组的发展历程中，尤其是2010年CRH380A的设计研发完成，具有完全中国自主知识产权的高速动车组的出现，我国已掌握了动车组结构中的九大核心技术。

动车组车辆构造由车体、转向架、制动系统、车端连接装置等部分组成。由于列车速度的提高，导致空气阻力大大增加，列车与钢轨之间的振动也比常速列车加剧等一系列问题。所以高速列车从外形到内部结构都与普速列车不同，其将高速转向架技术、现代交流传动技术、列车自动控制技术、电子计算机技术、材料轻型化等高科技技术集成一体，使铁路客运进入了一个新时代。

学习目标

1. 素质目标

（1）树立自立自强、勇于担当的精神。

（2）树立爱岗敬业意识。

2. 知识目标

（1）掌握动车组九大关键技术。

（2）掌握动车组十大配套技术。

3. 能力目标

（1）能知晓动车组车辆的特点。

（2）能区分动车组与“高铁”的概念。

课前任务

上网搜索“新一代动车组CRH380A”广告宣传片，回答下列问题：

（1）CRH380A动车组的设计和生产厂家是哪些?

（2）CRH380A动车组的速度纪录是多少?

任务分组

表 4-2-1　学生任务分配

<table>
<tr><td>班级</td><td colspan="2"></td><td>组号</td><td colspan="2"></td></tr>
<tr><td>组长</td><td colspan="2"></td><td>学号</td><td colspan="2"></td></tr>
<tr><td rowspan="5">组员</td><td>姓名</td><td>学号</td><td>姓名</td><td colspan="2">学号</td></tr>
<tr><td></td><td></td><td></td><td colspan="2"></td></tr>
<tr><td></td><td></td><td></td><td colspan="2"></td></tr>
<tr><td></td><td></td><td></td><td colspan="2"></td></tr>
<tr><td></td><td></td><td></td><td colspan="2"></td></tr>
<tr><td>任务分工</td><td colspan="5">1. 各组成员在组长的带领下，查阅我国动车组九大关键技术。
2. 查阅我国动车组十大配套技术，做好记录。
3. 查阅 CRH380 系列动车组的设计厂家分别是哪几家。
4. 讨论：CRH380 系列动车组具有自主知识产权代表什么意义？</td></tr>
</table>

任务实施

动车组车辆的基本组成

引导问题 1　动车组的九大关键技术（见图 4-2-1）是什么？

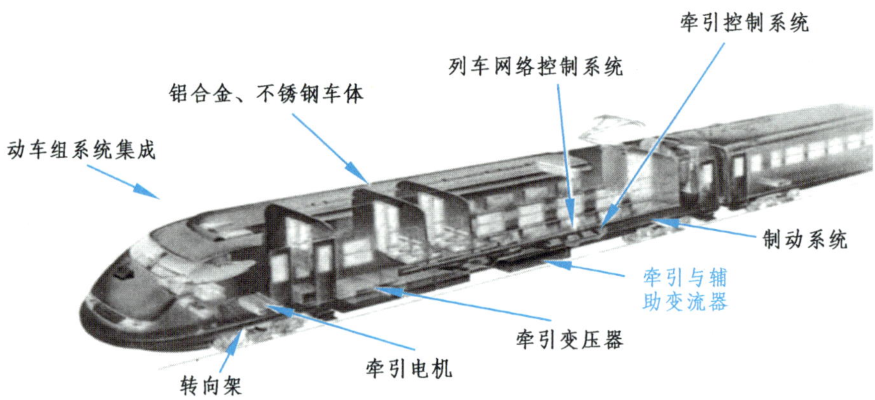

图 4-2-1　动车组关键系统

____

____

____

小提示

为了实现引进动车组技术的消化吸收和再创新，原铁道部根据高速列车基本组成、技术难度和我国铁路机车车辆的工业化水平，把高速动车组的技术分成九大关键技术和十项配套技术。

引导问题 2　动车组车体（见图 4-2-2）有什么特点？

图 4-2-2 动车组车体

小提示

高速列车在车体方面的关键技术主要包括：① 车体轻量化技术：包括采用新材料、新工艺；改变车体结构；优化结构设计；模块化和集成化。② 气动外形技术。③ 车体密封技术。

引导问题 3 动车组转向架（见图 4-2-3）由哪些部分组成的？

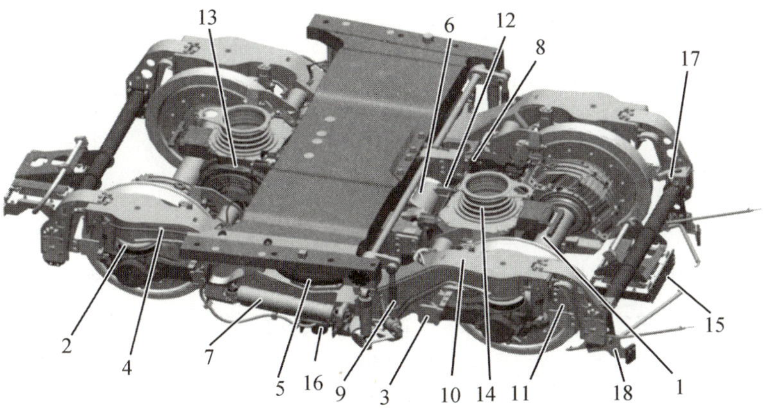

1—整体动车轮对；2—一系悬挂装置；3—轴箱定位装置；4—横向终点止动装置；5—二系悬挂装置；6—横向悬挂装置；7—抗蛇行减振器；8—空气弹簧连杆；9—抗侧滚扭杆组成；10—动力转向架构架；11—轮盘制动组成；12—牵引拉杆组成；13—牵引电机组成；14—牵引电动机通风装置；15—天线组成；16—感应接收器装置；17—轮缘润滑组成；18—撒砂和排障器。

图 4-2-3 CRH380B 动车组转向架

小提示

网络搜索“列车转向架详细装配视频”，一起了解转向架的组成和装配工艺流程

引导问题 4 动车组的车钩（见图 4-2-4）和普通列车有什么不同？

图 4-2-4　柴田车钩

小提示

我国动车组车钩采用密接式车钩，可以实现机械、气路和电路的完全自动连挂和解钩。密接式车钩集牵引、缓冲和连挂于一体，通过车辆彼此相向缓慢走行相互碰撞，使钩头的连接器动作，实现两车辆的机械、电气线路和空气管路的自动连接。

上网搜索“沙库车钩”，了解全自动车钩。

相关知识点

动车组的车辆构造

1. 车　体

车体是容纳旅客，装载行包、整备品等的部分。车体主要由底架、侧墙、端墙及车顶组成。其中，底架是车体的基础，由各种纵向梁、横向梁、辅助梁和底板等组成，承受作用于车辆上的各种垂直载荷和水平载荷。因此，车体应具有足够的强度和刚度，其结构形式应考虑车辆的用途，使之互相适应。车体分为带司机室车体和不带司机室车体两种。为使车体轻量化，高速动车组车体通常采用铝合金和不锈钢材料制造，从发展趋势看，铝合金将是今后动车组车体的主导材料。车体由车顶设备、车端设备、车外侧设备及车下设备构成。

车辆定位、转向架、车轴及车轮编号的定义

2. 转向架

转向架是车辆上能相对车体回转的一种走行装置。它承受着车体的自重和载重，由机车牵引行驶在钢轨上，如图 4-2-5 和图 4-2-6 所示。动车组转向架上还装有牵引电机和减速机构，以驱动车辆运行。转向架主要由构架、轮对、轴箱、弹簧减振装置、摇枕、基础制动装置、传动装置等部分组成。转向架必须有足够的强度和良好的运行平稳性，以保证列车安全运行和满足旅客的舒适性要求。转向架具有导向、承载、牵引、缓冲、制动等功能。转向架是动车组的关键技术之一，是保证列车安全平稳运行的关键部件。随着动车组速度的不断提高，对转向架性能的要求也越来越高。

动车组转向架

同传统转向架相比，保持高速运行稳定性、充分利用轮轨之间的黏着和减轻轮轨相互作用力是动车组转向架特有的任务和技术关键。

3. 制动装置

动车组需要采用大功率盘形制动机，采用复合制动方式，即“空气盘形制动（见图 4-2-7 和图 4-2-8）+电气动力制动（再生制动）+非黏着制动（涡流制动和磁轨制动）”，按速度控制制动力的大小以充分利用黏着，采用高性能的防滑装置及采用微机控制等。① 尽可能缩短制动距离以保障列车安全。② 保证高速制动时车轮不滑行。③ 司机操纵制动系统灵活可靠，能适应列车自动控制的要求。

图 4-2-5　动车转向架

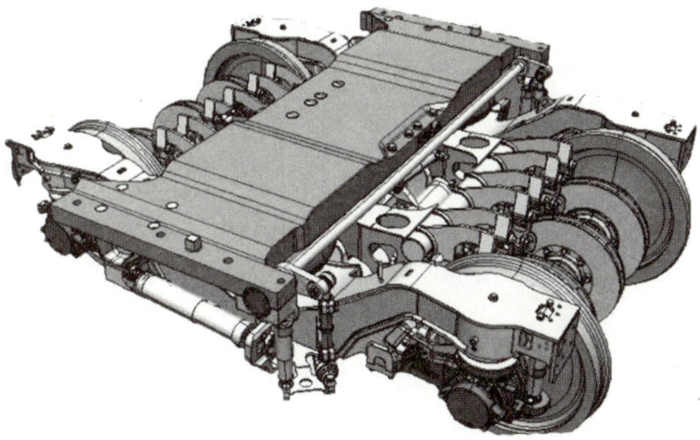

图 4-2-6　拖车转向架

图 4-2-7　轴盘制动

图 4-2-8　制动夹钳

4. 车端连接装置

1）密接式车钩（见图 4-2-9）及缓冲器

（1）密接式车钩及缓冲器在车头罩内。

图 4-2-9　自动车钩

（2）车钩上方设置了电气连接器。

（3）密接式车钩带有空气管，固定在车体底架上。

（4）车钩分离时，通过车钩上的解钩气缸拉动解钩杆完成。

（5）使用橡胶制的 RD19 改良型缓冲器。

2）风　挡

在车体外端墙上安装有气密式内风挡、压缩式外风挡和防雪风挡。

5. 高速受流技术

受电弓及附属设备

高速铁路中接触网-受电弓（见图 4-2-10）受流具有新的特点。受流系统的电流容量、适用速度、安全性能有了相当大的提高，高速铁路的受流系统必须符合以下基本条件。一是要保证功率传输的可靠性，必须保证动车组所需要的最低电压，保证动车组的可靠运行；二是受流系统的运行安全性；三是良好的受流质量；四是保证受流系统的使用寿命。高速列车的电流负荷特性较之常速列车有较大的区别，其特征是脉冲负荷占的比例大，整个牵引供电系统要适应高速列车对电压水平和电流负荷的要求。

图 4-2-10　受电弓

6. 车内设备

动车组客车车内设备是指为旅客提供必要的舒适条件所需的设备，如车内的座席、卧铺、茶桌、行李架，以及给水、卫生、取暖、通风、照明、空气调节及各种电气设备和供电装置等，如图 4-2-11 ~ 图 4-2-14 所示。

图 4-2-11　二等座

图 4-2-12　司机室

图 4-2-13　餐车

图 4-2-14　一等座

评价反馈

扫描下方二维码对本次课进行评价。

学习领域四学习情境二问卷调查

学习情境三　动车组运用与检修

学习情境描述

动车组运用与检修是将动车组所涉及的理论知识应用于实践的一项内容。包括两个部分，动车组运用和动车组检修。

动车组的运用包括运用组织、动车组的运用、乘务员的使用、行车安全等方面。同时涉及铁道总公司、铁路集团、动车段（机务段、车辆段、运用所）等的管理层次问题，以及车辆的配属、调拨、回送。

我国动车组检修制度为定期的计划性预防修，涉及修程设计、修程安排、检修点的设置、检修方法等方面。

学习目标

1. 素质目标

（1）体会“铁路安全无小事”的安全意识。

（2）根植吃苦耐劳精神和树立爱岗敬业意识。

2. 知识目标

（1）熟悉动车组的运用规则。

（2）熟悉动车组的检修制度。

3. 能力目标

（1）能知晓动车组运用的特点。

（2）能区分动车组与铁路客车的检修制度的不同。

课前任务

上网搜索“德国高速列车检修”相关视频及信息，回答下列问题。

（1）我国动车组实行的检修制度和德国有什么不同。

（2）动车组检修一般在哪里进行。

任务分组

表 4-3-1　学生任务分配

<table>
<tr><td>班级</td><td colspan="2"></td><td>组号</td><td colspan="2"></td></tr>
<tr><td>组长</td><td colspan="2"></td><td>学号</td><td colspan="2"></td></tr>
<tr><td rowspan="5">组员</td><td>姓名</td><td>学号</td><td colspan="2">姓名</td><td>学号</td></tr>
<tr><td></td><td></td><td colspan="2"></td><td></td></tr>
<tr><td></td><td></td><td colspan="2"></td><td></td></tr>
<tr><td></td><td></td><td colspan="2"></td><td></td></tr>
<tr><td></td><td></td><td colspan="2"></td><td></td></tr>
<tr><td>任务分工</td><td colspan="5">1. 各组成员在组长的带领下，查阅我国动车组检修制度和修程。
2. 查阅动车组一级修的主要内容，做好记录。
3. 查阅我国动车组段和动车所都有哪些。
4. 讨论：我国动车组检修制度有什么优缺点?</td></tr>
</table>

任务实施

动车组运用

引导问题 1　随车机械师一次往返作业（见图 4-3-1）的要求是什么?

图 4-3-1　随车机械师检查

____

____

____

小提示

由于目前车辆及动检专业的学生在铁路集团就业主要面向动车组运用和检修岗位，部分学生基本定岗为随车机械师。

上网查询随车机械师的岗位职责。

引导问题 2　动车组检修（见图 4-3-2）的具体要求?

图 4-3-2　一级修

小提示

由于目前车辆及动检专业的学生在铁路集团就业主要面向动车组运用和检修岗位，部分学生基本定岗为随车机械师或者地勤机械师，地勤机械师对应的具体岗位即为动车组检修。

相关知识点

动车组运用与检修

1. 随车机械师一次往返作业标准

1）总体要求

（1）开关门集控按钮不在司机操作台上的动车组，随车机械师负责到站操作集控开门、按列车长通知操作集控关门。

（2）巡视检查时，随车机械师应随身携带组套工具、对讲机、移动电话、动车组钥匙、手电筒。

2）接车作业

（1）本属接车作业。

① 出乘时随车机械师按规定着装，佩戴标志，于动车组出库前 1.5 小时到动车所调度室报到，领取动车组主控钥匙、乘务日志、移动电话（或电话卡）、对讲机，听取命令、要求及注意事项，了解动车组检修情况及上一车次的运行情况。

② 随车机械师到动车组出库方向前部，插设安全防护标志（停留线接车时，随车机械师联控司机在操纵端挂“禁动牌”，作业完毕通知司机撤除），进行动车组车体两侧检查，重点检查走行部、头罩及排障器，车端连接装置、车体底板、裙板及附属部件，并对动车组运行故障、检修发现故障处理情况进行复查。作业完毕后，撤除安全防护标志。

③ 在主控端司机室与地勤司机交接主控钥匙，申请供电。

④ 由主控端向非主控端对动车组上部设施进行检查，重点检查车内主要服务设施和安全设施技术状态，并与质检员办理交接。设定并开启空调、照明系统，启动旅客信息系统，与地勤司机配合进行联络电话试验，检查随车工具、材料及行车备品情况。

⑤ 向调度室报告作业情况，在监控室等待随车出库。

⑥ 作业线路图 4-3-3 所示。

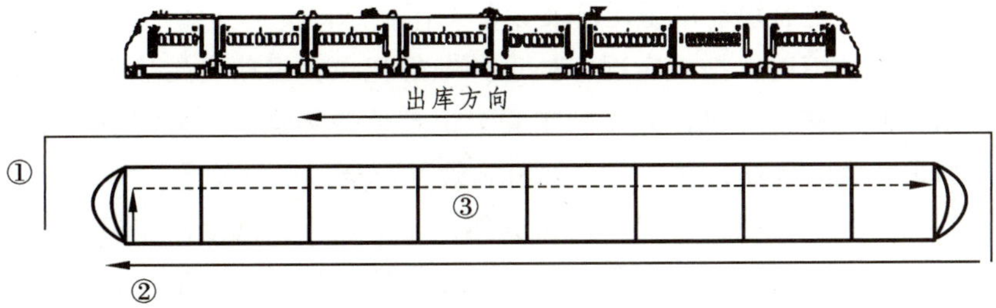

①—下部两侧作业路线；②—交接钥匙，申请供电；③—车内上部检查作业线路。

图 4-3-3　接车作业线路

（2）存放点接车作业。

① 动车组开车前 2 小时，随车机械师到存放点动车所调度室或当地值班室签到，领取动车组主控钥匙，向值班员申请接触网供电，查看《动车组集便器状态登记簿》。

② 接触网供电后，到主控端司机室与本务司机交接，动车组升弓供电。

③ 随车机械师到动车组出库方向前部，插设安全防护标志（停留线接车时，随车机械师联控司机在操纵端挂“禁动牌”，作业完毕后通知司机撤除），进行动车组车体两侧检查。重点检查走行部、头罩及排障器，车端连接装置、车体底板、裙板及附属部件。

④ 作业完毕，撤除安全防护标志。

⑤ 由主控端向非主控端对动车组上部设施进行检查，重点检查车内主要服务设施和安全设施技术状态，设定并开启空调、照明系统，启动旅客信息系统，与地勤司机配合进行乘务室与前后端司机室联络电话试验，检查随车工具、材料及行车备品情况。

⑥ 向调度室或值班室报告作业情况，等待随车出库。

⑦ 存放点接车作业线路与本属接车作业线路相同。

3）始发作业

（1）动车组调车出库途中，巡视动车组运转情况，发现异常及时处置，并向调度室报告。

（2）在站台侧巡视检查头车、车体外侧、侧门、车外显示器、车端连接、受电弓等状态。

（3）巡视完毕后到达主控端司机室，非主控车随车机械师到监控室，监视车载信息系统，等待发车。

（4）作业线路如图 4-3-4 所示。

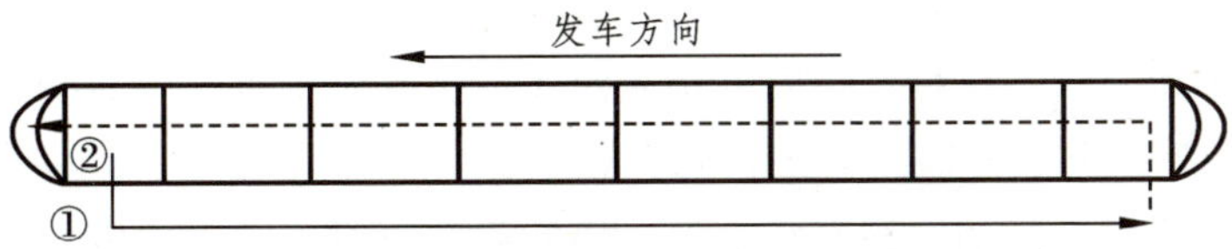

①—站台侧巡视作业线路；②—到达司机室。

图 4-3-4　始发作业线路

4）途中作业

（1）始发后，在车内进行一次巡视检查，重点是动车组运行动态和车内主要服务设施技术状态。

（2）运行途中，原则上随车机械师每小时巡视一次，单程运行不足 1 小时的，每个单程须巡视一次，每次巡视时间及发现的问题及时记录到“动统-15G”上。巡视完毕，在乘务（监控）室通过车载信息系统监视动车组运行及设备工作状态。

（3）动车组发生故障时，按规定程序处理并做好记录，设备发生故障或因其他原因影响正常运行时，第一时间通知司机，并在行车安全记录单签字确认。运行中发生设备损坏时，随车机械师与列车长共同确认，并填写上部设施破损记录，双方签字。

（4）在区间内临时停车时，及时与司机联系，了解原因，属动车组设备故障的，按规定程序处理；涉及行车组织需要司机配合的故障，要根据司机指挥，配合做好有关行车、安全防护工作，并及时向调度室汇报。动车组救援时，负责安装过渡车钩、引导救援机车联挂、连接专用风管。

5）折返站作业

（1）折返站不换乘作业。

① 与司机会合，了解运行情况并做好记录。

② 在站台侧巡视检查车头、车体外侧、侧门、车外显示器、车端连接、受电弓等状态。

③ 站停时间 40 分钟及以上的动车组，在车内进行一次巡视，重点检查车内设备技术状态，发现故障进行处理并做好记录。

④ 巡视完毕，在乘务（监控）室通过车载信息系统监视动车组设备工作状态，等待发车。

⑤ 上水、吸污作业时，随车机械师要加强同上水、吸污作业人员的联系，对上水、吸污作业人员反馈的故障要及时妥善处理。

（2）折返站换乘作业。

① 退乘随车机械师按要求填写乘务日志；续乘随车机械师提前 1.5 小时到达动车所调度室报到，听取传达命令与指示，提前 10 分钟到达换乘地点接车。

② 退、续乘随车机械师在乘务（监控）室办理交接，主要包括动车组运行技术状态、动车组钥匙、乘务日志、对讲机、移动电话（或电话卡）等。

③ 交接完毕，续乘随车机械师按“折返站不换乘作业”第①～④规定作业。

④ 换乘作业过程中遇有动车组故障需要应急处理时，退、续乘随车机械师要协同配合，共同处理。

6）终到作业

（1）终到前，随车机械师从动车组尾部巡视至头部，检查车内设备技术状态，发现故障应急处理并做好记录。

（2）旅客下车后，随车机械师会同列车长对车内上部设施进行全面检查，如发现设备人为损坏、丢失，填写上部设施破损记录，双方签字确认。

（3）与司机会合，了解动车组运行情况。填写乘务日志，重点故障提前通知运用所调度室，在乘务（监控）室等待入库。

（4）入库途中，通过车载信息系统监控动车组运行状态。本属入库后，到调度室报告动车组运行情况，办理重点故障、动车组钥匙、乘务日志、移动电话（或电话卡）、对讲机等交接，听取命令、指示、要求；存放点入库后，到调度室交接动车组钥匙、行车重点故障、乘务日志，听取命令、指示、要求。

（5）按规定退乘。

2. 中国高速列车（CRH）维修体系

1）修制设计基本框架

目前在用的动车组，其检修体制设计原则基本一致，即实行定期的计划性预防修，修制框架基本相同，分为预防性检修和事后检修或更正性检修，具体框架如图 4-3-5 所示。

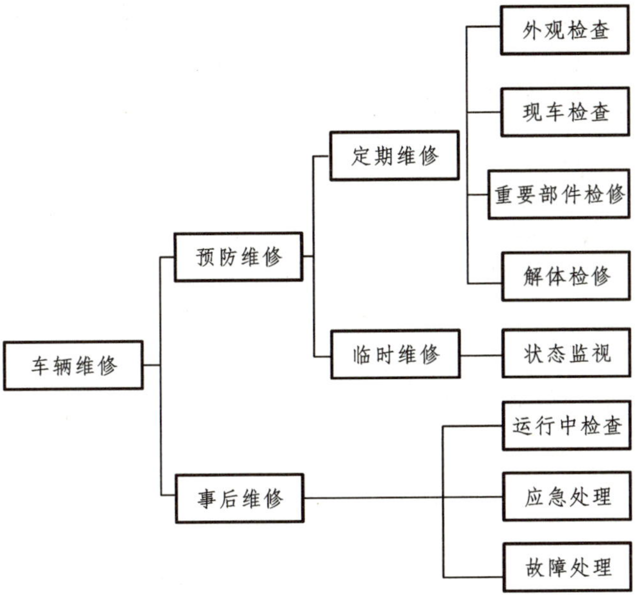

图 4-3-5　修制设计基本框架

2）修程设计基本流程

修程设计是不断积累、不断总结、不断提高的过程，通过选择高持久性的系统和部件，统筹考虑制造与使用的各个环节，设计建立经济合理的检修制度，保证动车组运用的安全性和可靠性，同时，最大限度地提高动车组的使用效率。国外将修程设计视为一项十分重要的前提性的基础工作，形成了一套比较完整的设计流程。

3）修程安排基本情况

（1）四方股份生产的动车组。

① 检修周期。

检修周期设计分两个系列，一类是以走行公里为单位，另一类是以时间为单位（见表 4-3-2）。两个系列中以先到检修周期的优先安排检修，一般在运行图中使用率高的按走行公里周期安排检修计划，使用效率低的按时间周期安排检修计划。

表 4-3-2　四方动车组检修周期

修程	检修周期	
	以走行公里为单位	以时间为单位
日常检修		48 小时
轮修	30 000 km	30 天
转向架修	450 000 km	1 年
一级大修	900 000 km	3 年
二级大修	1 800 000 km	6 年

② 检修范围。

以主要系统和部件的检修范围划分，在对应的检修周期下，其检修状态见表 4-3-3。

表 4-3-3　四方动车组主要系统和部件的检修范围

修程	转向架	牵引系统	制动系统	车钩装置	空调装置	编组形式
日常检修	外观检查	一般动作检查	一般状态检查	外观检查	状态检查	不解编
轮修	外观检查	状态检查	一般性能检查	外观检查	状态检查	不解编
转向架修	分解检修	状态检查	一般性能检查	外观检查	状态检查	需要解编
一级大修	分解检修	牵引电机分解检修	组件分解检修	分解检修	空调单元分解检修	需要解编
二级大修	分解检修	各组件分解检修	系统各部件分解检修或更换	分解检修	空调单元分解检修	需要解编

进入转向架修及以上修程时，动车组必须解编，转向架系统、牵引系统、制动系统、空调装置和车钩装置要进行全分解或部分分解检修。

③ 检修时间和检修材料费用。

各级修程的检修时间和材料费用大致见表 4-3-4。

表 4-3-4　四方动车组修程费用和时间

修程	检修材料费用	检修时间
日常检修	基本没有	3.34 小时/（人・组）
轮修	2 200 元/辆	10.5 小时/（人・组）
转向架修	26 400 元/辆	1 800 小时/（人・组）
一级大修	920 000 元/辆	12 487.5 小时/（人・组）
二级大修	920 000 元/辆	12 487.5 小时/（人・组）

（2）长客股份生产的动车组。

① 检修周期。

长客股份生产的动车组检修周期的设计是以走行公里为主，以时间为辅。除每日运行结束后的例行检查外，检修周期分为四个等级，基本级是“基本性”检修，检修周期为 6 万千米，第二级是一级大型维修，检修周期是 120 万千米，第三级是二级大修维修，检修周期是 240 万千米，第四级是三级大型维修，检修周期是 480 万千米，如图 4-3-6 所示。

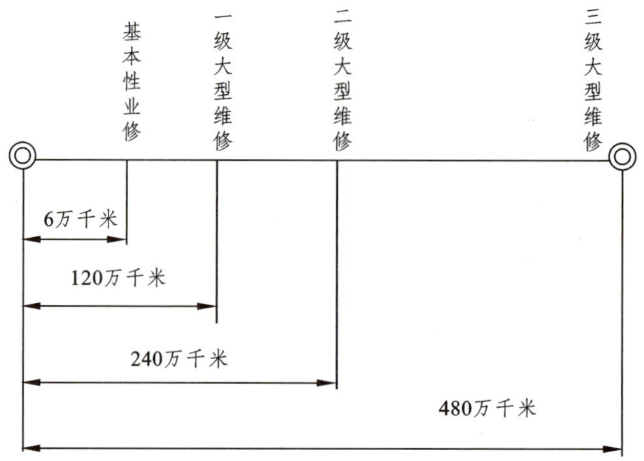

图 4-3-6　检修周期等级示意图（长客股份生产的动车组）

② 检修范围。

以主要系统和部件的检修范围划分，在对应的检修周期下，其检修状态见表 4-3-5。

表 4-3-5　长客动车组主要系统和部件的检修范围

修程	转向架	牵引系统	制动系统	车钩装置	空调装置	编组形式
日常检修	故障修	故障修	故障修	故障修	故障修	不解编
基本性检修	外观检查，轮对超探	动作性能检测	外观检查	外观检查	状态检查	不解编
一级大修	分解检修	齿轮箱、牵引连接分解检修	基础制动分解检修	自动车钩分解检修	空调机组大修	需要解编
二级大修	分解检修	牵引电机分解检修	系统组件，电气指令与控制元件大修	自动车钩分解	空调机组大修	需要解编
三级大修	分解检修	系统主要组成部件分解检修	系统组件，电气指令与控制元件大修	车钩全数分解检修	空调机组大修	需要解编

进入一级大型维修及以上修程时，动车组必须解编，转向架系统、牵引系统、制动系统、空调装置和车钩装置要进行全分解或部分分解检修。

（3）BSP 公司生产的动车组。

① 检修周期。

BSP 公司生产的动车组检修周期的设计是以时间为主，以走行公里为辅，且时间间隔划分比较细致，经过综合分析调整，检修周期大致可以分为五个等级，如图 4-3-7 所示。

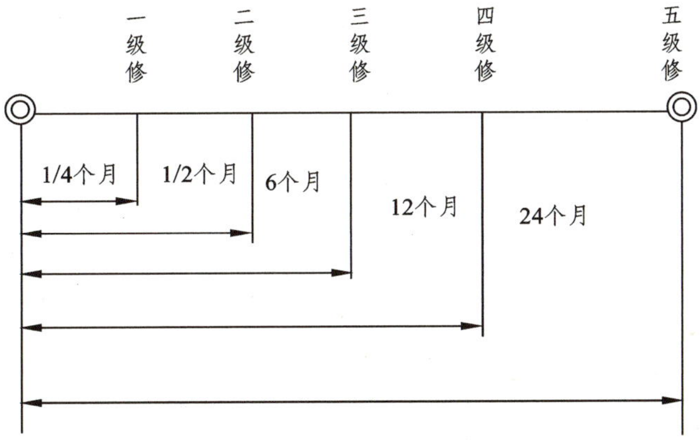

图 4-3-7　检修周期等级示意图（BSP 公司生产的动车组）

② 检修范围。

以主要系统和部件的检修范围划分，在对应的检修周期下，其检修状态见表 4-3-6。

表 4-3-6　BSP 动车组主要系统和部件的检修范围

修程	转向架	牵引系统	制动系统	车钩装置	空调装置	编组形式
一级	外观检查	一般动作检查	故障修		性能检查	不解编
二级	外观检查，轮对超探	状态检查	外观检查	外观检查	性能检查	不解编

续表

修程	转向架	牵引系统	制动系统	车钩装置	空调装置	编组形式
三级	分解检修	齿轮箱、牵引连接分检修	空气与基础制动组件检查	外观检查	性能检测	需要解编
四级	分解检修	牵引电机分解检修	空气、基础制动组件分解检修	外观检查	控制元件检测	需要解编
五级	分解检修	系统主要组成部件分解检修	系统组件，电气指令与控制元件大修	车钩全数分解检修	空调机组大修	需要解编

进入三级维修及以上修程时，动车组应解编，转向架系统、牵引系统、制动系统、空调装置和车钩装置要进行全分解或部分分解检修。

③ 检修时间和检修材料费用。

各级修程的检修时间和材料费用大致见表 4-3-7。

表 4-3-7 各修程费用和时间

修程	检修材料费用/（元/辆）	检修时间/（小时/（人·组））
一级维修	1 447	7.5
二级维修	1 447	32.7
三级维修	59 700	515
四级维修	374 410	1 477
五级维修	748 753	2 023

（4）三种动车组检修方案的比较。

为便于比较说明，将三种动车组的检修等级统一定义为：D1、D2、D3、D4、D5 五个等级，其间的对应关系见表 4-3-8。

表 4-3-8 三种动车组检修方案的比较

修程	动车组型式		
	四方动车组	长客动车组	BSP 动车组
D1	日常检修	日常检修	一级维修
D2	轮修	基本性检修	二级维修
D3	转向架修	一级大型维修	三级维修
D4	一级大修	二级大型维修	四级维修
D5	二级大修	三级大型维修	五级维修

检修频次：在每 100 万千米单位下每组动车组安排检修的次数，见表 4-3-9。

检修费用：在一次完整检修周期循环内，每 100 万 km 单位下每辆车的平均费用。

表 4-3-9　三种动车组检修频次的比较

		动车组型式			国内 25K 型客车	
		四方动车组	长客动车组	BSP 动车组		
修程方案		走行公里周期与时间周期并行	走行公里周期为主，时间周期为辅	时间周期为主，走行公里周期为辅	走行公里周期与时间周期并行	
检修频次	D2	33.3	16.6	22.2	A1	2.5
	D3	2.22	0.83	1.85	A2	1.25
	D4	1.11	0.42	0.98	A3	0.83
	D5	0.55	0.21	0.48	A4	0.42
检修费用		112 万元		76.6 万元	56.25 万元	
检修范围		对应修程检修范围差异不大，且主要部件检修状态基本一致				

根据上述比较数据，可以初步得出以下结论。

① 三种动车组分别采用了不同的修程设置方案。

② 四方动车组检修频次和检修费用最高，其次是 BSP，比较经济的是长客的动车组。

③ 选择单辆车每百万千米检修费用与制造价格的比值进行比较，国内 25K 型客车是 0.23，四方动车组是 0.055，BSP 动车组是 0.04，长客动车组（1.97 亿）。比较结果表明动车组每百万千米的检修费用不到车辆原值的 0.06，同口径相比大大低于国内 25K 客车的检修费用支出。

④ 从概念上讲，三种动车组的检修范围在对应修程下实施的主要项目相近，区别在于检修周期不同。

Ⅰ.例行检查（D1 级）。

在运行整备状态下，完成消耗部件的更换、调整和补充等，同时对各部分的状态和性能进行检查，发现偶然发生的故障，在车辆使用的间隙进行维修作业。

Ⅱ.重点检查（D2 级）。

以不落轮的状态进行设备的检查、调整，停止车辆的使用进行维修作业。

Ⅲ.重要部件分解检修（D3 级）。

对于运用中可能因状态不良而导致重大事故的转向架等主要位置进行解体检查。

Ⅳ.系统全面分解检修（D4 级）。

对各系统进行解体检修，并且进行车体的涂漆

Ⅴ.整车全面分解检修（D5 级）。

对全车进行解体检查，较大范围地更新零部件，并且进行车体的涂漆。

4）检修点设置

立足于提高动车组使用效率，按照所承担动车组的修程，同时参照投标人提供的原型车的检修点设置现状（见表 4-3-10），动车组的检修点一般按 A、B 两级设置。A 级为运用所，承担 D1、D2 级检修；B 级为检修基地，承担 D3、D4 和 D5 级检修。

表 4-3-10　JR 东日本公司的新干线车辆基地一览表

（使用 E2-1000 型动车组）

线路区分	长度/km	基地名称	施行检修种类				检修以外的作业内容			
			日常检修	轮修	转向架修	大修	镟轮	给水	排污	外皮清洗
东北新干线	630	上野	○					○	○	○
		小山	○					○	○	○
		仙台	○	○	○	○	○	○	○	○
		盛冈	○	○				○	○	○
		八户	○					○	○	○
上越新干线	300	新潟	○	○			○	○	○	○
北陆新干线	120	长野	○	○			○	○	○	○
合　计	1 050									

5）检修方法

动车组检修作业方式的核心是在确保安全性和舒适性的前提下最大限度压缩检修时分，提高动车组的使用效率和检修单位的作业效率；其基础是可靠的部件寿命管理系统，其保障是先进的检修设备和设施，其支撑是部件制造工厂的配套检修服务。动车组检修作业方式在“检修基地”主要表现为检查、拆装、检测、试验，除转向架以外，其他大部件检修采用换件的方式，委托该部件的制造工厂承担。

（1）换件修。

无论在低级修程中发现部件故障，还是在中、高级修程中需要检修或更换部件，都采用换件修的方式，拆下的部件均送制造工厂或其设立的派出机构进行检查、修理、检测、试验。修峻后经过检验才能继续装车使用。

（2）集中修。

动车组的检修都集中安排在“检修基地”，“运用所”仅承担日常的例行检查和部分临修作业；部件检修集中在相应的制造工厂或其设立的派出机构。

（3）状态修。

服务性设施一般采取状态修，即随检随修，始终保持技术状态良好。同时，部分设备或部件按照使用寿命的界定，在不能适应使用要求，即将发生故障前进行更换，采用监视型的状态修。

（4）均衡修。

为减少大修休车时分，通过换件的方式将部分部件，在运用过程中或其他较低级修程中安排检修，减少大修时的工作量，尽可能压缩动车组在修时间。

6）检修流程

（1）D1、D2 级检修。

轮对踏面诊断→吸污作业→车体清洁→检修及故障处理→必要的检测→存放。

（2）D3 级检修。

增加转向架分解检修流程和牵引系统部分分解检修流程，必要时要进行车体的气密性试验。

（3）D4、D5 级检修。

车体清洗→吸污作业→高压试验→拆解编组→拆卸设备→部件检修、检测和调试→车体检修及油漆→气密性试验→单元（车）试验→恢复编组→整列调试及试验。

评价反馈

扫描下方二维码对本次课进行评价。

学习领域四学习情境三问卷调查

学习领域五 高速铁路信号设备

建议学时 10 学时。

学习要求 通过本活动，了解铁路信号技术发展历程，掌握铁路信号技术主要控制系统，掌握铁路信号设备组成和基本结构，具体学习任务简介及学时安排见表 5-0-1。

表 5-0-1 学习任务简介及学时安排

序号	学习情境	学习任务简介	建议学时
1	铁路信号系统结构	了解信号系组成	1
2	高速铁路计算机联锁系统	掌握联锁系统组成、结构、特点	2
3	高速铁路列车运行控制系统	掌握列控系统组成、结构、特点	2
4	行车调度指挥系统	掌握调度指挥系统组成、结构、特点	2
5	铁路信号集中监测系统	掌握信号集中监测系统组成、结构、特点	2
6	信号传输线路及安全数据网	了解信号传输线路及安全数据网基本结构	1

学习情境一　铁路信号系统结构

学习情境描述

铁路信号设备是组织和指挥列车运行，保证行车安全，提高运输效率，传递控制、状态信息，改善行车人员劳动条件的关键设备，是铁路主要技术装备之一。铁路信号装备水平是铁路现代化的重要标志。铁路信号包括计算机联锁系统、列车运行控制系统等、调度集中系统等，其产品质量和运行可靠性直接影响信号系统效能的发挥。

学习目标

1. 素质目标

（1）牢固树立习近平新时代中国特色社会主义思想，践行社会主义核心价值观。

（2）培养学生热爱铁路、吃苦耐劳、精益求精的工匠精神。

2. 知识目标

（1）了解铁路信号系统发展历程。

（2）熟悉高速铁路信号技术组成。

3. 能力目标

（1）能知晓高速铁路信号技术系统组成。

（2）能明确高速铁路信号系统在列车控制系统的。

课前任务

上网检索铁路信号发展史相关视频及信息，记录关键词。

任务分组

表 5-1-1 学生任务分配

<table>
<tr><td>班级</td><td colspan="2"></td><td colspan="2">组号</td><td></td></tr>
<tr><td>组长</td><td colspan="2"></td><td colspan="2">学号</td><td></td></tr>
<tr><td rowspan="5">组员</td><td>姓名</td><td>学号</td><td colspan="2">姓名</td><td>学号</td></tr>
<tr><td></td><td></td><td colspan="2"></td><td></td></tr>
<tr><td></td><td></td><td colspan="2"></td><td></td></tr>
<tr><td></td><td></td><td colspan="2"></td><td></td></tr>
<tr><td></td><td></td><td colspan="2"></td><td></td></tr>
<tr><td>任务分工</td><td colspan="5">1. 教师帮助学生划分学习小组，在小组划分时应考虑学生个体差异。
2. 小组成员登录铁道信号自动控制专业国家教学资源库查找、观看铁路信号技术发展历程、系统组成相关素材。
3. 讨论：铁路信号系统技术发展趋势，组长记录</td></tr>
</table>

任务实施

1. 铁路信号

引导问题 1　了解铁路信号系统的发展史。

观看“铁路信号系统发展概况”微课，了解并记录关键词。

铁路信号系统发展概况

2. 铁路信号系统组成

引导问题 2　铁路信号系统是由哪些分系统组成的？

看“铁路信号系统组成”微课，了解并记录关键词。

铁路信号系统的组成

相关知识点

信号系统概述

高速铁路的服务宗旨是“安全、正点、快速、舒适”。发展高速铁路不可能也不应只突出快速，更需要建立全新的运输模式，要在安全、正点、舒适上做文章。高速铁路信号系统是保障列车运行安全、提高运输效率的关键技术装备，对全面实现高速铁路的服务宗旨举足轻重。

信息产业迅速发展，通信和控制领域正发生一系列深刻变化，这必会对铁路信号、通信产品和服务产生积极影响。这种影响主要表现在两方面：第一是产品的硬件和软件不断升级换代，产品安全性、可靠性、可用性和可维护性逐步提高，追求更高的性能价格比。第二是向综合自动化方向发展，向更便利的人机对话方向发展，向全面提高运输质量和路网运输能力的方向发展，以满足运营的要求。

高速铁路信号系统是完成行车控制、运营管理的综合自动化系统，主要由用于指挥行车的综合调度系统，用于控制列车行车间隔的列车运行控制系统（简称列控系统），用于控制进路的联锁系统以及代用信号设备和专用通信设备组成。这是一套完整的信号安全制式，如图 5-1-1 所示。高速铁路信号系统的设备主要布置在调度中心、车站、区间信号室、车辆段、维修基地、线路旁和列车上。

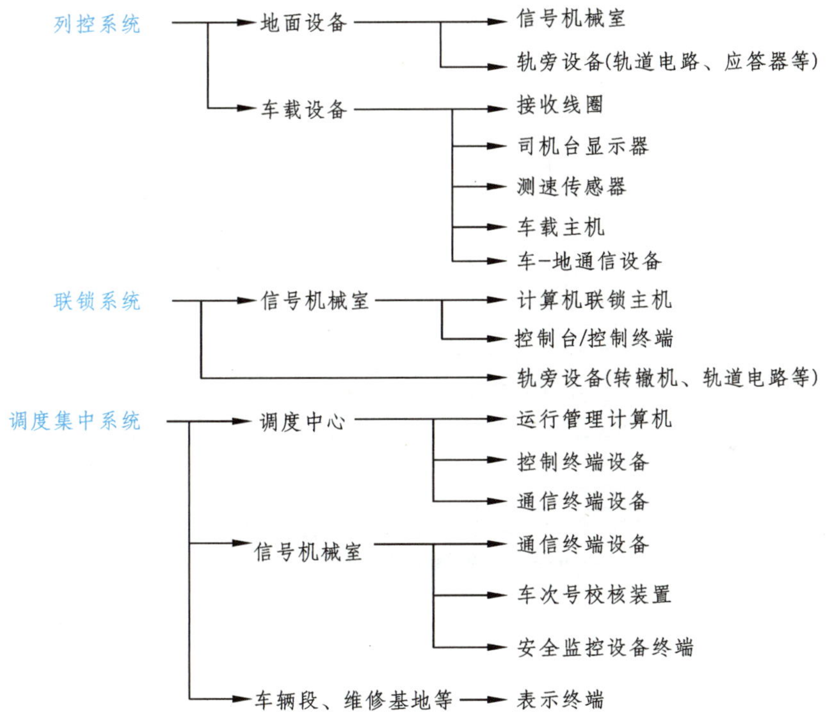

图 5-1-1　高速铁路信号系统组成

铁路信号技术是随着百年铁路的发展以及继电器、半导体、电子信息技术的变化而不断演进的。随着运行速度的提高，列控系统、超速防护系统以及综合调度系统等成为高速铁路必不可少的信号技术。

高速铁路与普通铁路不同之处主要表现在以下几个方面。

（1）高速铁路设置综合调度系统，对列车运营指挥实行集中控制方式。

（2）取消传统的地面信号机，采用列控系统。

（3）采用计算机网络传输和交换与行车、旅客服务相关的信息。

高速铁路信号系统由计算机联锁系统、列控系统、综合调度系统等几个部分组成，各部分之间通过具有保护功能的广域网连接，并传输信息。传统的话音、信号凭证指挥方式不再适用于高速铁路。

列车运行控制系统由列控地面设备和车载设备组成。作为保证列车行车安全（用于控制列车行车间隔）和提高运输效率的信号设备，列控系统从列车方面保证行车安全。

计算机联锁系统用来排列列车进路，实现进路锁闭、进路解锁、信号控制、道岔控制等逻辑功能，计算机联锁系统用于控制进路，从线路上保证行车安全。

调度集中系统综合了计算机技术、网络通信技和现代控制技术，采用智能化分散自律设计原则，以列车运行调整计划控制为中心，兼顾列车与调车作业的高度自动化的调度指挥系统。

调度指挥系统从两个底层系统（列车运行控制系统和计算机联锁系统）中获取信息，以进行决策并指挥行车。

各系统之间的关系如图 5-1-2 所示，以调度集中系统为核心，构建调度指挥中心平台；以车站列控中心、联锁系统、地面信号设备维护核心，构建区域控制中心平台；以列车速度防护与控制为核心，构建车载列控防护与控制平台；以车地通信系统构建信息传输平台。调度指挥系统按照运行图计划发出列车运行指令，列车通过地面轨旁设备或无线通信网络获得车站联锁和列控中心的行车信息和命令，车载设备控制列车安全运行。

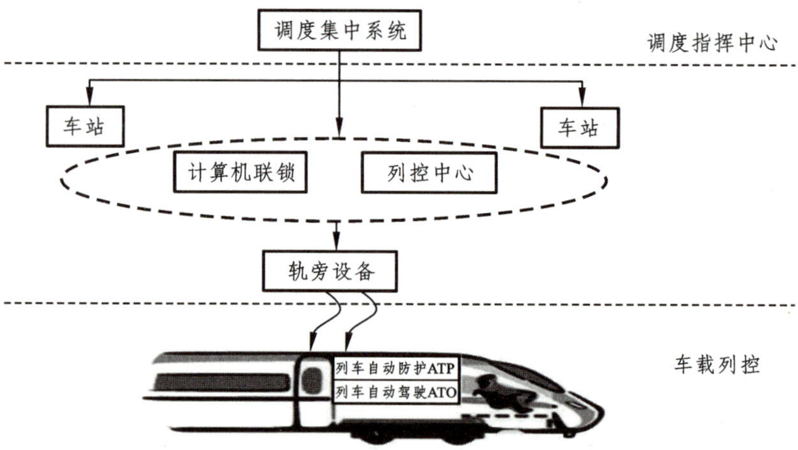

图 5-1-2　高速铁路信号系统关系

评价反馈

扫描下方二维码对本次课进行评价。

学习领域五学习情境一问卷调查

学习情境二　高速铁路计算机联锁系统

学习情境描述

计算机联锁系统是新一代车站联锁设备，由于计算机在逻辑功能和信息处理方面的强大功能，使其逐步得到了广泛应用。

计算机联锁根据结构方式，可分为双机热备结构、三取二容错结构、二乘二取二冗余结构。目前使用的计算机联锁系统类型较多，本章着重介绍高铁上道使用最广泛的联锁设备 DS6-K5B 型。

学习目标

1. 素质目标

（1）培养学生吃苦耐劳精神、工匠精神、天佑精神，树立联锁意识。

（2）树立爱岗敬业意识、团队协作意识、安全意识。

2. 知识目标

（1）计算机联锁系统冗余结构。

（2）了解国内外计算机联锁系统发展概况。

（3）熟悉 DS6-K5B 型、TYJL-ADX 型等主流计算机联锁系统结构。

3. 能力目标

（1）能知晓计算机联锁系统的特点。

（2）能熟知计算机联锁系统结构。

计算机联锁系统认知

课前任务

观看“计算机联锁系统认知”微课视频，记录关键词。

任务分组

表 5-2-1 学生任务分配

<table>
<tr><td>班级</td><td colspan="2"></td><td>组号</td><td></td></tr>
<tr><td>组长</td><td colspan="2"></td><td>学号</td><td></td></tr>
<tr><td rowspan="5">组员</td><td>姓名</td><td>学号</td><td>姓名</td><td>学号</td></tr>
<tr><td></td><td></td><td></td><td></td></tr>
<tr><td></td><td></td><td></td><td></td></tr>
<tr><td></td><td></td><td></td><td></td></tr>
<tr><td></td><td></td><td></td><td></td></tr>
<tr><td>任务分工</td><td colspan="4">1. 教师帮助学生划分学习小组，在小组划分时应考虑学生个体差异。
2. 各小组成员在组长的带领下，扫码观看课前任务视频，提取关键词。
3. 小组成员登录铁道信号自动控制专业国家教学资源库查找、观看铁路车站计算机联锁系统相关素材。
4. 讨论：什么是计算机联锁系统？目前高速铁路中采用的主流计算机联锁系统是哪种制式？计算机联锁系统的作用是什么？组长记录</td></tr>
</table>

任务实施

1. 计算机联锁系统定义

引导问题 1　什么是计算机联锁系统？

引导问题 2　计算机联锁系统的技术要求有哪些？

车站联锁设备

2. 计算机联锁系统结构

引导问题 3　总结分析不同型号的计算机联锁系统之间的差异性。

小提示

从线上（铁道信号自动控制国家教学资源库）搜索不同型号的计算机联锁系统资源，线下搜集 EI32-JD 型、TYJL-Ⅱ型、TYJL-ADX、DS6-K5B 型计算机联锁系统资料，比较各系统异同点。

相关知识点

知识点 1　计算机联锁的定义

计算机联锁是以计算机技术为核心，采用通信技术、可靠性与容错技术以及“故障-安全”技术实现铁路车站联锁要求的实时控制系统。随着通信技术、网络技术、控制技术、电子技术、计算机软硬件技术、仿真技术、人工智能技术的快速发展，计算机联锁系统在世界范围内得到广泛应用，特别对可靠性和容错技术的深入研究，计算机联锁系统的安全技术在不断更新、完善和发展。在铁路比较发达的国家，计算机联锁系统不再是孤立的信号控制系统，而是信号安全综合控制监测系统和综合运营管理系统的一个子系统，计算机联锁系统的功能不断拓展，已远远超出车站信号安全控制设备的概念范畴。我国铁路要积极发展新一代调度集中系统、列车控制系统和计算机联锁系统，在较高起点上，在较短时间内，以高速铁路、客运专线的建设等为重点，建立和发展我国的铁路信号安全综合控制监测系统和运营管理系统。

（1）计算机联锁能满足各种车站（场）规模和运输作业的需要，保证行车安全，提高运输效率，并具备大信息量和联网能力。

（2）计算机联锁采用硬件冗余结构，如双机热备、三取二或二乘二取二的结构。可靠度指标：平均故障间隔时间大于或等于 106 h；安全度指标：平均危险侧输出间隔时间大于或等于 1 011 h。

（3）计算机联锁使用的涉及安全的电路符合故障-安全原则；电路故障能及时发现，当故障会危及行车安全时，能切断系统的危险侧输出。

（4）计算机联锁具有通过通信前置处理机和通信网与其他系统实现通信能力，与调度指挥系统的数据通信符合有关规定。

（5）计算机联锁的软件系统达到软件制式检测要求的可靠性和安全性，所有程序都具有模块化、结构化和标准化的特点。

（6）计算机联锁的各种接口与通道能保证长期使用的高稳定性和高可靠性。与安全有关的接口与通道符合故障-安全原则，还采用了光电隔离、动态冗余编码、参数限界冗余、故障检测及其他特殊方法，以防止危险的发生。

（7）计算机联锁能通过外部数据通道或计算机网络与其他自动化或管理系统（如 CTC、TDCS 等）连接，与之进行信息交换。

（8）计算机联锁设有两路独立电源供电，并且有自动转接功能，以保证不间断供电。计算机和电子设备的直流电源具有不间断供电和有效去除脉冲及浪涌干扰的性能。

（9）计算机联锁采取了必要的防电磁干扰和防雷措施，以保证在规定严酷性等级的运用环境中，设备都能正常工作。

（10）信号设备的接地电阻值不大于 10 Ω，用于防护电子设备的安全保护地线的接地装置其接地电阻值不大于 4 Ω。对于重雷害地区，地线设置还采取了特殊措施。

（11）监测子系统作为系统的基本组成部分，为维护使用部门提供监测、报警、统计、分析、管理、远程诊断及维护功能。

（12）根据需要设应急盘，在计算机联锁失效时控制道岔和引导信号。

知识点 2　计算机联锁系统（以 DS6-K5B 型为例）

DS6-K5B 型计算机联锁系统，由北京金路通信信号研究设计院研制开发，为二乘二取二冗余结构方式，采用日本京三公司的 K5B 硬件。

DS6-K5B 型计算机联锁系统认知

1. 系统结构与功能

1）系统结构

DS6-K5B 系统由联锁逻辑部、前置通信机、电子终端、光分路器、控显机、维修机、通信监测机、KVM 转换器、维修终端、逻辑电源、接口电源、车务操作台（控显机终端）等组成，系统结构如图 5-2-1 所示。

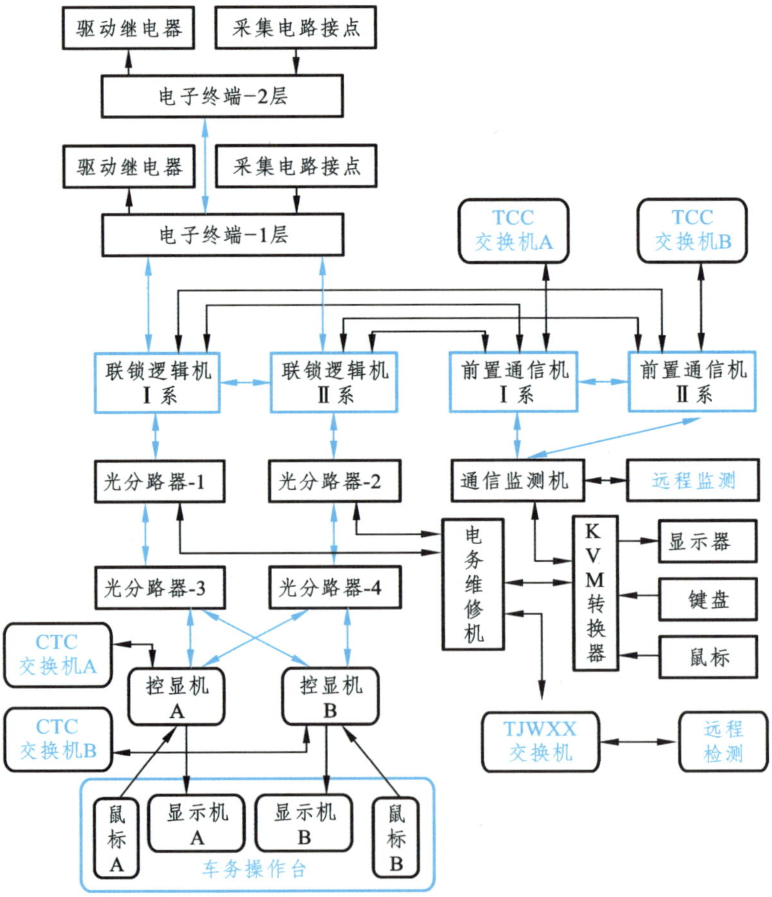

图 5-2-1　DS6-K5B 型计算机联锁系统结构

除控显机终端安装在运转室外，其余设备均分别安装在机械室的联锁机柜、监控机柜、电源机柜。

2）设备功能

（1）联锁逻辑部。

联锁逻辑部是联锁机的核心部件，完成 DS6 软件联锁逻辑功能。由二系组成，以主从方式并行运行。每一系采用故障-安全的双 CPU 处理器，两系之间通过并行接口（FIFO）建立的高速通道交换信息，实现二重系的同步和切换。

主、从系各自执行全部处理功能。主系在每个处理周期的起始时刻向从系发出同步信号，令从系与主系保持同步。主、从系交换处理结果，从系取与主系一致的结果输出。逻辑部故障一安全处理原理如图 5-2-2 所示。

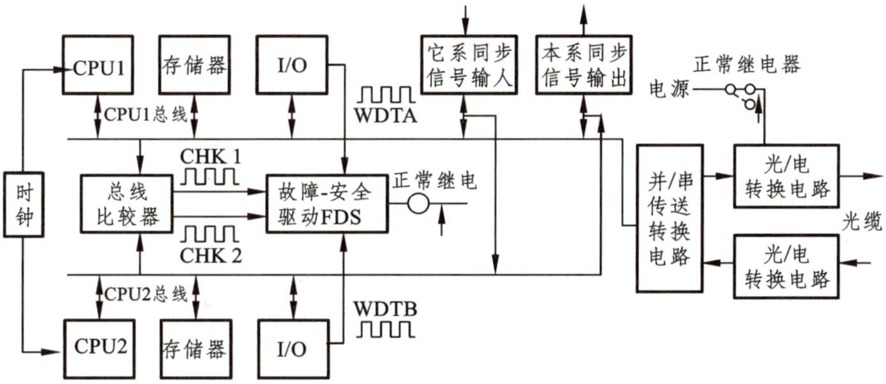

图 5-2-2　逻辑部故障-安全处理原理

（2）前置通信机。

前置通信机是联锁机的重要部分，与联锁逻辑部的硬件相同，实现与外部列控中心（TCC）系统（包含 RBC 信息）的通信和安全校验处理功能。

（3）电子终端。

电子终端是道岔、轨道电路、信号状态采集信息的输入端口和道岔、信号控制驱动信息的输出端口。电子终端将采集到的现场设备状态发送给联锁逻辑部，作为联锁运算的基本数据；同时将联锁逻辑部产生的输出命令转化成 24 V 直流电平驱动相应的继电器。VO 板两两成对设置，1 块 I/O 板故障不会造成设备影响。

（4）光分路器。

光分路器是将一侧的输入信号分成两路输出，同时将另一侧的两路输入信号合并成一路输出的接口装置，实现联锁逻辑部与控显机、联锁逻辑部与维修机之间的信息传递和安全隔离。光分路器连接关系如图 5-2-3 所示。

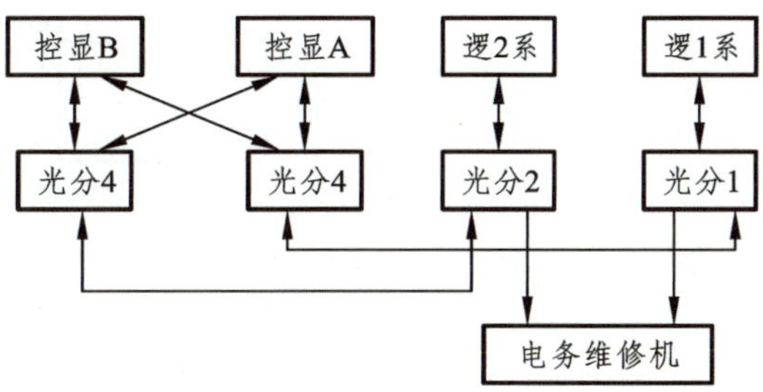

图 5-2-3　光分路连接关系

（5）KVM 转换器。

KVM 转换器是一个四通道的数据快速转换装置，用于维修机显示界面及通信监测机显示界面在共用显示器时的转换。选择通道 CH1 时显示器显示监测机界面，选择通道 CH2 时显示器显示维修机界面。

（6）通信监测机。

通信监测机与前置通信机连接，通过外网实现网络信息的远程监测和远程诊断。

（7）控显机。

控显机是车务终端操作台的主机，向联锁逻辑部传递车务终端操作台的操作信息，向车务终端操作台和 CTC 反馈联锁逻辑部处理后的站场设备实时信息，同时接收来自 CTC 车务终端的操作指令并传输给联锁机。

（8）维护终端。

维护终端是查询、故障诊断、回放历史记录的人机界面。电务维修机与通信监测机共用一个显示器，维修机信息显示必须在 KVM 转换器上选用通道 CH2。

（9）逻辑电源。

逻辑电源提供联锁逻辑部、前置通信机、电子终端逻辑电路使用的 24 V 逻辑电源（L24）。各电路内部所需的 5 V 工作电源是由逻辑电源经 DC/DC 变换产生。

（10）接口电源。

接口电源提供继电器驱动输出接口和继电器状态采集输入接口的 24V 电源（I24）。其中驱动输出接口电源为 I24+、采集输入接口电源为 I24−。

（11）电源配置层。

① 联锁系统 220 V 电源由电源屏专用变压器经过 20 A 空气开关供电。

② 驱动电源和采集电源由电子终端供出，驱动去线为 I24V+，回线为 I24V−；采集电源去线为 I24V−，回线为 I24V+，其中采集回线不经接口架。系统电源关系配置如图 5-2-4 所示。

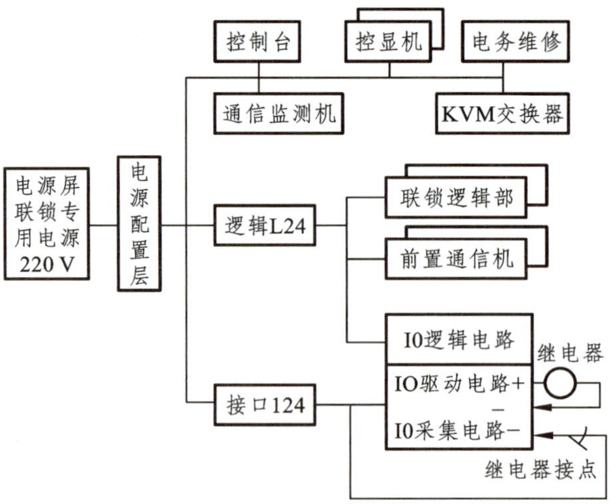

图 5-2-4 系统电源配置关系

（12）车务操作台。

车务操作台（控显机终端）又称控制台是车站值班员操作的人机界面。

2. 控制台

在显示界面上，用信号机图形表示列车按钮，用信号机名称表示调车按钮。轨道线路旁的方块形图标表示未设信号机的终端按钮、通过按钮、变更按钮或引导信号按钮。在显示界面上，道岔按钮由道岔号码代替，区段按钮由区段名称代替。

评价反馈

扫描下方二维码对本次课进行评价。

学习领域五学习情境二问卷调查

学习情境三　高速铁路列车运行控制系统

学习情境描述

列车运行控制系统是我国铁路提速线路和客运专线保证列车行车安全、提高列车运行效率的重要技术装备，它以有效的技术手段对列车运行速度、运行间隔进行实时监控和超速防护。同时，能够减轻司机劳动强度、改善工作条件，提高乘客舒适度。列车运行控制系统简称列控系统。

中国列车运行控制系统（Chinese Train Control System，CTCS）以分级的形式满足不同线路的运输需求，在不干扰机车乘务员正常驾驶的前提下，有效地保证列车运行安全。

CTCS 借鉴了欧洲列控系统（ETCS）的成熟技术和国际先进经验，并结合我国铁路运输作业需求、技术政策及信号设备状况，在保证技术进步、可持续发展的前提下，确定了我国列车运行控制系统（CTCS）的技术体系。目前 CTCS 已普遍应用于高速铁路、普速铁路及城际轨道交通。

学习目标

1. 素质目标

发展学生自觉跟踪列控技术发展动态、理解标准和操作规范、善于总结开发经验的学习意识。

2. 知识目标

（1）熟知列控系统分级。

（2）国内外列控系统发展概况。

（3）掌握 CTCS-2、CTCS-3 级列控系统结构。

3. 能力目标

（1）能知晓列控系统分级。

（2）能理解列控系统控制原理。

（3）能掌握列控系统组成结构。

课前任务

观看铁道信号自动控制国家教学资源库“CTCS-3 列车运行控制系统”微课视频，记录关键词。

铁路的大脑——列控系统

CTCS 列控系统分级

列控系统的发展

CTCS-2 列控系统概述

CTCS-3 级列控系统

CBTC 列车运行控制系统

任务分组

表 5-3-1　学生任务分配

<table>
<tr><td>班级</td><td colspan="2"></td><td>组号</td><td></td></tr>
<tr><td>组长</td><td colspan="2"></td><td>学号</td><td></td></tr>
<tr><td rowspan="5">组员</td><td>姓名</td><td>学号</td><td>姓名</td><td>学号</td></tr>
<tr><td></td><td></td><td></td><td></td></tr>
<tr><td></td><td></td><td></td><td></td></tr>
<tr><td></td><td></td><td></td><td></td></tr>
<tr><td></td><td></td><td></td><td></td></tr>
<tr><td>任务分工</td><td colspan="4">1. 教师帮助学生划分学习小组，在小组划分时应考虑学生个体差异。
2. 各小组成员在组长的带领下，扫码观看课前任务视频，提取关键词。
3. 小组成员登录铁道信号自动控制专业国家教学资源库查找、观看列车运行控制系统相关素材。
4. 讨论：什么是列车运行控制系统？目前高速铁路中采用的列车运行控制系统是哪种制式？列车控制系统作用是什么？列车控制系统未来发展方向是什么？组长记录</td></tr>
</table>

任务实施

1. 列控系统分级

引导问题 1　中国列车运行控制系统分几级？

2. 列车运行控制系统发展史

引导问题 2　了解列车运行控制系统发展史。

3. CTCS-2 级列车运行控制系统

引导问题 3　CTCS-2 级列车运行自动控制系统由哪几部分组成？

4. CTCS-3 级列车运行控制系统

引导问题 4　CTCS-3 级列车运行自动控制系统结构。

5. CBTC 行控制系统

引导问题 5　什么是 CBTC 系统？

相关知识点

知识点 1　CTCS 系统分级

CTCS 系统按功能及设备配置划分 0～4 个应用等级。系统整体设计考虑了车载设备的向下兼容；系统各级间可以自动完成切换，而不影响列车的正常运行。

（1）CTCS-0 级：既有线的现状，由通用机车信号和运行监控记录装置构成。

（2）CTCS-1 级：由主体机车信号+安全型运行监控记录装置组成。适用于列车速度 160 km/h 以下的区段，在既有设备基础上强化改造，达到机车信号主体化要求，增加点式设备，实现列车运行安全监控功能。

（3）CTCS-2 级：基于轨道传输和点式应答器传输控车信息，并采用车地一体化设计的列车运行控制系统。CTCS-2 级面向提速干线和客运专线，适用于各种线路速度区段，地面可不设通过信号机，机车乘务员凭车载信号行车。

（4）CTCS-3 级：基于无线传输信息，兼并采用轨道电路等方式检查列车占用、点式设备辅助传送定位信息的列车运行控制系统。CTCS-3 级列控系统可以叠加在 CTC2-2 级列控系统上；面向提速干线、高速新线或特殊线路，适用于各种限速区段，地面可不设通过信号机，机车乘务员凭车载信号行车。

（5）CTCS-4 级：基于无线传输信息的列车运行控制系统。地面可取消轨道电路，由无线闭塞中心和列控车载设备共同完成列车定位和完整性检查，实现虚拟闭塞或移动闭塞。

知识点 2 CTCS-2 列车控制系统

CTCS-2 级列控系统是基于轨道电路加点式应答器传输列车运行许可信息，采用目标距离-速度模式监控列车安全运行的列车控制系统。

CTCS-2 级列控系统包括车载设备和地面设备，地面设备包括轨旁设备和室内设备两部分，其系统结构如图 5-3-1 所示。

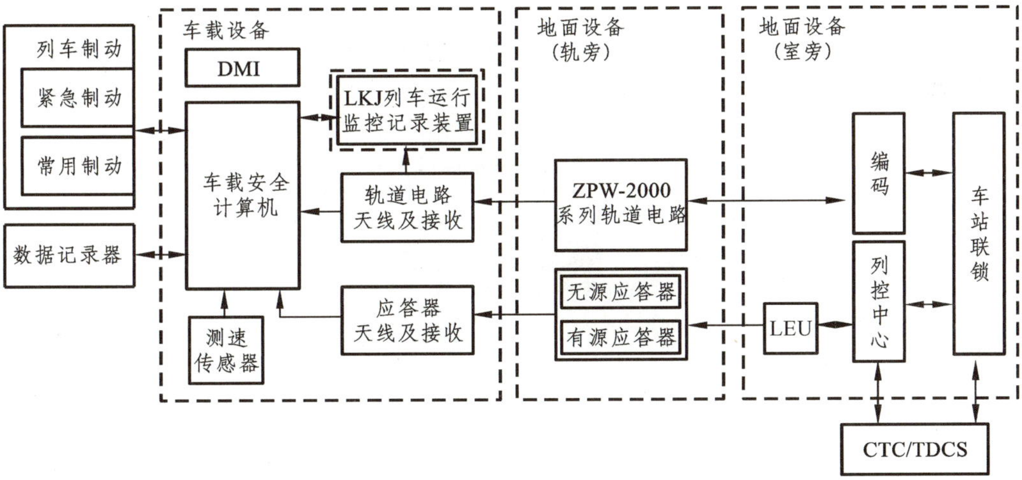

图 5-3-1 CTCS-2 级列车控制系统结构

1. 地面设备

地面设备由车站列控中心、地面电子单元（LEU）、点式应答器、ZPW-2000（UM）系列轨道电路、车站电码化等组成。轨道电路、车站电码化传输连续列控信息，点式应答器、车站列控中心传输点式列控信息。

车站列控中心是设于各个车站的列控核心安全设备，采用冗余的硬件结构。列控中心根据列车占用情况及进路状态，通过对轨道电路及有源应答器（也称可变应答器）信息的控制产生行车许可信息，以及进路相关的线路静态速度曲线，并传送给列车。

轨道电路采用 ZPW-2000（UM）系列轨道电路，完成列车占用检测及列车完整性检查，连续向列车传送允许移动控制信息。

点式应答器采用电气特性与欧洲 ETCS 技术规范相同的大容量应答器。应答器的主要用途是向列控车载设备提供可靠的地面固定信息和可变信息。应答器分为无源应答器和有源应答器两种。

无源应答器（也称固定应答器）设于各闭塞分区入口和车站进、出站口处，用于向车载设备传输定位信息、进路参数、线路参数、限速和停车信息等。有源应答器设于进站口，当列车通过该应答器进站停车时，应答器向列车提供地面应答器编号、至出站点的链接信息、接车进路线路参数，包括目标距离、线路坡度、线路限速、信号机类型和轨道电路载频等信息，以及接车进路区域临时限速值。

2. 车载设备

车载设备由车载安全计算机（VC）、轨道电路信息接收模块（STM）、应答器信息传输模块（BTM）、列车接口单元（TIU）、运行记录单元（DRU）、人机界面（DMI）、速度传感器、BTM 天线、STM 天线等组成，如图 5-3-2 所示。

为了便于设备的安装、维护和管理，车载安全计算机、轨道电路信息接收模块、应答器信息接收模块、列车接口单元、运行记录单元等车载设备关键部件组合成一体，放在机柜内。

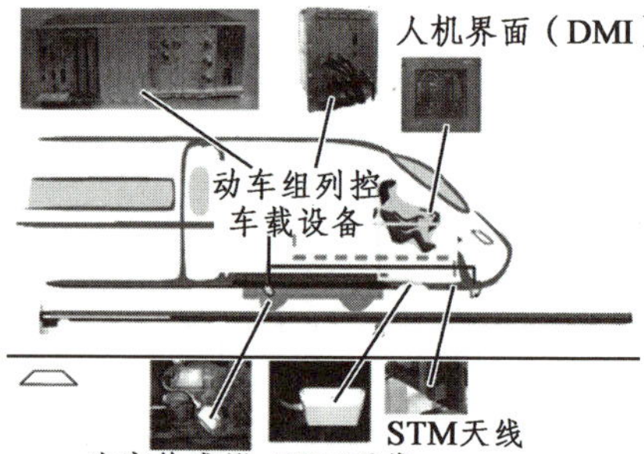

图 5-3-2 车载设备组成示意

知识点 3 CTCS-3 级列车运行控制系统

CTCS-3 级列控系统是基于 GSM-R 无线通信实现车-地信息双向传输，无线闭塞中心（RBC）生成行车许可，轨道电路实现列车占用检查，应答器实现列车定位，并具备 CTCS-2 级功能的列车运行控制系统。

1. CTCS-3 级列控系统结构

CTCS-3 级列控系统包括地面设备和车载设备。

地面设备由无线闭塞中心（RBC）、列控中心（TCC）、ZPW-2000（UM）系列轨道电路、应答器（含 LEU）、GSM-R 通信接口设备等组成；车载设备由车载安全计算机（VC），GSM-R 无线通信单元（RTU）、轨道电路信息接收单元（TCR）、应答器信息接收模块（BTM）、记录单元（DRU）、人机界面（DMI）、列车接口单元（TIU）等组成。

RBC 根据轨道电路、联锁进路等信息生成行车许可，并通过 GSM-R 无线通信系统将行车许可、线路参数、临时限速传输给 CTCS-3 级车载设备；同时通过 GSM-R 无线通信系统接收车载设备发送的位置和列车数据等信息。

TCC 接收轨道电路的信息，并通过联锁系统传送给 RBC；同时，TCC 具有轨道电路编码、应答器报文储存和调用、站间安全信息传输、临时限速功能，满足后备系统需要。

应答器向车载设备传输定位和等级转换等信息；同时，向车载设备传送线路参数和临时限速等信息，满足后备系统需要。应答器传输的信息与无线传输的信息的相关内容含义保持一致。

车载安全计算机根据地面设备提供的行车许可、线路参数、临时限速等信息和动车组参数，按照目标距离-连续速度控制模式生成动态速度曲线，监控列车安全运行。

CTCS-3 级列控系统总体结构如图 5-3-3 所示。

2. CTCS-3 级列控系统地面设备

1）无线闭塞中心（RBC）

无线闭塞中心（RBC）系统是 CTCS-3 级列控系统的核心设备，是基于信号故障-安全的计算机控制系统，是以计算机软硬件和网络通信为主要技术手段控制列车安全运行的信号系统。RBC 设备采用硬件多重冗余结构，提高了系统的安全性和可靠性。

2）列控中心（TCC）

TCC 是 CTCS-2 级列控系统地面子系统的核心部分。根据轨道区段占用信息、联锁进路信息、线路限速信息等，产生列车行车许可命令，并通过轨道电路和有源应答器，传输给车载子系统，保证其管辖内的所有列车的运行安全。

TCC 采用 2×2 取 2 安全计算机平台，具有技术成熟、可靠等特点。TCC 之间通过安全局域网进行连接，实现 TCC 之间，与车站联锁之间安全信息传输。

CTCS-3 级列控系统各车站、线路所及中继站均设置一套 TCC，中继站距离一般不超过 15 km，特殊困难地段不能超过 20 km。

3）应答器与 LEU

（1）应答器。

应答器用于向 CTCS-3 级列控系统车载设备提供位置、等级转换、建立无线通信等信息。时对 CICS-2 级列控系统车载设备提供线路速度、线路坡度、轨道电路、临时限速等线路参数信息。

应答器报文信息格式采用铁道部统一的技术标准，应答器设置满足 CTCS-3 级列控系统、兼容 CTCS-2 级列控系统的要求。

（2）LEU。

LEU 通过串行通信接口与 TCC 连接，将来自 TCC 的报文连续向有源应答器发送，从而实现向车载设备发送可变信息。

当 LEU 与 TCC 通信故障或接收的数据无效时，LEU 向有源应答器发送默认报文。

4）轨道电路

（1）区间轨道电路。

区间采用计算机编码控制的 ZPW-2000（UM）系列无绝缘轨道电路，轨道电路的传输长度满足相关技术条件的要求。

（2）站内轨道电路。

复杂大站：正线及股道区段采用计算机编码控制的 ZPW-2000（UM）系列有绝缘轨道电路，其他区段采用 25 Hz 轨道电路。

一般车站：全站采用与区间同制式的，由计算机编码控制的 ZPW-2000（UM）系列有绝缘轨道电路。

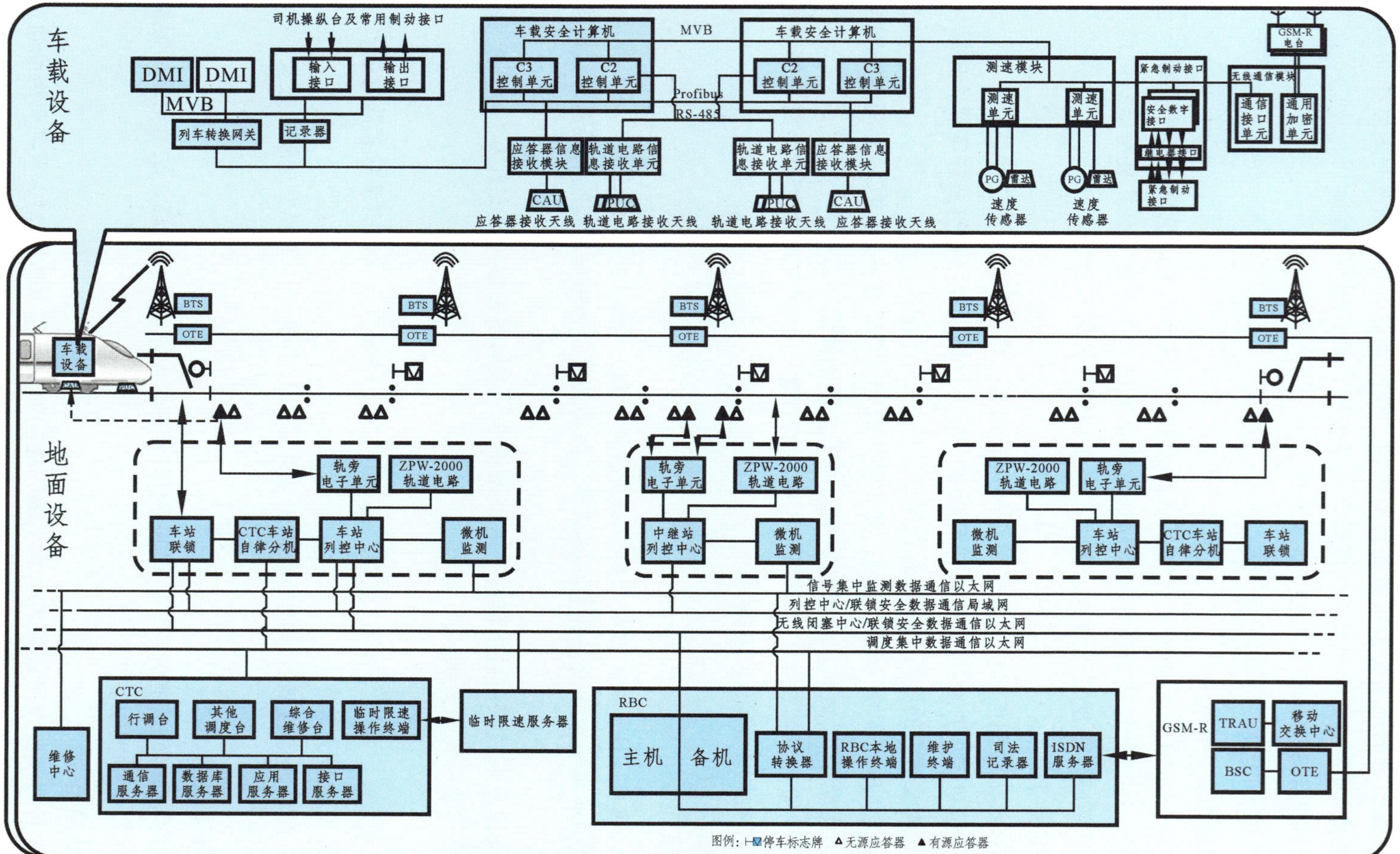

BSC—基站控制器；BTS—基站；DMI—人机界面；OTE—光传输设备；RBC—无线闭塞中心；TRAU—码型转换和速率适配单元。

图 5-3-3 CTCS-3 级列控系统总体结构

为避免邻线轨道电路的干扰，当站内横向相邻同方向载频的轨道电路长度超过 650 m（线间距不小于 5 m）时，应对轨道电路进行分割。

5）信号数据传输网络

（1）信号系统安全数据网。

信号系统安全数据网保证车站、中继站（无岔站）以及其与中心信号设备（如 RBC、TSRS）间的安全信息可靠传输，同时还确保 RBC、TSRS 等中心设备与其他相邻线路安全数据网的安全信息可靠传输。

安全数据网设置网络管理系统，实现数据记录、故障报警、状态预测等功能，确保安全信息通信高可靠、高可用和高可维护性的要求。

信号系统安全数据网接入设备包括：列控中心（TCC）、计算机联锁（CBI）、临时限速服务器（TSRS）、无线闭塞中心（RBC）、网络管理设备，如图 5-3-4 所示。

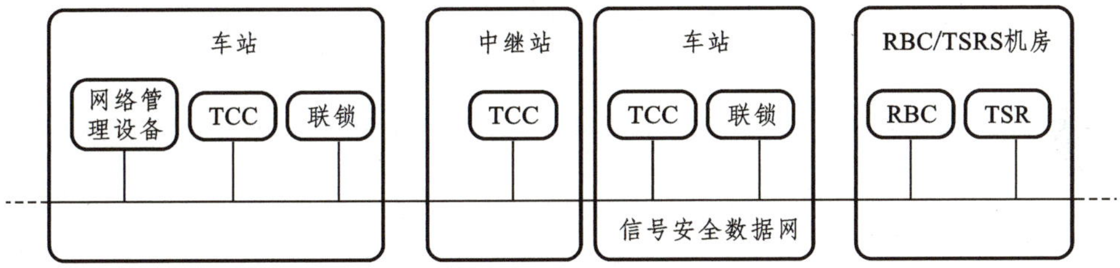

图 5-3-4　信号系统安全数据网接入设备

在信号系统安全数据网络中，采取了关闭交换机的闲置端口、绑定网络端口与固定 IP 地址、设置交换机本身的密码保护机制等安全措施。同时，采用授权终端对网络设备进行设置和管理的方式，防止非授权用户通过网络、WEB、串口等各种方式对设备进行配置修改和安全设定修改。

根据 CTCS-3 级列控系统管辖范围以及相邻线路连接方式，信号安全数据网的网络结构有基本网络结构、子网划分结构、不同线路网络连接结构、网络分支连接结构四种形式。基本网格结构如图 5-3-5 所示。

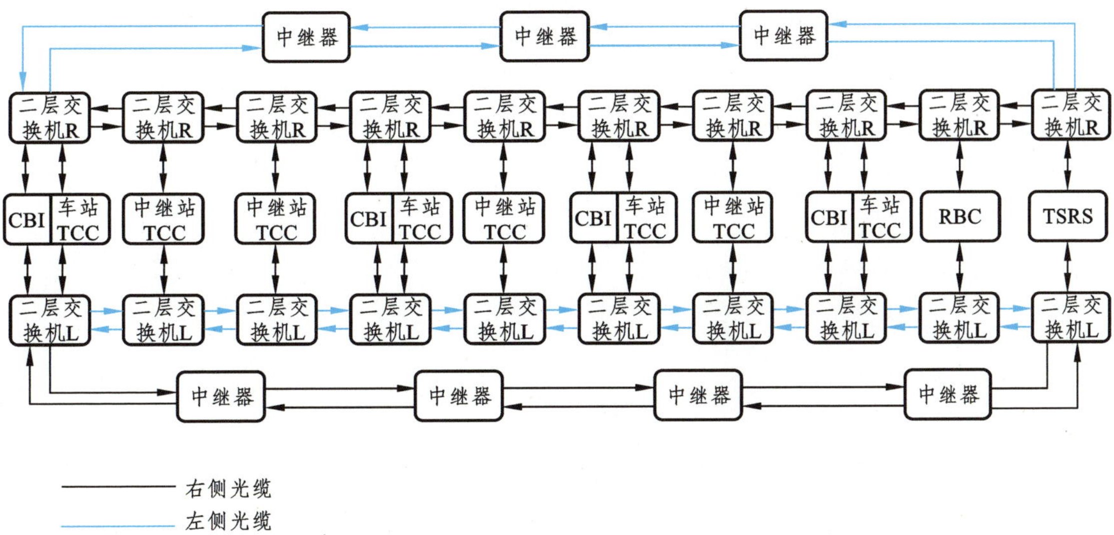

图 5-3-5　信号系统安全数据网组网结构

信号系统安全数据网采用在每个车站或中继站设置的工业以太网网络设备构成冗余双环网，双网间物理隔离，网络设备间采用专用单模光纤连接。

每侧环网由 4 芯光纤构成，并预留 2 芯作为备用。利用工业以太网交换机的环网冗余协议，实现在每侧环网中一处光纤中断后，不影响网络中的设备通信。

（2）CTC 数据通信以太网。

CTC 系统独立组网，分别采用通信数据网提供的站间光纤和 2 M 专用数字通道，用于 CTC 调度中心与车站分机之间的信息传输。

CTC 系统独立组网，设计为双网，包括调度中心的双局域网、车站的双局域网、车站之间的双光纤通道网络，调度中心与抽头站间的双 2 M 数字通道网络，车站与相关段所间的双 2 M 数字通道网络等。

（3）信号监测数据通信以太网。

信号监测数据通信以太网采用通信数据网提供的 2 M 专用数字通道，用于微机监测系统的信息传输。

信号集中监测系统独立组网，设计为单网；采用 TCP/IP 技术组网。IP 地址和域名由国铁集团统一分配。

6）临时限速服务器

临时限速是客运专线列控系统的重要功能，客运专线临时限速命令由临时限速服务器集中管理。临时限速服务器具有对客运专线全线临时限速命令的存储、校验、撤销、拆分、设置、取消，以及临时限速设置时机的辅助提示等功能。

评价反馈

扫描下方二维码对本次课进行评价。

学习领域五学习情境三问卷调查

学习情境四　行车调度指挥系统

学习情境描述

我国铁路运输组织采用国铁集团、铁路局、车站三级指挥管理模式。其中，国铁集团、铁路局负责运输组织的宏观指挥管理工作，车站负责运输组织的直接指挥管理工作。

1996 年以前，铁路行车指挥工作都采用手工作业方式，指挥行车的工具就靠一支笔、一把尺、一张图和一部电话。在这种指挥方式下，指挥者获得的信息量少、实时性差、可靠度低，指挥者编制的运输计划兑现率低。这种作业方式，严重阻碍了铁路运能和效率的提高，成为制约铁路运输指挥现代化的瓶颈。随着计算机、电子通信、网络、自动化技术的不断发展和应用，为提高铁路运输组织效率，减轻工作量，铁路列车调度指挥系统（TDCS）和调度集中控制系统（CTC）系统应运而生。

学习目标

1. 素质目标

提高学生对专业学习的兴趣，具备独立思考的能力和创新意识。

2. 知识目标

（1）熟知 TDCS 结构。

（2）了解我国调度集中系统发展概况。

（3）掌握 CTC 调度集中系统结构。

3. 能力目标

（1）能知晓调度集中系统结构。

（2）能理解调度集中系统在铁路运输中的作用。

课前任务

上网检索铁道信号自动控制国家教学资源库，观看铁道信号自动控制专业国家教学资源库关于行车调度指挥系统的视频资源，记录关键词。

分散自律 CTC 系统介绍

CTC 系统结构

CTC 车站设备

调度集中系统在高速铁路信号系统中的地位

任务分组

表 5-4-1 学生任务分配

<table>
<tr><td>班级</td><td></td><td>组号</td><td></td></tr>
<tr><td>组长</td><td></td><td>学号</td><td></td></tr>
<tr><td>组员</td><td colspan="3"><table><tr><td>姓名</td><td>学号</td><td>姓名</td><td>学号</td></tr><tr><td></td><td></td><td></td><td></td></tr><tr><td></td><td></td><td></td><td></td></tr><tr><td></td><td></td><td></td><td></td></tr><tr><td></td><td></td><td></td><td></td></tr></table></td></tr>
<tr><td>任务分工</td><td colspan="3">1. 教师帮助学生划分学习小组，在小组划分时应考虑学生个体差异。
2. 各小组成员在组长的带领下，扫码观看课前任务视频，提取关键词。
3. 小组成员登录铁道信号自动控制专业国家教学资源库查找、观看列车调度指挥系统相关素材。
4. 讨论：什么是列车调度指挥系统？目前高速铁路中采用的列车调度指挥系统是哪种制式？列车调度指挥系统作用是什么？组长记录</td></tr>
</table>

任务实施

分散自律调度集中指挥系统

引导问题 1　什么是 CTC？

引导问题 2　CTC 系统结构组成是什么？

引导问题 3　调度集中系统在铁路运输中的作用是什么？

相关知识点

知识点 1　自律调度集中系统（CTC）

新一代调度集中（CTC）即智能型分散自律调度集中。相对于传统调度集中具有比较明显的优势，分散自律型调度集中采用计算机分布式网络控制技术、信息化处理技术、调度智能决策、实时遥控、故障-安全和信息安全技术，使调度集中控制范围内所有列车作业纳入列车运行调整计划自动管理，具备列车进路自动选排功能和部分非正常条件下接发列车功能以及降级处理措施。进行调车作业时，不需要控制权转换，解决了在客货混跑的情况下列车和调车作业的协调问题。调车作业进路排列和信号开放的时机，车站自律机根据机车乘务员的请求自动安排，司机室安装的调度命令无线传输系统专门设有供机车乘务员使用的调车进路要道请求按钮，系统可利用列车运行空档自动办理，并可为进路指令的执行做好准备，以及人试排进路的功能。同时，调度指挥中心可向车站、机务段调度、乘务室等部门和机车乘务员下达调度命令（含许可证、调车作业通知单等）。系统还实现了自我诊断、维护智能化、运行日志保存、查询和打印等功能，可以对所有的人工操作进行完整的记录、查询、回放和打印。系统实时监控电源状态，停电时应自动保存列车、调车作业等重要信息。在保证网络安全的条件下，根据国铁集团关于新一代分散自律调度集中系统建设的有关要求可与其他相关系统联网，实现数据资源共享。

新一代调度集中最典型的特点是分散自律，“分散”指设备分散、功能分散、危险分散。系统不仅做到总分机之间能互相传送信息，而且邻站也能互相传送信息，如果车站分机与调度所总机通信中断，车站分机能自动进行列车跟踪，并在一定时间内仍能进行列车进路控制。“自律”就是把列车计划与调车计划很好协调，从而实现系统对联锁设备的控制。

分散自律控制系统是将列车运行调整计划下传到各个车站自律机中自主自动执行，在列车运行调整计划的基础上，解决列车作业与调车作业在时间与空间上（进路预计占用时间、避让车次、相关联锁条件等）的冲突，实现列车和调车作业的统一控制，系统采用智能的车站分机，在正常情况下，系统对接发列车的进路实现自动控制，车站值班员不控制列车进路，只通过本地控制台控制调车进路或只输入调车计划，利用列车间隙，对联锁设备进行调车进路控制。只有系统故障时，车站值班员才通过非常站控方式，转换到联锁控制台，利用联锁控制台对接发列车进路以及调车进路进行控制。

“分散自律”系统的优点是，当车站与调度中心通信中断时，车站系统仍能正常工作，一定时间仍可根据行车计划按图排路，车站值班员（操作员）仍可进行人工操作，由于有了自律机的调车作业和列车作业的冲突检测，使得列车进路和调车进路可以有序并行办理，解决了传统调度集中频繁交换控制权而导致的效率低下的问题，使得分散自律调度集中系统具有较强的实用性。

分散自律调度集中系统硬件结构分为铁路局调度指挥中心及车站调度集中分机两级结构，由调度中心子系统、车站子系统及网络通信子系统三部分构成，总体结构如图 5-4-1 和图 5-4-2 所示。

车站子系统是 CTC 系统的控制节点，完成进路选排、冲突检测、控制输出等核心功能。主要设备包括车站自律机、车务终端、综合维修终端、电务维护终端、网络设备、电源设备、防雷设备、联锁系统接口设备、无线系统接口设备等。车站采用局域网结构，与 CTC 中心和邻站通过广域网连接。车站子系统由机械室设备和运转室设备两大部分组成，如图 5-4-3 所示。

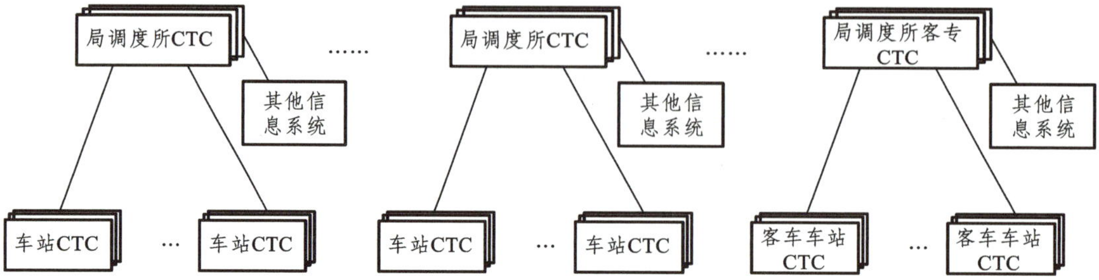

图 5-4-1　CTC 系统结构

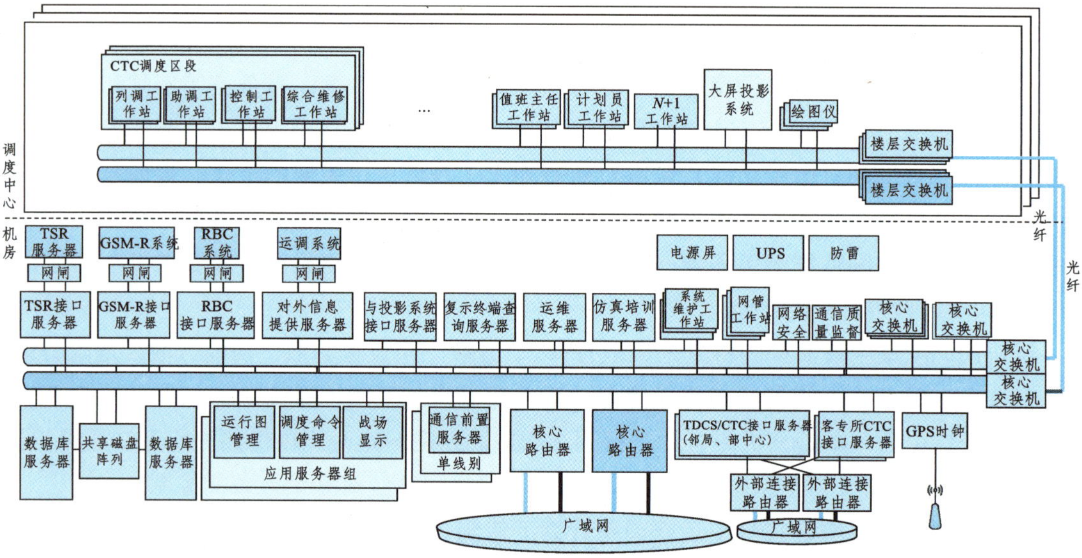

图 5-4-2　铁路局客专 CTC 中心系统结构

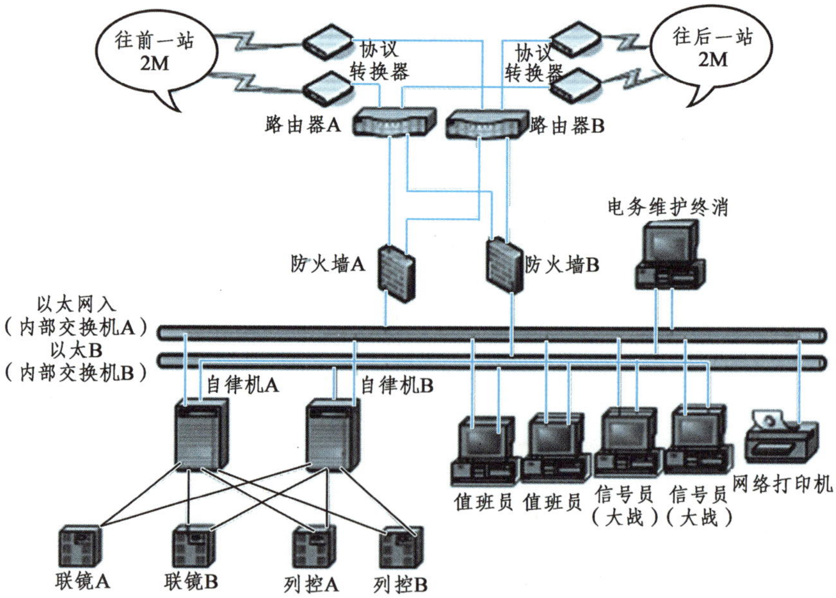

图 5-4-3　车站子系统结构

机械室设备是车站子系统的核心部分，它与邻站和 CTC 中心相连接，并通过各种接口与其他系统进行连接，完成本站与邻站、CTC 中心及其他系统的信息交互，如图 5-4-4 和图 5-4-5 所示。

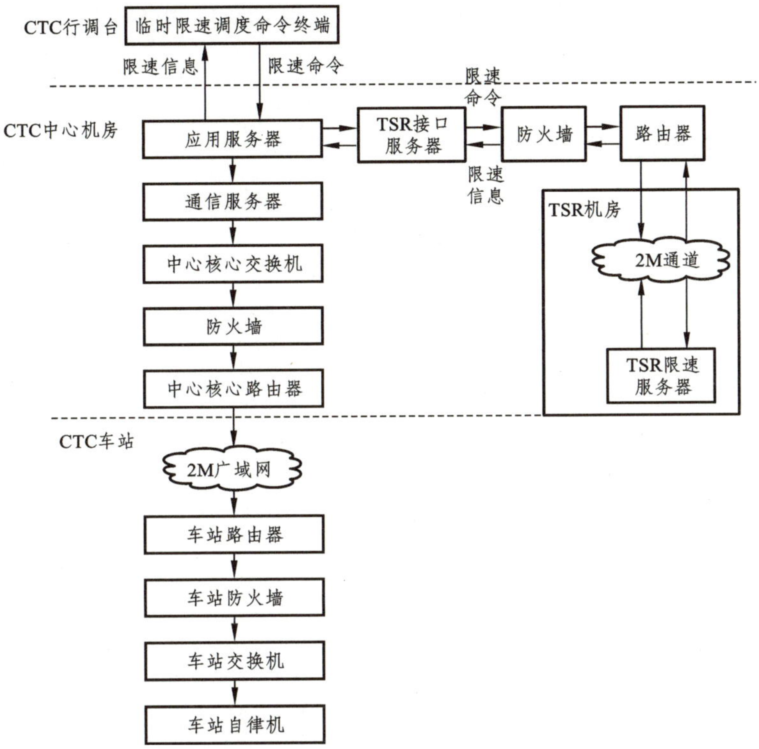

图 5-4-4　CTC 系统与 TSR 系统交互信息流程

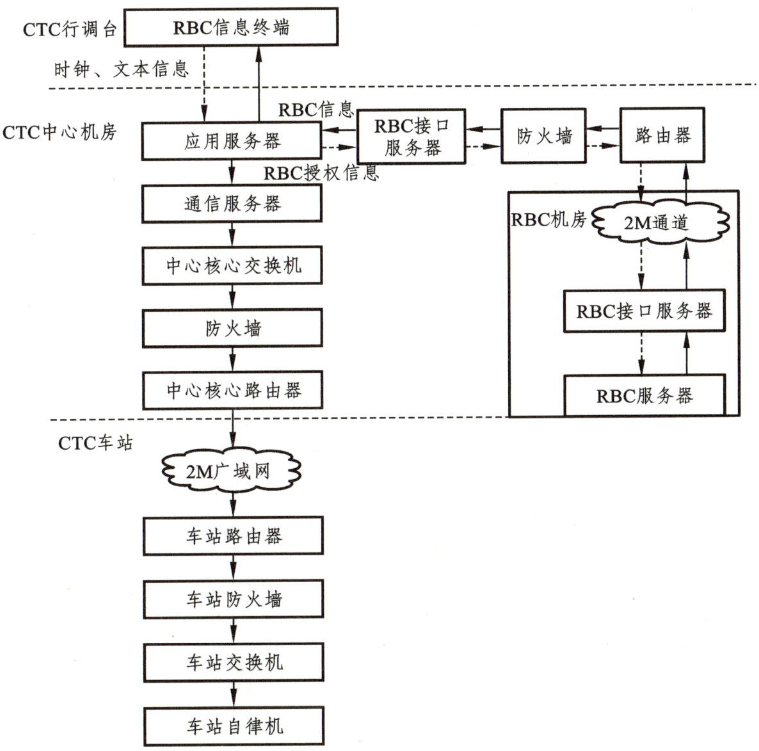

图 5-4-5　CTC 系统与 RBC 系统交互信息流程

车站运转室设备主要提供车站各相关工种的操作工作界面。

车站子系统是 CTC 系统的重要组成部分，根据调度所下达的列车运行计划，具有进路选排、冲突检测、控制输出、编制调车作业计划单、控制调车作业进路等功能。

评价反馈

扫描下方二维码对本次课进行评价。

学习领域五学习情境四问卷调查

学习情境五　铁路信号集中监测系统

学习情境描述

铁路信号集中监测系统采用先进的数字信号处理技术、现场总线（CAN）技术、传感技术和计算机网络通信技术、数据库及软件工程技术，监测并记录信号设备的主要运行状态，解决信号设备维修在时间上和技术保障难度上的矛盾，尽量压缩设备故障时间，强化设备运行质量跟踪管理，在状态修的基础上使修程、修制做到少维修或专业化的集中修，逐步实现设备零故障。

学习目标

1. 素质目标

树立严谨认真的科学态度和耐心细致的工作作风。

2. 知识目标

（1）了解三级四层体系结构及网络结构。

（2）了解集中监测系统网络结构。

3. 能力目标

能建立系统的认识轮廓。

课前任务

利用铁道信号自动控制专业国家教学资源库线上资源在线搜索、观看铁路信号集中监测系统微课、视频，记录关键词。

铁路信号集中监测系统介绍

信号集中监测系统体系结构

任务分组

表 5-5-1　学生任务分配

<table>
<tr><td>班级</td><td></td><td>组号</td><td></td></tr>
<tr><td>组长</td><td></td><td>学号</td><td></td></tr>
<tr><td>组员</td><td colspan="3"><table><tr><td>姓名</td><td>学号</td><td>姓名</td><td>学号</td></tr><tr><td></td><td></td><td></td><td></td></tr><tr><td></td><td></td><td></td><td></td></tr><tr><td></td><td></td><td></td><td></td></tr><tr><td></td><td></td><td></td><td></td></tr></table></td></tr>
<tr><td>任务分工</td><td colspan="3">1. 教师帮助学生划分学习小组，在小组划分时应考虑学生个体差异。
2. 各小组成员在组长的带领下，扫码观看课前任务视频，提取关键词。
3. 小组成员登录铁道信号自动控制专业国家教学资源库查找、观看信号集中监测系统相关素材。
4. 讨论：什么是信号集中监测系统？为什么要采用信号集中监测系统？组长记录</td></tr>
</table>

任务实施

1. 信号集中监测系统

引导问题 1　什么是信号集中监测系统？

2. 信号集中监测系统结构

引导问题 2　“三级四层”体系结构的划分对于电务部门维护和管理工作的实际意义？

相关知识点

知识点 1　铁路信号集中监测系统体系结构

铁路信号监测系统结构部分采用基于 TCP/IP 协议的广域网模式，包括系统配置的层次结构和数据通信的网络结构。体系结构的划分应符合电务部门维护和管理工作的实际需要。监测系统的层次结构为“三级四层”结构，三级为国铁集团、铁路局、电务段，四层为国铁集团电务监测子系统、铁路局电务监测子系统、电务段监测子系统、车站监测网。CSM 监测系统体系结构如图 5-5-1 所示。

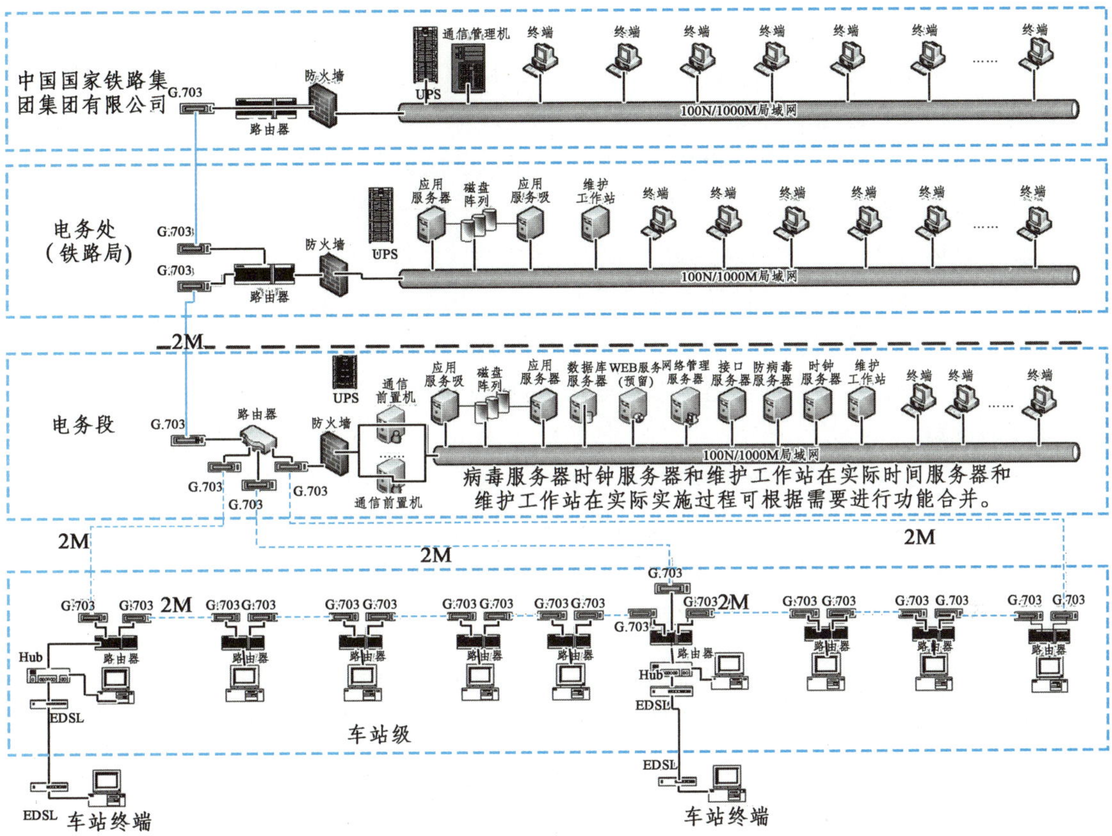

图 5-5-1　铁路信号集中监测系统体系结构

1. 中国国家铁路集团公司电务监测子系统

中国国家铁路集团公司电务监测子系统在整个系统中处于最高层，配置通信管理机、中国国家铁路集团公司监测终端。

通信管理机与国铁集团各监测终端及各铁路局应用服务器间建立通信连接并进行数据交换。

国铁集团监测终端可以调看全路的联网车站，实时查看车站信号设备的工作状态，回放站场存储信息和报表信息，显示车站的报警信息。

2. 铁路局电务监测子系统

铁路局电务监测子系统处于第二层，配置应用服务器、监测终端和维护工作站。

应用服务器采用双机冗余备份技术，作为整个铁路局集中监测系统的监控中心。应用服务器以星形方式与各个电务段连接，管理全局内所辖电务段及其车站节点，负责与所辖电务段应用服务器、铁路局监测终端及国铁集团通信管理机等节点建立通信连接，进行网络通信和数据交互，并实现数据流调度和信息路由等功能。

铁路局监测终端可以调看全局的联网车站，实时查看车站信号设备的工作状态，回放站场存储信息和报表信息，显示车站的报警信息。

铁路局电务监测子系统维护工作站配备监测终端的所有功能，并具备网络拓扑图状态管理，实时显示网络节点、通道和车站采集设备的工作状态，通过声音、拓扑图颜色变化来反映当前网络的告警信息。维护工作站还可以实现对网络流量和网络传输出错率的在线分析。

3. 电务段监测子系统

电务段监测子系统处于承上启下的位置，是 CSM 系统的中枢部分，是电务段管内各站的集中监测数据和网络通信的管理中心。

应用服务器采用双机冗余备份技术，作为整个电务段集中监测系统的监控中心。应用服务器以环形方式与各个车站连接，每隔 5～12 个车站形成一个环（集中监测是每隔 8～15 个车站形成一个环），环内具体车站数量可以根据通信传输系统节点情况确定。应用服务器管理全段内所有车站节点，负责与铁路局电务监测中心应用服务器、电务段监测终端等节点建立通信连接，进行网络通信和数据交互，并实现数据流调度和信息路由等功能。站机数据经广域网数据传输系统到达应用服务器，服务器对数据进行分类、存储和处理，根据终端要求分发给各联网终端。

工区终端、车间终端、段终端用于人-机操作，管理和查看权限范围内车站的站场及有关数据，并作报表的汇总显示，数据报表和数据图形可打印输出。同时，各级终端能显示相应的通信网络结构拓扑图及通信状态，具备一定的网络管理功能。

4. 车站监测网

车站监测网处于铁路信号集中监测系统最底层，是整个系统的基础，是所有原始信息的源头，所提供有关信号设备的质量信息是精确的，告警信息是可靠的，运输状态的记录是完整的。采集机和站机的工是高稳定、高可靠的，保证原始数据记录的完整性。

5. 广域网数据传输系统

铁路信号集中监测系统通过广域网数据传输系统把车站监测网、电务段监测子系统及上层网络连接起来。广域网数据传输系统完成 IP 数据包在各计算机间的传输。

知识点 2　各子系统结构

1. 电务段监测子系统构成

电务段监测子系统由数据库服务器、应用服务器、通信前置机、接口服务器、网络管理服务器、防病毒服务器、时钟服务器、维护工作站、监测终端、WEB 服务器（预留）以及电源部分组成，如图 5-5-2 所示。

2. 维护工作站

维护工作站作为网络管理终端，主要功能有网络管理和车站设备管理两类。

1）网络管理

（1）在网络拓扑图上动态、实时地监视网络节点的工作状态，网络节点包括计算机、路由器、交换机等。在拓扑图上动态、实时地监视网络通道状态。

（2）在网络拓扑图上动态反映网络节点单元的告警，通过声音、拓扑图颜色变化来反映当前网络的告警信息。在网络拓扑图上可动态反映网络节点设备的配置情况。

（3）用户可以使用专用的网络拓扑图绘制工具定制、修改网络拓扑图。

（4）可以在线分析网络流量。

（5）可以在线分析网络传输的出错率。

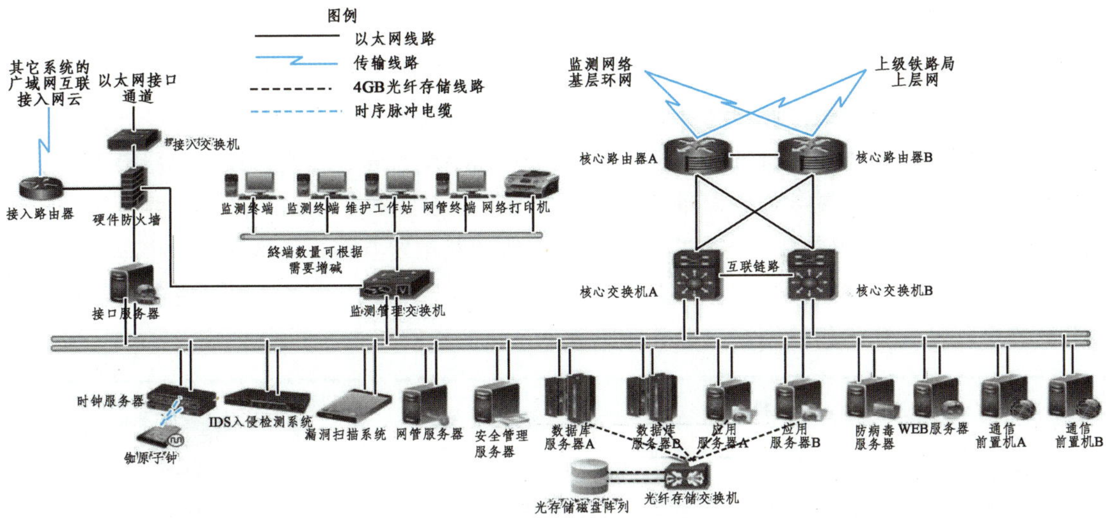

图 5-5-2　电务段监测子系统结构

2）车站设备管理

（1）可以实时显示车站 UPS、采集分机及板卡及其他接口单元的状态。

（2）支持对系统中主要设备的软硬件配置管理，包括机器名、设备类型（主机、工作站、路由器、交换机、网络打印机等）、IP 地址、硬件配置描述、操作系统类型及版本、软件模块配置及版本情况等信息。

3. 电务段监测终端

电务段监测终端主要包括调度终端、试验室终端、车间终端、工区终端。监测终端配置要求：采用工业控制机或 PC 机，单核 CPU 主频 3.4 GHz 以上，2 核 CPU 单颗主频不低于 2.4 GHz，内存不应低于 2 GB，硬盘不应低于 160 GB，声卡和音箱等，显示器不低于 19 英寸（1 024×768 或以上）。通信前置机、接口服务器、WEB 服务器，采用 PC 服务器，每台服务器至少配置 4 颗 CPU，CPU 主频不低于 2.0 GHz，内存容量不小于 4 GB。

4. 车站监测网网络结构

车站监测网是由两级计算机构成的网络结构，是一个集散系统。站机与采集分机之间通过 CAN 总线构成网络，进行数据交换，一台站机可以连接许多台采集机。这种网络系统结构宜按不同站场规模配置各种类型的采集机数量，可集中可分散安装。

5. 车站监测网配置模式

车站监测网是 CSM 系统的基础部分，负责数据的采集、分类、处理和存储，实现车站信号设备、区间信号的实时监测、故障分析、诊断和人-机对话、显示与查看。车站监测网由站机（上位机）、采集设备和网络设备构成，如图 5-5-3 所示。

6. 采集设备

CSM 系统采集硬件结构可划分为两大部分，即采集设备与其他子系统接口部分。目前不同厂家采集设备不完全相同，但按类型可以分为采集机和采集器两种。

7. 网络设备

欧标采集机中的工控机设备使用以太网口与站机交换机互联。根据技术标准的要求，车站通信机械室到信号机械室使用光纤通道连接。站机路由器一般使用两个 WAN 口，一个 WAN 口通过光电协议转换器与上行方向车站互联；另一个 WAN 口通过光电协议转换器与下行方向车站互联。当车站节点需要做链路抽头回电务段监测子系统时，车站路由器需要再使用一个 WAN 口，通过光电协议转换器与电务段监测子系统的路由器互联。每隔 5 ~ 12 个车站做中间抽头与电务段监测子系统路由器平均分布连接，保证负载均衡。为了提高系统的可靠性，车站节点的中间抽头首站和结尾站与电务段监测子系统的不同路由器连接。

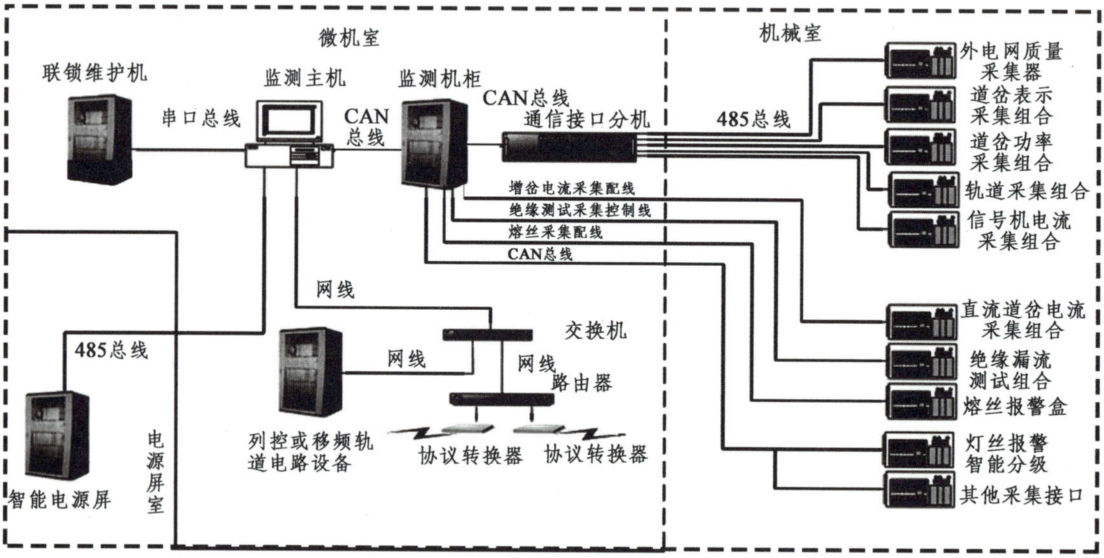

图 5-5-3 车站子系统设备接线

知识点 3 系统网络结构

1. 计算机网络

计算机网络是以相互共享资源而连接起来且各自具有独立功能的计算机系统的集合。计算机网络是通信技术与计算机技术密切结合的产物，随着计算机技术和通信技术的高速发展，计算机网络的性能得到了很大提高，其应用深入到了各行各业。铁路运输自提速以来，TMIS、TDCS、调监、信号微机监测都采用了计算机网络技术，使系统的通用性、可靠性、可扩充性得到很大提高。

计算机网络按网络的拓扑结构划分，可分为星形、树形、环形、总线形等几种方式；按网络的覆盖范围划分，可分为广域网、局域网等。

（1）广域网：指覆盖距离通常在几十千米到几千千米的计算机网络，线路往往采用公共交换线路（如电话网、DDN、X.25、ISDN 等，通信速率一般在 1 Mbit/s 以下）。

（2）局域网：以专用线路连接，覆盖范围在 1 km 以内，通信速度在数兆以上。

信号微机监测系统的网络是为了实现各站信号微机监测的互联而建立的，可采用多种拓扑结构，采用专用或通用网络协议，较为适应当前铁路的现状，又面向未来的发展。

2. 铁路信号集中监测系统组网

1）组网基本原则

（1）采用成熟技术，提高通信的稳定性和可靠性。

（2）适应性强，能适应各种通道条件，当通道改善时，通信性能自动提升。

（3）具有网络诊断、管理、维护功能。

（4）有较高的通信效率，能满足系统实时性的要求。

2）TCP/IP 协议

铁路信号集中监测系统的组网采用了 TCP/IP 标准协议。

3）广域网通信系统的拓扑结构

对于 TCP/IP 网络，逻辑为对等网，网中任何两台计算机之间均可自由进行 IP 通信。在物理上，标准 TCP/IP 广域网可采用星形或其他形式的拓扑结构，各种通道如模拟、数字、专线、拨号、光纤等可混合使用。为节省通道，通常采用站—站中继的方式，为提高可靠性，可采用环形网方式，这样当通道中断时，仍能保持通信正常，而在正常工作时，可以提高通信速度，在这种方式中，每一车站设路由器一台，在电务段设一台多口路由器。

3. 铁路信号集中监测系统网络结构

铁路信号集中监测系统的网络结构是由车站基层网、电务段管理网和远程访问用户网三部分组成的，以多级监测管理层自下而上地逐级汇接而成的层次型的计算机广域网络系统。

车站基层网由沿线各站主机和车间机（领工区）构成；电务段管理网由一台服务器和若干台终端构成局域网，数据库服务器兼作通信服务器和远程访问服务器，负责监测信息的管理并接收终端用户的访问；远程访问用户网可通过拨号网络与电务段服务器或各站工控机连接，索取需要的信息。车间机直接连在基层网中，可以用一台工控机或商用机运行相应软件查询所管辖各站的监测信息。

评价反馈

扫描下方二维码对本次课进行评价。

学习领域五学习情境五问卷调查

学习情境六　信号传输线路及安全数据网

学习情境描述

近年来铁路信号技术发展很快，信号设备信息化程度有了显著提高，传统信号设备之间互联通常采用串行通信技术，它有带宽低、传输距离短等缺点，不适宜大规模联网。

随着高速铁路技术迅猛发展，CTCS 系统中的信号设备采用智能设备，信号间要实现点对多点、长距离、大容量通信，设备联网需求非常迫切。

基于以太网的现场总线技术在国内外应用十分成熟，解决了网络可靠性、实时性和安全性的问题。

学习目标

1. 素质目标

（1）提高对专业学习的兴趣，具备独立思考的能力和创新意识。

（2）树立学生安全意识，体会团队协作。

2. 知识目标

（1）了解信号传输线路网络结构。

（2）了解集中安全传输数据网。

3. 能力目标

能建立系统数据安全传输的认识轮廓。

课前任务

利用铁道信号自动控制专业国家教学资源库，在线搜索、观看铁路信号微课、视频，记录关键词。

信号传输安全

数据传输系统的构成

通信技术在铁路信号系统中的应用

任务分组

表 5-6-1　学生任务分配

<table>
<tr><td>班级</td><td colspan="2"></td><td>组号</td><td colspan="2"></td></tr>
<tr><td>组长</td><td colspan="2"></td><td>学号</td><td colspan="2"></td></tr>
<tr><td rowspan="5">组员</td><td>姓名</td><td colspan="2">学号</td><td>姓名</td><td>学号</td></tr>
<tr><td></td><td colspan="2"></td><td></td><td></td></tr>
<tr><td></td><td colspan="2"></td><td></td><td></td></tr>
<tr><td></td><td colspan="2"></td><td></td><td></td></tr>
<tr><td></td><td colspan="2"></td><td></td><td></td></tr>
<tr><td>任务分工</td><td colspan="5">1. 教师帮助学生划分学习小组，在小组划分时应考虑学生个体差异。
2. 各小组成员在组长的带领下，扫码观看课前任务视频，提取关键词。
3. 小组成员登录铁道信号自动控制专业国家教学资源库查找、观看信号传输线路及安全数据网相关素材。
4. 讨论：什么是完全数据网？通信技术在铁路信号技术中的应用有哪些具体表现？
组长记录</td></tr>
</table>

任务实施

1. 信号传输线路

引导问题 1　信号系统安全数据组网结构？

____

____

____

2. 通信网络技术

引导问题 2　通信技术在铁路信号技术中的应用有哪些方面？

____

____

____

相关知识点

知识点 1　信号传输组网

1. 功能要求

信号系统安全数据网应满足以下设备间的安全信息可靠传输：TCC（列控中心）与 TCC（列控中心）、TCC 与 CBI（计算机联锁）、TSRS（临时限速服务器）与 RBC（无线闭塞中心）、TSRS 与 TCC、TSRS 与 TSRS、RBC 与 CBI、RBC 与 RBC、CBI 与 CBI。

信号系统安全数据网应确保车站和中继站设备间及其与中心信号设备（如 RBC、TSRS）间的安全信息可靠传输。

网络设备（交换机或中继器）的单节点信息传输时延不应大于 50 μs；单网络（子网）内数据通信自愈时间不大于 50 ms；网络间数据通信自愈时间不大于 500 ms。

客运专线安全数据网设备应设置网络管理系统，实现网络连接状态和设备状态监测和记录、故障报警、设备维护等功能。

2. 组网要求

客运专线信号系统安全数据网应采用工业级以太网交换机设备（简称交换机设备）构成冗余双环网，双环网间物理隔离，交换机设备间应采用专用单模光纤连接。

交换机设备功能应满足参考文献[10]和[11]的技术要求。

信号系统安全数据网中双环网的互联光纤（设备端-设备端）应采用不同物理路径，同一环网中交换机设备间互联光纤与迂回通道使用的光纤应采用不同物理路径。

连接相邻交换机设备的光纤长度最长不宜超过 70 km，通信距离大于交换机设备通信距离时，应增加中继设备。

采用 8 芯光纤构成信号系统安全数据网，其中 4 芯光纤由线路一侧光缆提供，另 4 芯光纤由线路另一侧光缆提供，每侧光缆中应另增加 2 芯以上光纤作为备用。

根据业务需求，应划分虚拟局域网（VLAN）：（1）业务 VLAN，用于承载数据业务；（2）管理 VLAN，用于网络管理。

信号电源屏应为交换机设备独立提供两路经过 UPS 的直流电源，电源指标满足交换机设备需求。

3. 组网设备

交换机的环网接口应为 100 M 或 1 000 M 光接口，数据业务接口宜为 100 M 电接口。

交换机设备用于组网的光通信接口为 GBIC 或 SFP 接口，可以通过配置不同传输距离的通信模块以适应组网的需求。

同一子网内的交换机设备应支持相同环网协议。

不同客运专线安全数据网采用不同品牌交换机接口时，交换机通信接口参数应匹配。

4. 网络结构

1）信号系统安全数据网

信号系统安全数据网的基本网络应按图 5-6-1 所示方案组网。

采用独立的网络设备和通道构成的冗余双环结构。其具有双网独立，独立设备、独立通道，环网采用两条不同物理路径的光缆；双网中继器交叉；冗余度高，单网、单点故障不会影响应用设备通信等特点。

2）子网网络结构

同一线路中划分子网的组网结构应按图 5-6-2 所示方案组网。

每一独立子网中接入的网络设备（交换机、中继器）超过 60 台时，或网络中接入设备所配置的 IP 地址数量超过一个网段的容量（254 个 IP 地址）时，应将网络环路分割成不同子网。

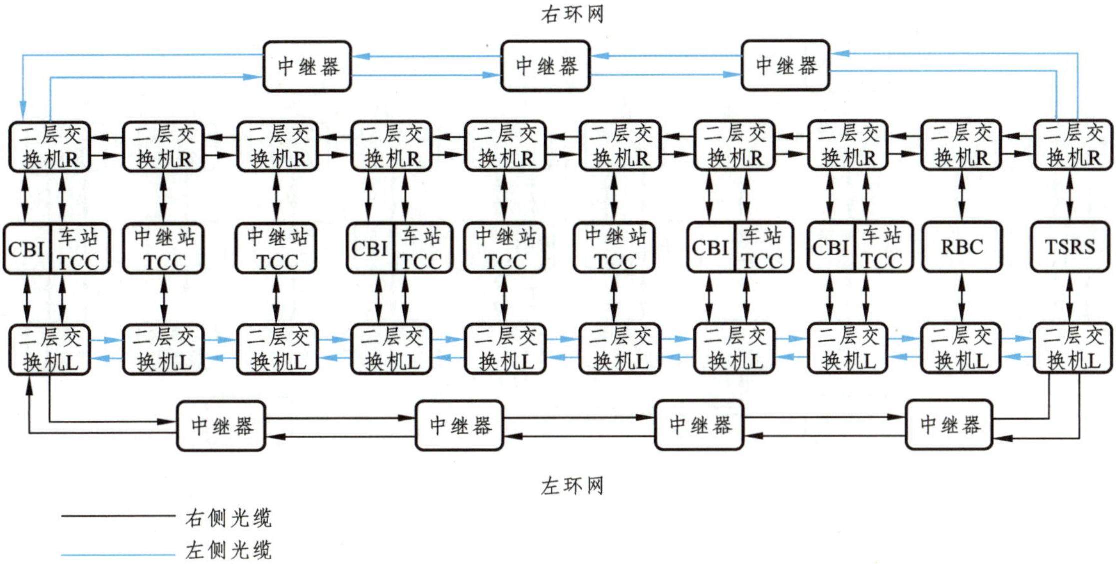

图 5-6-1　信号安全数据网的结构

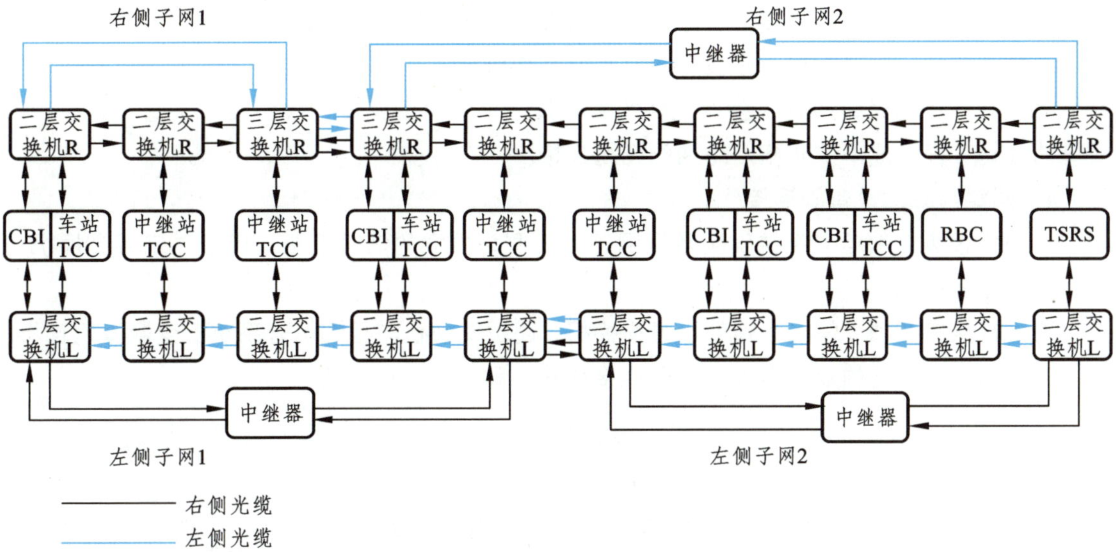

图 5-6-2　具有子网的信号系统安全数据网组网结构

子网划分应在网络分界点处设置三层交换机实现，三层交换机间采用双冗余光缆进行链路聚合连接，双通道冗余光缆应采用不同路径铺设。

左右两侧的子网分界点不应设在同一车站或中继站。

网络中接入设备间通信路径中不宜跨越 3 个以上三层路由，接入设备间信息传输总延时不应大于 50 ms。

设置三层交换机的站点与迂回中继不应同站设置。

3）两个网络间连接

对于相邻的两条线路的接口车站，连接相邻网络的设备应采用三层交换机，如图 5-6-3 所示。

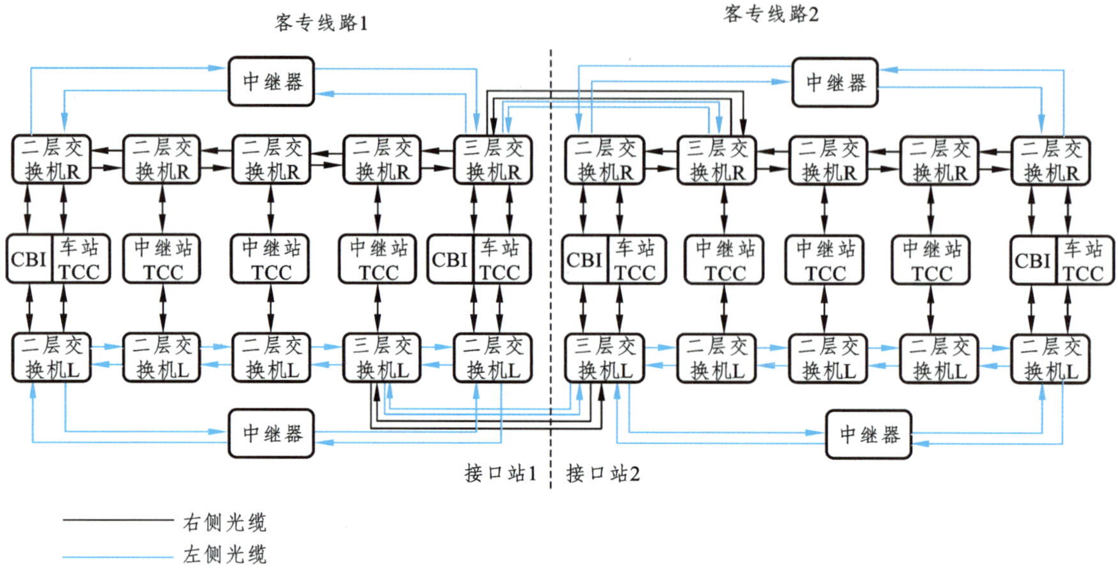

图 5-6-3　相邻网络的连接

不同线路的网络连接应在线路分界处附近车站设置三层交换机实现，三层交换机间采用双冗余光缆进行链路聚合连接，双通道冗余光缆应采用不同路径铺设。

左右两侧的三层交换机不应设在同一车站或中继站。

网络间连接的光缆通道由各自线路的工程集成单位负责铺设至线路接口车站，并由后期实施的线路工程集成单位实施网络间的光缆连接。

4）网络与独立设备间连接

一侧为客运专线信号系统安全数据网，另一侧为独立的信号设备，应通过二层交换机连接，如图 5-6-4 所示。

网络连接应在独立信号设备处设置交换机，通过交换机与相邻信号系统安全数据网连接。

应采用不同路径的双通道冗余光缆连接线路 1 和线路 2 的设备。

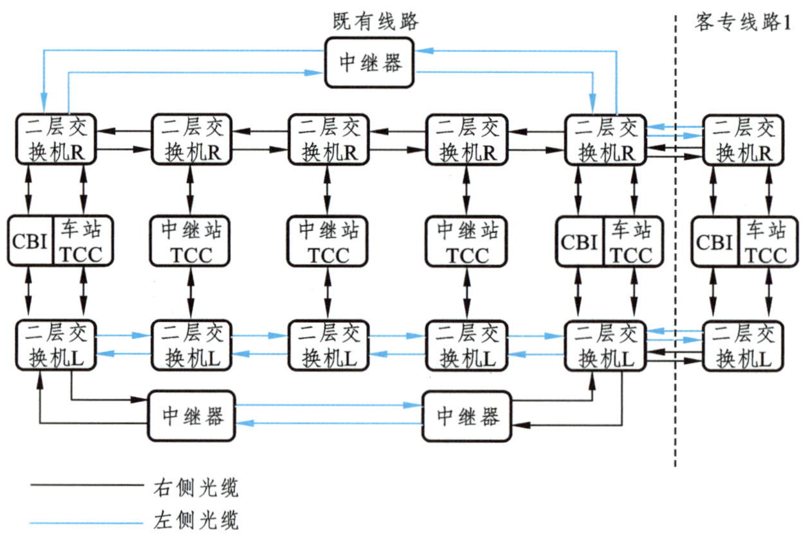

图 5-6-4　信号系统安全数据网与独立信号设备的连接

5. 组网光缆径路

网络中单个子网使用的光纤必须由两条不同路径的干线光缆构成。

从通信机房引入到信号机房的光缆应采用两条不同径路铺设，且光缆在通信机房应采用光纤熔接后直接引入信号机房专设的信号 ODF 子架。对于箱式机房，则通信光缆引入至通信机柜中的 ODF 子架。

通信信号施工分界在信号机房 ODF 子架或箱式机房通信机柜的 ODF 子架处。

引入信号机房的光纤芯数应按干线光缆相同比例预留备用。

6. 网络接口

TCC、CBI、RBC 和 TSRS 设备（后简称应用设备）都通过电接口接入到信号系统安全数据网，各应用设备和交换机的电口连接电缆应采用 6 类标准屏蔽双绞电缆，电缆长度不宜超过 50 m。

TCC、CBI、RBC 和 TSRS 设备的 A、B 机都配置以太网接口（接口 1 和接口 2），接口 1 接入左环网，接口 2 接入右环网，连接方式如图 5-6-5 所示。

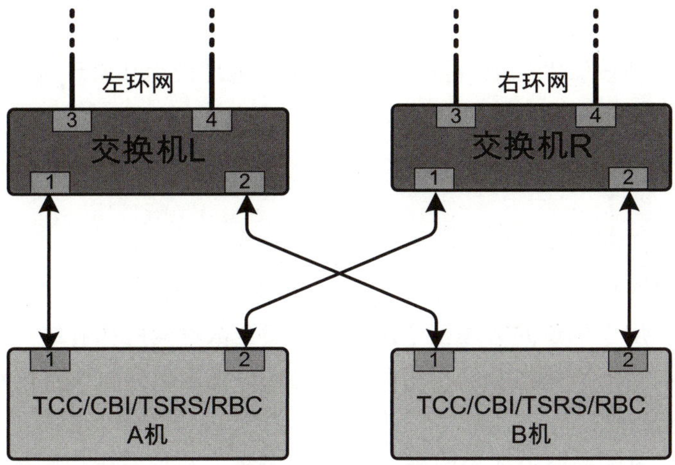

图 5-6-5　交换机和应用设备的连接方式

RBC 设备和 TSRS 设备不应接入同一台交换机中进行通信，接入同一台交换机中的 RBC 设备或 TSRS 设备不宜超过 4 台。

应用设备应统一采用 IEEE 802.3 以太网帧格式进行数据通信。

交换机设备和应用设备端口应采用固定分配的 IP 地址。

7. 设备 IP 地址分配

设备 IP 地址分配包括应用设备地址、交换机设备地址、网间互联地址以及网管服务器地址。IP 地址应采用统一规划原则，充分考虑地址空间的合理利用，满足网络发展的需要。

不同子网间应用设备应划分为不同的网段。

左环网（应用设备接口 1）IP 地址采用奇数网段，右环网（应用设备接口 2）IP 地址采用偶数网段，信号系统安全数据网中的网段应连续分配。

每个网段中的 IP 地址×.×.×.1 ~ ×.×.×.14 预留给网关使用，应用设备 IP 地址从×.×.×.15

开始分配。缺省网关为×.×.×.1，子网掩码为255.255.255.0。

应用设备IP地址分配顺序：每个站内设备按照先TCC设备后CBI设备的次序分配IP地址，车站间按照下行方向依次分配，RBC设备和TSRS设备最后分配。

车站或线路所按一套TCC设备、一套CBI设备分配IP地址；中继站按一套TCC设备分配IP地址。对于安装RBC和TSRS设备的车站，按照实际应用设备数量分配IP地址。

对于大型枢纽站按应预留必要的IP地址，满足计划内准备实施的项目。

TCC、CBI、RBC和TSRS的IP地址分配范围为×.×.×.15～×.×.×.234，按照车站为单位依次分配。

预留IP地址范围为×.×.×.235～×.×.×.244。

网管服务器IP地址范围为×.×.×.245～×.×.×.254。

不同子网间接口，采用互联地址范围内的IP地址。

用于应用设备接入的交换机IP地址第四段采用奇数，用于中继的交换机IP地址第四段采用偶数，左右环网中的交换机应配置在不同的网段中，每个站预留左右中继交换机的IP地址，车站或中继站的交换机设备或用于中继的交换机IP地址应连续分配。

先分配正线设备IP地址，后分配支线（联络线）设备IP地址。

IP地址的分配原则按照本规范执行，具体设备IP地址使用和管理由各铁路局负责，并报部备案。

知识点2　网络管理

1. 网管系统

信号系统安全数据网应设置网络管理系统，实现以下功能：

（1）拓扑管理：用于构造并管理整个信号系统安全数据网的拓扑结构，自动搜索网络设备的拓扑数据形成与实际网络拓扑结构相同的网络拓扑视图，通过浏览网络拓扑视图实时监测整个网络的设备运行状态；

（2）配置管理：可实现对设备的配置，IP 地址管理，可保存历史配置信息并可对不同配置进行比较，网管系统应能识别接入设备的IP地址和工作状态，并能及时检测交换机配置IP地址冲突和应用设备的IP地址冲突，并发出报警。

（3）数据流量分析和误码率分析：对交换机的各个端口的数据流量能及时监测并设定门限值，对于高于门限值的端口能在网管上报警；对于交换机的各个端口的数据误码率能及时监测并设定门限值，对于高于门限值的端口能在网管上报警。

（4）故障管理：提供报警监视窗口，可在窗口视图上监视到设备的实时告警，并对相关告警进行操作或启动相关报警历史信息查询浏览功能。对于历史报警数据能下载，并能进行离线分析，故障历史记录信息能保存1个月以上。

网管系统应对各种故障实时报警，明确提示，关键报警信息应有声光持续报警功能。

每条客运专线中设置一套网络管理设备，设置于RBC机房中或便于设备维护的车站信号机房中。每个电务（段）设备管理单位单独设置网络管理终端设备。

配置网管服务器的信号机房和电务（段）设备管理单位监测中心间，应配置专用的信号系统安全数据网监测通信通道，设置于监测中心的网管监测终端通过监测通道接入网管服务器，对信号系统安全数据网进行监测和维护。

网管服务器与信号系统安全数据网间应配置硬件防火墙或网闸等安全防护设备。

网管系统的组网结构如图 5-6-6 所示。

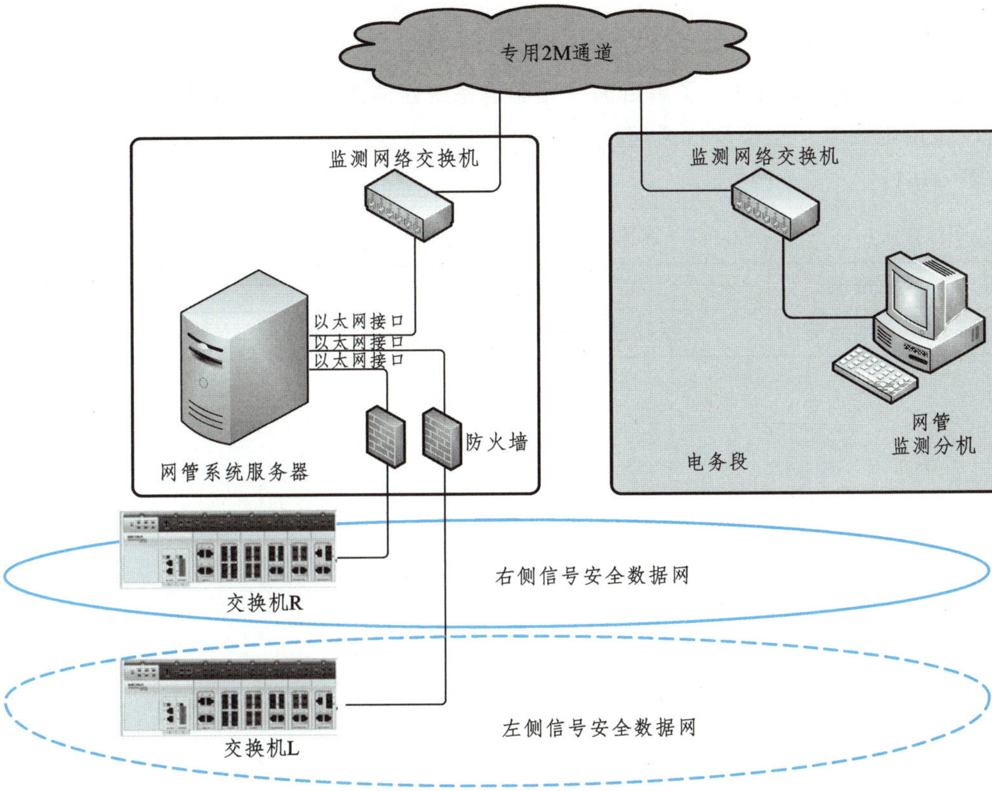

图 5-6-6　网管系统接口示意

网管服务器通过收集各个交换机信息，生成全网网络拓扑图，对网络设备和通道状态进行实时监测和远程管理，网管终端相当于复示终端。

2. 网络安全

应利用设备的端口安全策略，闲置端口应关闭（闲置端口的启用应通过网管系统修改）、网络端口应与固定 IP 地址绑定、应使用交换机本身的密码保护机制对交换机进行设置。

应采取有效措施防止非授权用户通过网络、Web、串口等各种方式对设备进行配置修改、安全设定修改。

对网络的设置和管理工作应通过网络管理终端对网络设备进行操作。

评价反馈

扫描下方二维码对本次课进行评价。

学习领域五学习情境六问卷调查

学习领域六　高速铁路通信

建议学时　2 学时

学习要求　通过本活动，了解目前铁路通信系统整体组成，掌握各类传输技术原理，清楚通信设备用电要求，熟悉现代通信技术在高速铁路通信的应用，具体学习任务简介及学时安排见表 6-0-1。

表 6-0-1　高速铁路通信学习任务简介及学时安排

序号	学习情境	学习任务简介	建议学时
1	铁路专用通信	了解铁路通信系统的组成以及各类传输技术与传输设备	2

学习情境一　铁路专用通信

学习情境描述

自 1839 年英国在铁路上使用车站间的电报通信以来，随着通信技术的不断提高和现代化，铁路专用通信设备不断革新。从之前广泛采用电报机、电话机和传真设备并利用架空线、对称电缆、同轴电缆的载波通信，到现在的中短波无线电通信、微波接力通信、卫星通信和光纤通信等构建的完善的铁路调度通信等系统，为铁路及高速铁路的运行安全与运行效率提供了重要保障。

学习目标

1. 素质目标

（1）养成探究、观察思考的习惯。

（2）根植安全责任意识。

2. 知识目标

（1）了解铁路通信是什么，它的主要功能是什么，知道什么是 GSM-R。

（2）掌握常用的几种传输技术以及 SDH 的组成网元名称及功能。

（3）熟悉接入网的类型以及接入网的设备。

3. 能力目标

（1）能知晓 OSI 参考模型的分层结构以及 OSI 数据通信过程。

（2）能熟练计算 IP 地址以及主机地址数量。

课前任务

观看铁路通信发展历程以及铁路通信的介绍相关文章、视频，了解目前铁路通信发展水平，记录关键词，并回答下列问题：

（1）铁路通信的发展对铁路运输生产起到了怎样的作用？

（2）高速列车在行驶中如何保证信息的正确传输？

任务分组

表 6-1-1 学生任务分配

<table>
<tr><td>班级</td><td colspan="2"></td><td>组号</td><td colspan="2"></td></tr>
<tr><td>组长</td><td colspan="2"></td><td>学号</td><td colspan="2"></td></tr>
<tr><td rowspan="5">组员</td><td>姓名</td><td>学号</td><td colspan="2">姓名</td><td>学号</td></tr>
<tr><td></td><td></td><td colspan="2"></td><td></td></tr>
<tr><td></td><td></td><td colspan="2"></td><td></td></tr>
<tr><td></td><td></td><td colspan="2"></td><td></td></tr>
<tr><td></td><td></td><td colspan="2"></td><td></td></tr>
<tr><td>任务分工</td><td colspan="5">1. 教师帮助学生划分学习小组，在小组划分时考虑学生个体差异。
2. 各成员查阅铁路专用通信的网络资料（例如新闻、短视频），组长负责汇总。
3. 讨论：铁路通信在铁路的运输生产中起到的关键作用，组长记录</td></tr>
</table>

任务实施

1. 铁路通信的概念及其功能

引导问题 1　什么是通信？什么是铁路通信？

引导问题 2　铁路通信的主要功能是什么？

2. 铁路通信常用的传输技术

引导问题 3　铁路通信常用的传输技术有哪些？全称是什么？

引导问题 4　目前，铁路通信系统传输系统中常用的传输技术 SDH 的组成网元及功能是什么？

3. OSI 参考模型

引导问题 5　根据你对 OSI 七层协议的理解，表述 OSI 每一层所具体负责的功能是什么？数据在不同层级上传输的方式是怎样的？

相关知识点

知识点 1　铁路通信的概念

铁路通信，是指铁路运输生产和建设中，利用各种通信方式进行各种信息传送和处理的技术与设备构建的通信系统。铁路通信是以运输生产为重点，主要功能是实现行车和机车车辆作业的统一调度与指挥及运行安全。但因铁路线路分散，支叉繁多，业务种类多样化，组成统一通信的难度较大。为指挥运行中的列车，必须用无线通信，因此铁路通信必须是有线和无线相结合，采用多种通信方式。利用有线通信、无线通信、光纤通信等技术和设备，传输和交换处理铁路运输生产和建设过程中的各种信息。

知识点 2　铁路通信传输系统

传输系统的功能是完成信息的传送，如完成终端设备与交换设备之间、交换设备与交换设备之间的信息传送。传输系统将终端设备和交换设备连接起来，形成通信网络。

传输系统在整个通信网中有着举足轻重的地位，如果没有传输系统，就无法形成通信网络，也就无法实现各设备之间的信息传输。

1. 目前常用的通信传输技术

目前，常用的主要传输技术有 SDH、MSTP、WDM 和 OTN 等。

1）SDH 传输技术

SDH 即同步数字体系，它主要针对光纤传输，是在 SONET 的标准基础上形成的。它把北美（日本）和欧洲（中国）的两种 PDH 体制融合在统一标准——同步传递模块 STM-N 中，第一次真正实现了数字传输体制上的世界性标准。

2）MSTP 传输技术

MSTP（Multi-Service Transport Platform）即多业务传输平台，是基于 SDH 的多业务传送技术，它能够同时实现 TDM、ATM、以太网、IP 等多业务的接入处理和传送。

3）WDM 传输技术

WDM 即波分复用技术。WDM 是在同一根光纤上同时传输多个不同波长光信号的技术。目前广泛应用的是工作在 1 550 nm 窗口的密集波分复用（DWDM）系统。

4）OTN 传输技术

OTN 即光传送网，是以波分复用技术为基础、在光层组织网络的传送网，是下一代的骨干传送网。OTN 跨越了传统的电域（数字传送）和光域（模拟传送），是管理电域和光域的统一标准。

2. SDH 传输技术

1）SDH 的基本概念

SDH 是由一些基本网络单元组成，在光纤上可以进行同步信息传输、复用、分插和交叉连接的传送网络。SDH 的基本网元有终端复用器（TM）、分插复用器（ADM）、再生中继器（REG）和数字交叉连接设备（DXC）等。

2）SDH 网元类型及功能

（1）终端复用器。

终端复用器的主要功能是将低速的支路信号复用形成高速的 STM-N 信号，并完成电/光变换后在光纤中传输；在相反方向则为逆过程，即可从 STM-N 信号中分出低速支路信号，其功能如图 6-1-1 所示。

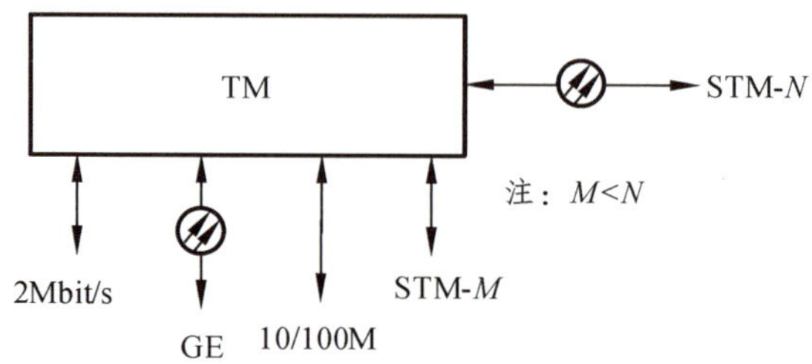

图 6-1-1 终端复用器功能示意

终端复用器是一个双端口器件，在线路一侧为标准光接口；在支路一侧为 G.703 信号接口，或 STM-*M* 信号（*M*<*N*）接口，或 10/100 M 以太网口等。

（2）分插复用器。

分插复用器是一种无须终结整个 STM-*N* 信号的条件下，能够将任何速率等级（不超过 STM-*N* 的信号速率）的支路信号从 STM-*N* 线路信号分出和插入到 STM-*N* 线路信号中的设备，因此分插复用器具有两个方向的高速线路端口，一个低速的支路端口，其功能如图 6-1-2 所示。

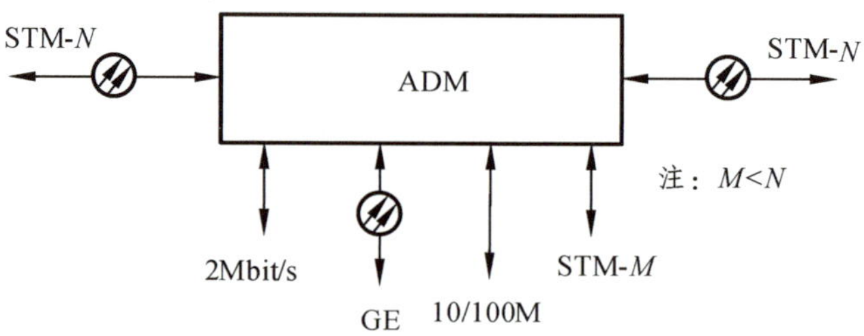

图 6-1-2 分插复用器功能示意

（3）数字交叉连接设备。

数字交叉连接设备是一种具有一个或多个 PDH 或 SDH 信号端口，并且在网管系统的控制下，可以在任何数字端口的速率信号与其他数字端口之间实现可控连接和再连接的设备，其功能如图 6-1-3 所示。

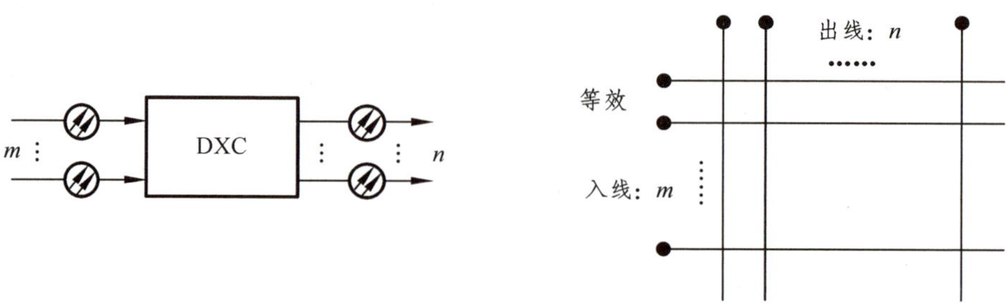

图 6-1-3 数字交叉连接设备功能

根据端口速率和参与交叉连接速率的不同，数字交叉连接设备分为不同的配置类型，通常用 DXC*m*/*n* 来表示。其中，*m* 表示可接入 DXC 的最高速率等级，*n* 表示在交叉矩阵中能够进行交叉连接的最低速率级别。*m* 越大，表示 DXC 的承载容量越大；*n* 越小，表示 DXC 的交叉灵活性越大。*m* 和 *n* 的相应数值的含义见表 6-1-2。

表 6-1-2　*m*、*n* 数值与速率对应表

m 或 *n*	0	1	2	3	4	5	6
速率	64 kb/s	2 Mb/s	8 Mb/s	34 Mb/s	140 Mb/s 155 Mb/s	622 Mb/s	2.5 Gb/s

（4）再生中继器。

再生中继器是双端口器件，只有两个线路端口，而没有支路端口，如图 6-1-4 所示，其功能是对接收信号进行均衡放大、判决、再生成适合线路传输的光信号发送出去。REG 是构成 SDH 长距离传输的一种网元，其结构比 ADM 设备简单，它只有放大、处理再生段开销的功能，而没有交叉、复用的功能，即没有上下支路信号的功能。

图 6-1-4　再生中继器示意

3）SDH 的网络保护

随着传输系统容量以及速率越来越高，对传输系统传送信息的及时性、准确性的要求也越来越高。为了提高网络的安全性，要求网络有较高的生存能力，从而产生了自愈网的概念。

（1）1+1 线路保护。

1+1 线路保护是最简单的自愈网形式，其基本原理是当出现故障时，利用节点间预先安排的备用线路取代失效或劣化的主用线路，由工作通道倒换到保护通道，使业务得以继续传送。其保护方式如图 6-1-5 所示。

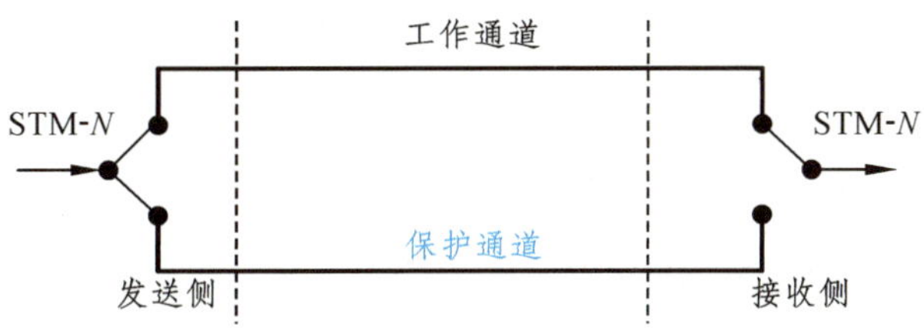

图 6-1-5　1+1 线路保护倒换方式

（2）环型保护。

环型网保护是实现自愈能力的一种方法也称为自愈环。自愈环已经成为 SDH 组网不可缺少的、发展应用最广泛的一种网络。

① 二纤单向通道保护环。

二纤单向通道保护环的结构如图 6-1-6 所示。它采用“首端桥接，末端倒换”的 1+1 保护方式，即利用 S1 光纤和 P1 光纤同时携带业务信号并分别沿两个相反的方向传输，但接收端只择优选取其中的一路进行接收。

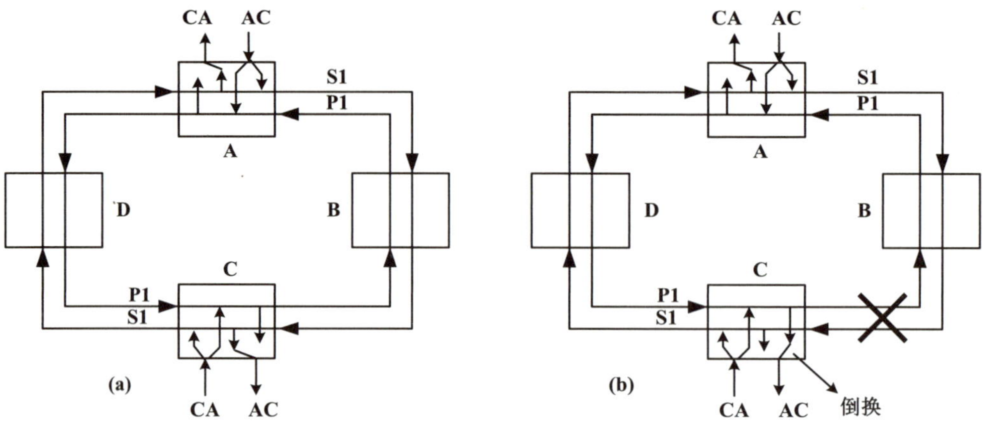

图 6-1-6　二纤单向通道保护环

② 二纤双向复用段倒换环。

二纤双向复用段倒换环的结构如图 6-1-7 所示。图中每对相邻节点之间有两根传输方向相反的光纤，每根光纤的一半时隙作为主用信道，用于传业务信号；另一半时隙作为保护信道，留给保护信号。正常情况下，业务信号只在工作信道中传输，即占用 Sl、S2 光纤的前半时隙，而保护信道处于空闲状态。

由于一根光纤同时支持业务信号和保护信号，所以二纤双向复用段倒换环的容量仅为四纤双向复用段倒换环的一半，并且二纤双向复用段倒换环需要 APS 协议。

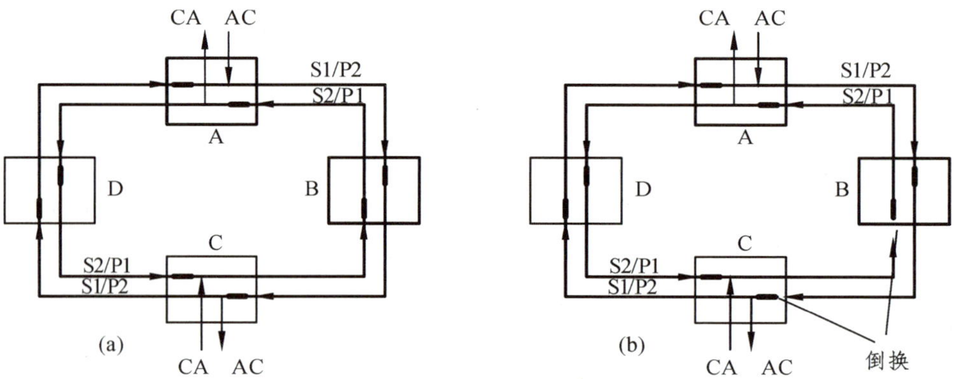

图 6-1-7　二纤双向复用段保护环

3. 我国铁路通信传输系统的网络结构

我国铁路传输网的网络结构总体上可分为三层，从高到低依次为骨干层、汇聚层和接入层，如图 6-1-8 所示。

1）骨干层

铁路传输网的骨干层是最上一层网络，骨干层主要用于国铁集团到 18 个铁路局以及各铁路局之间的长途通信。骨干层通常采用环型或网孔型结构。

2）汇聚层

汇聚层是第二层网络，也称局干层，以本路局的大站或调度所为中心，为局内各类信息提供宽带汇聚通道的传输网络。汇聚层的网络结构一般为环形。

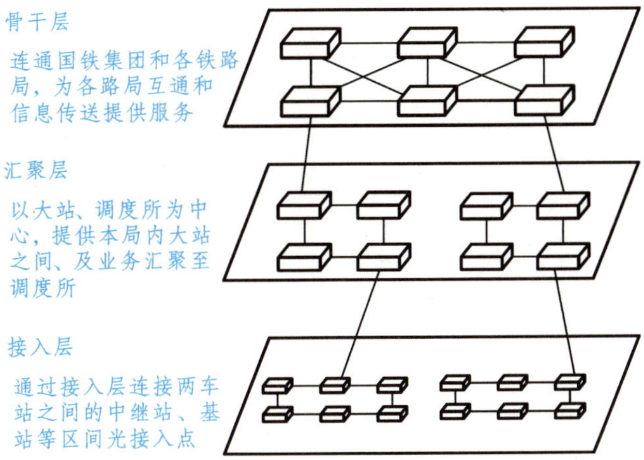

图 6-1-8　我国铁路传输网的网络结构

3）接入层

接入层是为铁路沿线各类通信业务提供各种接入接口的网络。接入网位于最低层面，通过接入网，可以将用户信息接入到相应的通信业务网络节点，并在传输网的支撑下，实现铁路通信的相应功能。接入层的网络结构一般也为环型，并辅以少量线形网结构。

知识点 3　接入网系统

接入网是指本地交换机到用户终端之间的所有设备。接入网在通信网中的位置如图 6-1-9 所示，它位于网络的末端，它负责将各种通信业务透明地传送到用户。

图 6-1-9　接入网在通信网中的位置

以话音业务为主的传统接入网的结构如图 6-1-10 所示，它包括馈线、配线、引入线、交接箱、分线盒等部分。传统接入网存在接入手段单一、覆盖距离有限、提供业务单一、入户带宽窄等缺陷，已成为现代通信网发展的瓶颈。

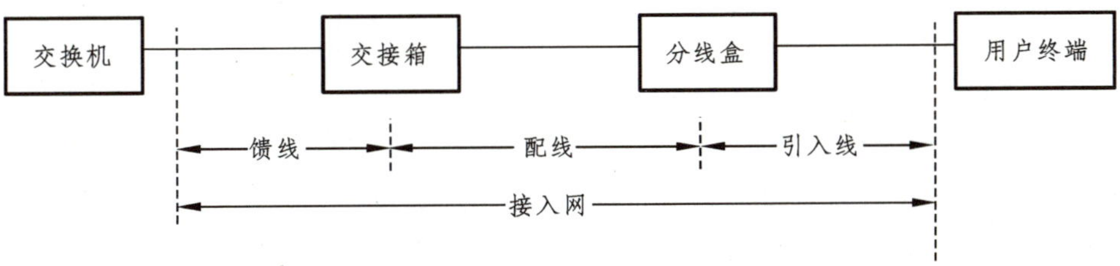

图 6-1-10　传统接入网的结构

1. 接入网的分类

接入网根据传输方式的不同可分为有线接入网和无线接入网两大类。其中，有线接入网和无线接入网又有细分，具体的分类见表 6-1-3。

表 6-1-3　接入网的分类

<table>
<tr><td rowspan="7">接入网</td><td rowspan="2">有线接入网</td><td>铜线接入网</td><td colspan="2">高比特数字用户线（HDSL）
不对称数字用户线（ADSL）
甚高比特数字用户线（VDSL）</td></tr>
<tr><td>光纤接入网</td><td colspan="2">光纤到路边（FTTC）
光纤到大楼（FTTB）
光纤到户（FTTH）</td></tr>
<tr><td rowspan="3">无线接入网</td><td rowspan="2">固定无线接入网</td><td>微波</td><td>一点多址（DRMA）
本地多点分布业务（LMD）</td></tr>
<tr><td>卫星</td><td>甚小型天线地球站（VSAT）
直播卫星（DBS）</td></tr>
<tr><td>移动接入网</td><td colspan="2">蜂窝移动电话
卫星通信</td></tr>
</table>

2. 接入网的设备

接入网设备主要包括光纤线路终端（OLT）、光纤网络单元（ONU）、光传输系统和接入网网管系统（AN-NMS）四部分，如图 6-1-11 所示。其中 OLT 位于网络侧，从业务节点接入业务；ONU 位于用户侧，为用户提供丰富的业务接口；网管系统负责整个网络的管理。OLT 与 ONU 之间由光纤相连，通过 SDH/MSTP 传输系统支持，可组成环形、星形、链形等不同的拓扑结构。

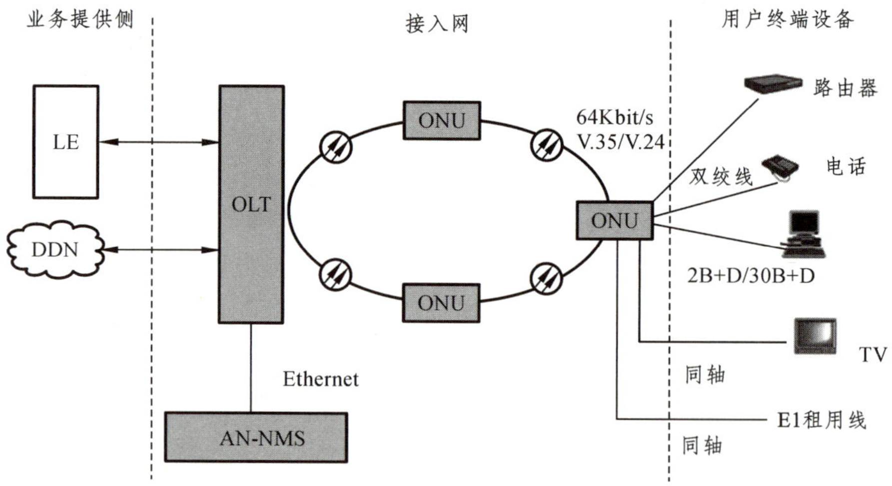

图 6-1-11　接入网系统的设备组成

知识点 4　数据通信系统

1. 数据通信系统的定义

数据通信是数字计算机或其他数字终端之间的通信，是计算机与计算机或计算机与其他数据终端之间存储、处理、传输和交换信息的一种通信技术，而实现这种通信的系统是数据通信系统。

2. 数据通信系统的基本组成

数据通信系统由 3 个基本部分组成，即数据终端设备（Data Terminal Equipment，DTE）、数据电路终端设备（Data Circuit-terminating Equipment，DCE）和通信信道，如图 6-1-12 所示。

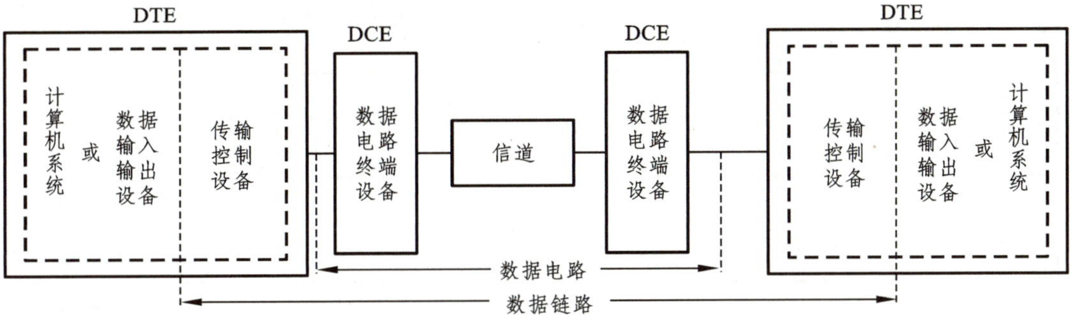

图 6-1-12　数据通信系统

1）DTE

在数据通信系统中，用于发送和接收数据的设备称为数据终端设备（DTE）。

2）DCE

DCE 的功能是把数据转换成适合通信信道要求的信号形式，或把信道中传来的信号转换成可供数据终端设备使用的数据，最大限度地保证传输质量。

3）传输信道

传输信道是信息传输的通道，如电话线路等模拟通信信道、专用数字通信信道、宽带电缆（CATV）和光纤等。

3. OSI 参考模型

OSI 参考模型（OSI/RM）的全称是开放系统互连参考模型（Open System Interconnection Reference Model，OSI/RM），它是由国际标准化组织 ISO 提出的一个网络系统互连模型。它作为一个框架来协调和组织各层协议的制定，也是对网络内部结构最精练的概括与描述。

1）OSI 参考模型分层

OSI 模型把网络通信的工作分为 7 层，由低到高具体依次为物理层、数据链路层、网络层、传输层、会话层、表示层和应用层，如图 6-1-13 所示。每一层都用来实现一种相对独立的通信功能，每一层又都包含若干重要的应用与通信协议来完成该层的相关服务。

2）OSI 数据通信过程

OSI 数据通信过程如图 6-1-14 所示。计算机 A 上的应用程序要将信息发送到计算机 B 的应用程序，则计算机 A 中的应用程序需要将信息先发送到其应用层，然后此层将信息发送到表示层，如此继续，直至物理层。在物理层，数据被放置在物理网络媒介中并被发送至计算机 B。计算机 B 的物理层接收来自物理媒介的数据，然后将信息向上发送至数据链路层，数据链路层再转送给网络层，依次继续直到信息到达计算机 B 的应用层。最后计算机 B 的应用层再将信息传送给应用程序接收端，从而完成通信过程。

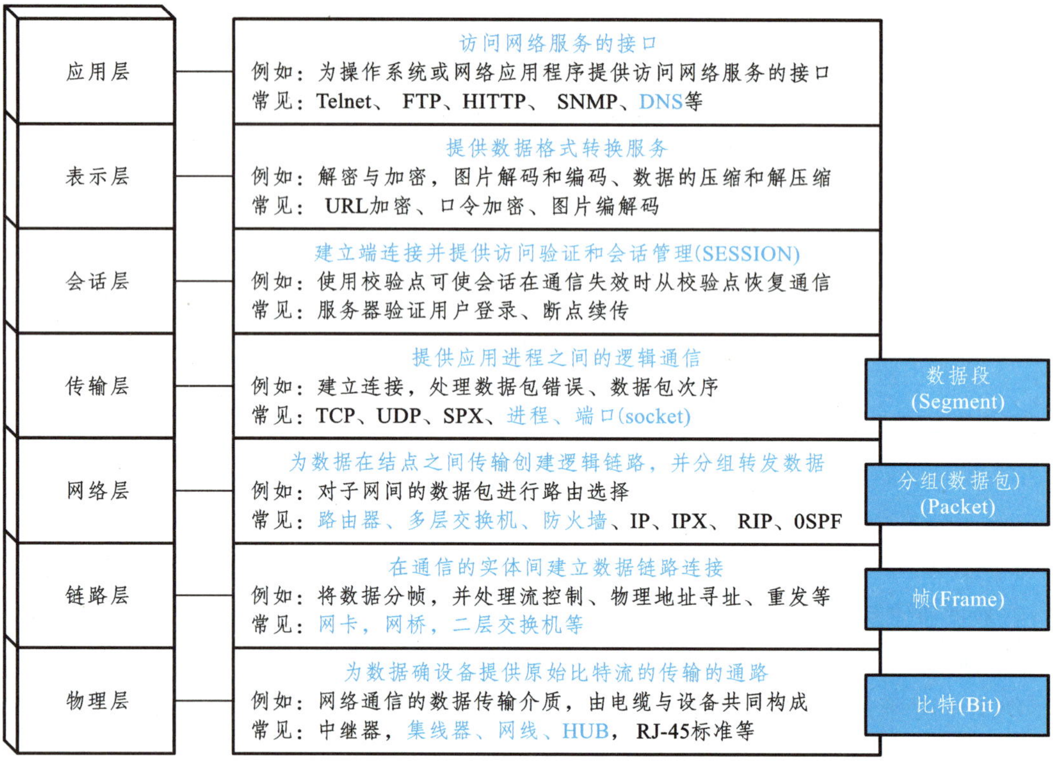

图 6-1-13　OSI 七层模型

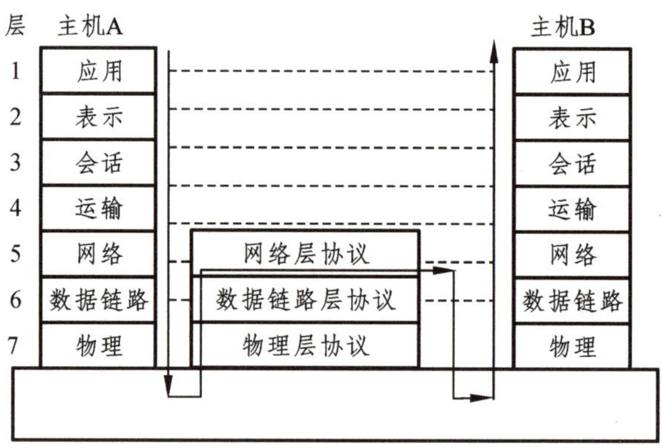

图 6-1-14　OSI 数据通信过程

4. TCP/IP 协议

TCP/IP 协议栈具有简单的分层设计，与 OSI 参考模型有清晰的对应关系，如图 6-1-15 所示。TCP/IP 五层模型中的下两层构成了子网访问层，它主要为网络设备提供数据通路。TCP/IP 对传输子网的支持是很广泛的，从传统的以太网、令牌环网到当今的 ATM、SDH、SONET 等无所不包，几乎所有可以利用的网络介质都可以支持 TCP/IP。

1）物理层和数据链路层

物理层和数据链路层涉及在通信信道上传输的原始比特流，它实现传输数据所需要的机械、电气、功能性及过程等手段，提供检错、纠错、同步等措施，使之对网络层显现一条无错线路，并进行流量调控。

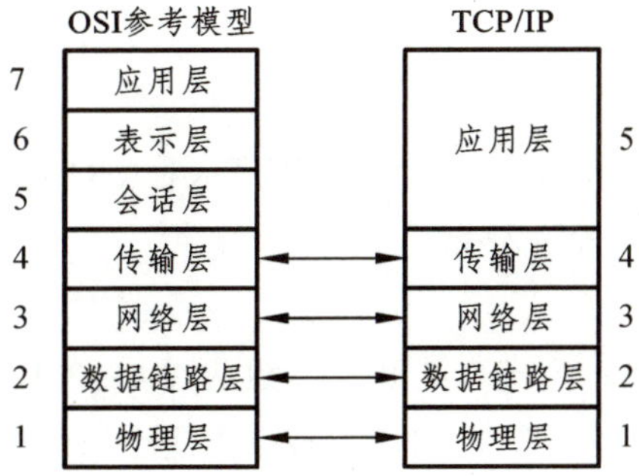

图 6-1-15　TCP/IP 协议模型

2）网络层

网络层检查网络拓扑，以决定传输报文的最佳路由，执行数据转发。网络层的主要协议有 IP、ICMP（Internet Control Message Protocol，互联网控制报文协议）、ARP（Address Resolution Protocol，地址解析协议）等。

3）传输层

传输层的基本功能是为两台主机间的应用程序提供端到端的通信。传输层从应用层接收数据，并且在必要的时候把它分成较小的单元，传递给网络层，并确保到达对方的各段信息正确无误。传输层的主要协议有 TCP、UDP（User Datagraph Protocol，用户数据报协议）。

4）应用层

应用层负责处理特定的应用程序细节。应用层显示接收到的信息，把用户的数据发送到低层，为应用软件提供网络接口。应用层包含大量常用的应用程序，如 HTTP（HyperText Transfer Protocol，文本传输协议）、Telnet（远程登录）、FTP（File Transfer Protocol）等。

5. 可变长子网掩码（VLSM）

1）IP 地址简介

IP 地址为每个主机和路由器接口提供了 32 位二进制逻辑地址，其中包括网络部分与主机部分。为方便书写及记忆，一个 IP 地址通常采用 0～255 之内的 4 个十进制数表示，数之间用句点分开。这些十进制数中的每一个都代表 32 位地址的其中 8 位，即所谓的 8 位位组，称为点分表示法。

2）IP 地址分类

IP 地址分为数量有限的特大型网络（A 类）、数量较多的中等网络（B 类）、数量非常多的小型网络（C 类），以及特殊的地址类，包括用于多点传送的地址（D 类）和试验或研究类地址（E 类）。

IP 地址的类别可以通过查看地址中的前 8 位位组（最重要的）而确定。最高位的数值决定了地址类。位格式也定义了和每个地址类相关的 8 位位组的十进制的范围。

（1）A 类地址。

A 类地址，8 位分配给网络地址，24 位分配给主机地址。如果第 1 个 8 位位组中的最高位是“0”，则地址是 A 类地址。

（2）B 类地址。

B 类地址中，为网络地址分配了 16 位，为主机地址分配了 16 位，一个 B 类地址的第 1

个 8 位位组的头两位为“10”。

（3）C 类地址。

C 类为网络地址分了 24 位，为主机地址留下了 8 位。C 类地址的前 8 位位组的头 3 位为“110”，这对应的十进制数从 192 ~ 223。

（4）D 类地址。

D 类地址以“1110”开始。这代表的 8 位位组从 224 ~ 239。这些地址并不用于标准的 IP 地址。相反，D 类地址指一组主机，它们作为多点传送小组的成员而注册。

（5）E 类地址。

如果第 1 个 8 位位组的前 4 位都设置为“1111”，则地址是一个 E 类地址。这些地址的范围为 240 ~ 254，这类地址并不用于传统的 IP 地址。这个地址类有时候用于实验室或研究。

IP 地址的分类如图 6-1-16 所示。

图 6-1-16　IP 地址的分类

3）可用主机地址数量计算

例如，B 类网段 172.16.0.0，有 16 个主机位，因此有 216 个 IP 地址，去掉一个网络地址 172.16.0.0，一个广播地址 172.16.255.255 不能用作标识主机，那么共有 216−2=214 个可用地址。C 类网段 192.168.1.0，有 8 个主机位，共有 2^8=256 个 IP 地址，去掉一个网络地址 192.168.1.0，一个广播地址 192.168.1.255，共有 254 个可用主机地址。现在，我们可以这样计算每一个网段可用主机地址：假定这个网段的主机部分位数为 n，那么可用的主机地址个数为 2^n-2 个。可用主机地址数量计算如图 6-1-17 所示。

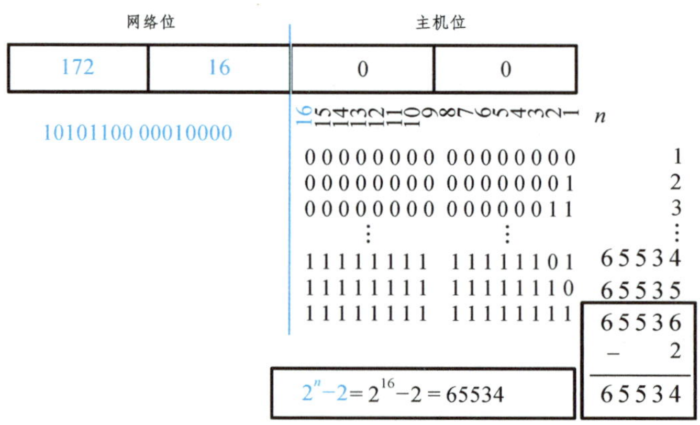

图 6-1-17　可用主机地址数量计算

4）带子网划分的编址

对于没有子网的 IP 地址组织，外部将该组织看作单一网络，不需要知道其内部结构。

网络设备使用子网掩码确定哪些部分为网络位，哪些部分为子网位，哪些部分为主机位。网络设备根据自身配置的 IP 地址与子网掩码，可以识别出一个 IP 数据包的目的地址是否与自己处在同一子网，或处在同一主类网络但处于不同子网，或处于不同的主类网络。

子网掩码定义了构成 IP 地址的 32 位中的多少位用于网络位，或者网络及其相关子网位。子网掩码的使用如图 6-1-18 所示。

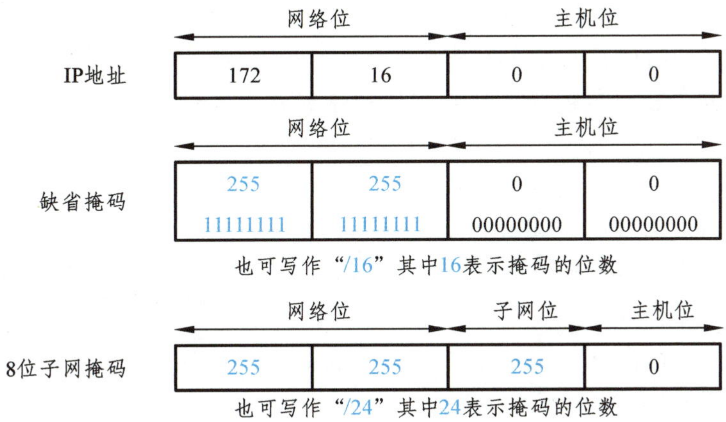

图 6-1-18　子网掩码

子网掩码中的二进制位构成了一个过滤器，它通过标识应该解释为网络地址的 IP 地址的那一部分来计算网络地址。

划分子网其实就是将原来地址中的主机位借位作为子网位来使用，目前规定借位必须从左向右连续借位，即子网掩码中的 1 和 0 必须是连续的。

5）地址计算示例

对给定 IP 地址和子网掩码要求计算该 IP 地址所处的子网网络地址，子网的广播地址及可用 IP 地址范围。地址计算如图 6-1-19 所示。

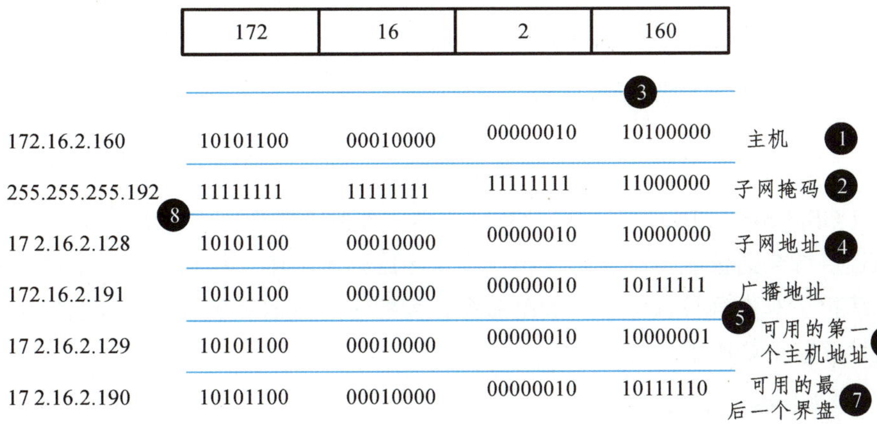

图 6-1-19　地址计算示例

（1）首先将 IP 地址转换为二进制表示。

（2）然后将子网掩码也转换成二进制表示。

（3）在子网掩码的 1 与 0 之间画一条竖线，竖线左边即为网络位（包括子网位），竖线右边为主机位。

（4）将主机位全部置 0，网络位照写就是子网的网络地址。

（5）将主机位全部置 1，网络位照写就是子网的广播地址。

（6）介于子网的网络地址与子网的广播地址之间的即为子网内可用 IP 地址范围。

（7）然后将前 3 段网络地址写全。

（8）最后转换成十进制表示形式。

6）变长子网掩码 VLSM

定义子网掩码的时候，假设在整个网络中将一致地使用这个掩码。在许多情况下，这导致浪费了很多主机地址，同时也无法实现把网络划分成不同大小的子网。VLSM 示例如图 6-1-20 所示。

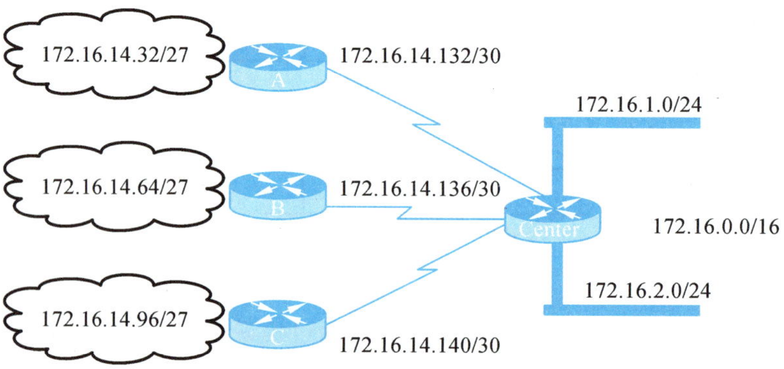

图 6-1-20　VLSM 示例

比如有一个子网，它通过串口连接了 2 个路由器。在这个子网上仅仅有两个主机，每个端口一个，但是我们已经将整个子网分配给了这两个接口。这将浪费很多 IP 地址。

如果我们使用其中的一个子网，并进一步将其划分为第 2 级子网，将有效地“建立子网的子网”，并保留其他的子网，则可以最大限度地利用 IP 地址。“建立子网的子网”的想法构成了 VLSM 的基础。

为使用 VLSM，通常定义一个基本的子网掩码，它将用于划分第 1 级子网，然后用第 2 级掩码来划分一个或多个 1 级子网。

知识点 5　铁路数字移动通信系统（GSM-R）

GSM-R（GSM for Railway）是基于 GSM 技术，专为铁路通信设计的数字移动通信系统，为铁路应用提供综合通信服务的平台，不仅实现无线列车调度、铁路区间移动通信等语音功能，同时还承担了车次号校核信息、调度命令、列控信息传送等无线数据通信任务，在铁路安全生产中发挥着重要作用。

1. GSM-R 网络结构及业务应用

1）GSM-R 网络结构

GSM-R 系统由若干个功能实体组成，这些功能实体所实现的功能的集合就是网络能够提供给用户的所有基本业务和补充业务，并完成对用户数据和移动性的操作和管理。

GSM-R 通信系统主要由网络交换子系统（NSS）、基站子系统（BSS）、运行和维护子系统（OSS）、智能网子系统（IN）、通用分组无线业务子系统（GPRS）以及 GSM-R 无线终端等部分组成，其基本结构如图 6-1-21 所示。

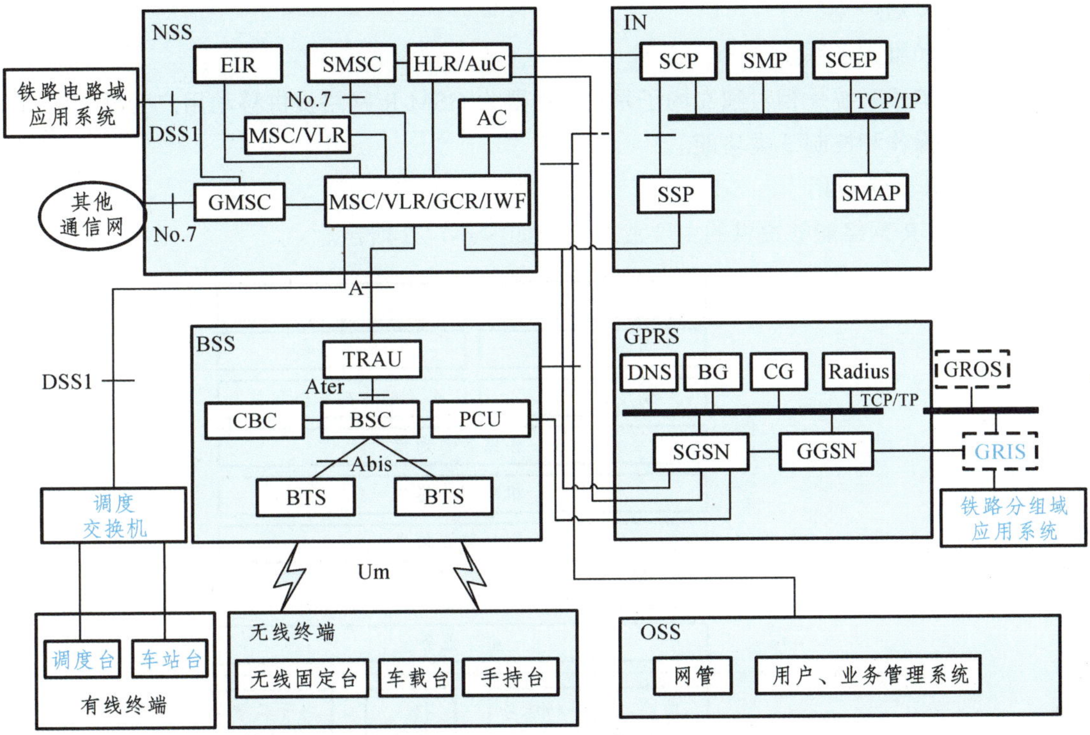

图 6-1-21　GSM-R 网络结构

（1）GSM-R 无线终端。

GSM-R 无线终端是接入 GSM-R 网络的用户设备，包括移动终端（ME）、终端设备（TE）或通过终端适配器与 ME 连接的 TE。移动台除了具有通过无线接口（Um）接入 GSM-R 系统的一般处理功能外，还为移动用户提供了人机接口。

（2）基站子系统。

基站子系统由一个基站控制器（BSC）和若干个基站收发信机（BTS）组成，BTS 主要负责与一定覆盖区域内的移动台（MS）进行通信，并对空中接口进行管理。BTS 与 BSC 之间通过 Abis 接口通信。BSS 中还可能存在编码速率适配单元（TRAU），它实现了 GSM-R 编码速率向标准的 PSTN 或 ISDN 速率的转换，TRAU 与 BSC 通过 Ater 接口连接。

（3）网络交换子系统。

网络交换子系统建立在移动交换中心（MSC）上，负责端到端的呼叫、用户数据管理、移动性管理和与固定网络的连接。NSS 通过 A 接口连接 BSS，与固定网络的接口决定于互联网络的类型。

（4）智能网子系统。

智能网子系统是一种附加在移动交换网基础之上的业务网，智能网采用全新的“控制与交换相分离”的思想，即新业务的提供、修改以及管理等功能全部集中于智能网，交换机仅提供交换基本功能而与业务提供无直接关联。

（5）通用分组无线业务子系统。

通用分组无线业务子系统是在 GSM 技术的基础上提供的一种端到端分组交换业务。GPRS 在铁路领域主要提供的业务是分组域数据传输，如与 CTC/TDCS 系统互联，实现车—地、车—车数据信息传送。

（6）运行和维护子系统。

运行和维护子系统是相对独立的子系统，主要为 GSM-R 网络提供移动用户管理、移动设备管理、网络操作和控制三类功能。

2）GSM-R 业务应用

我国 GSM-R 网络能够提供的主要业务类型如图 6-1-22 所示。

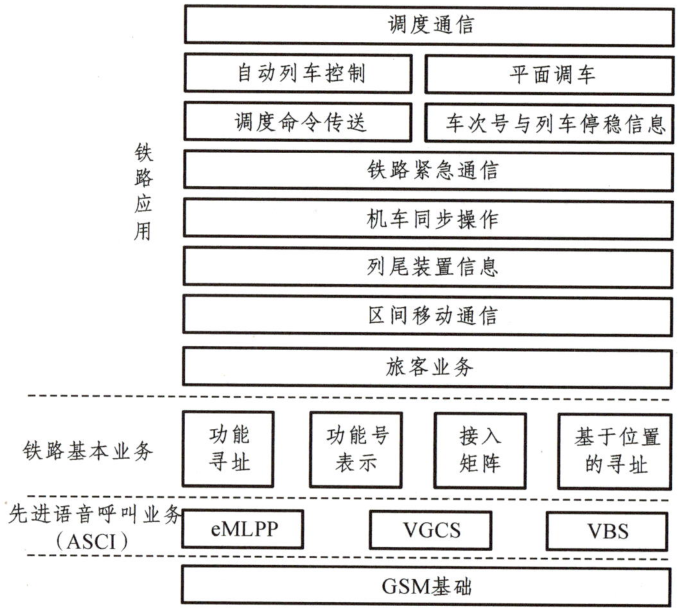

图 6-1-22　GSM-R 业务模型

（1）GSM 电信业务。

包括电信终端业务、电信承载业务和补充业务，如我们所熟悉的话音呼叫业务、数据业务、来电显示、呼叫转移等各项业务功能。

（2）ASCI 先进语音呼叫业务。

包括增强多优先级与强拆业务（eMLPP）、语音组呼业务（VGCS）、语音广播业务（VBS）。

（3）铁路专用业务。

① 功能寻址：允许主叫用户（主要是调度员）在不知道被叫真实手机号码的情况下，通过拨叫按一定规则形成的功能号来呼叫用户。

② 功能号管理：将铁路用户按其当前行使的职能进行编号，并可动态注册和注销。

③ 接入矩阵：定义主叫用户能否与其他用户进行通话，保证特定用户间的通信不受外部呼叫的干扰。

④ 基于位置的寻址（LDA）：移动用户以短号码形式发起呼叫，网络根据主叫用户的位置将呼叫接续到一个与该用户当前所处位置相关的目的号码上。

2. GSM-R 无线子系统

1）基站子系统。

基站子系统的覆盖范围决定了网络的通达范围。BSS 由基站收发信机（BTS）和基站控制器（BSC）两种基本设备组成。一套 BSC 根据容量不同，最大可以管理多达上百个 BTS。为满足有线和无线传输的速率匹配，BSS 一般还配置有速率适配单元设备（TRAU）。BSS 的总体结构如图 6-1-23 所示。

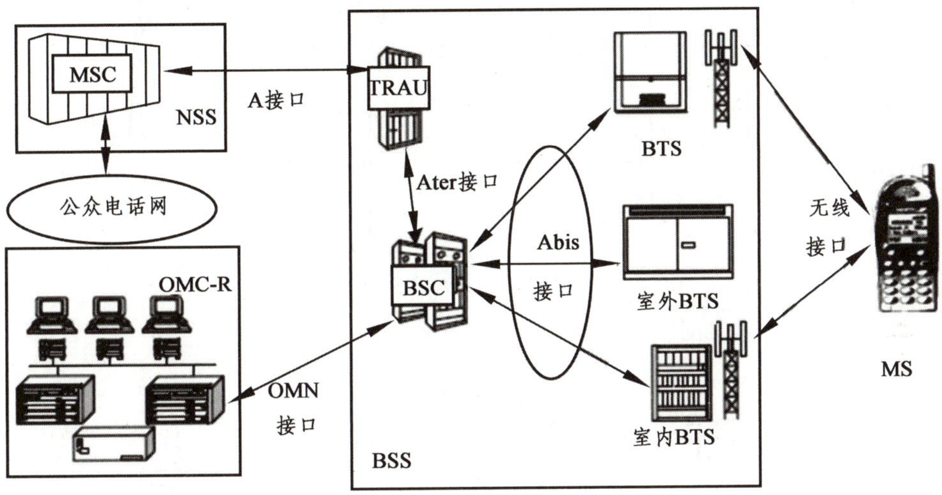

图 6-1-23　BSS 的总体结构

从功能上看，BSS 通过无线接口直接与移动台相连，负责无线发送接收和无线资源管理；通过 A 接口与 NSS 相连，实现移动用户之间或移动用户与固定用户之间的通信连接，并且传送系统信令和用户信息等。

在 BSS 中，BTS 主要负责空中接口，提供无线传输资源；BSC 主要负责控制和管理；由于空中接口和有线网络接口的速率不同，加入了 TRAU 设备来提供速率变换和透明传输功能。

（1）BTS。

BTS 提供了网络和基站间所有无线连接的功能，可以覆盖一个或者几个小区。BTS 由基站控制器 BSC 控制，实现与移动台（MS）的空中接口功能。BTS 的功能如图 6-1-24 所示。

一个完整的 BTS 包括无线发射/接收设备、天线和所有无线接口特有的信号处理部分。BTS 可看作一个无线调制解调器，负责移动信号的接收和发送处理。

在网络区域内，多个 BTS 基站组成一个蜂窝状的网络，通过合理分配 BTS 信道，形成一个全覆盖的区域，以实现区域内任意一点都具备提供移动业务的能力。

（2）BSC。

BSC 实现了 BSS 的控制功能，它具有控制资源管理、安全保护和本地操作维护功能。

BSC 分为两个子部分：基站核心设备（BCE）、码型转换和速率适配单元（TRAU）。其中 BCE 担负资源管理、信道管理、呼叫处理等无线处理功能。BSC 的功能如图 6-1-25 所示。

从 BSC 的功能可以看出，BTS 的设置应按照无线网络覆盖区域的要求进行设计，BSC 的设置与 BTS 不同。

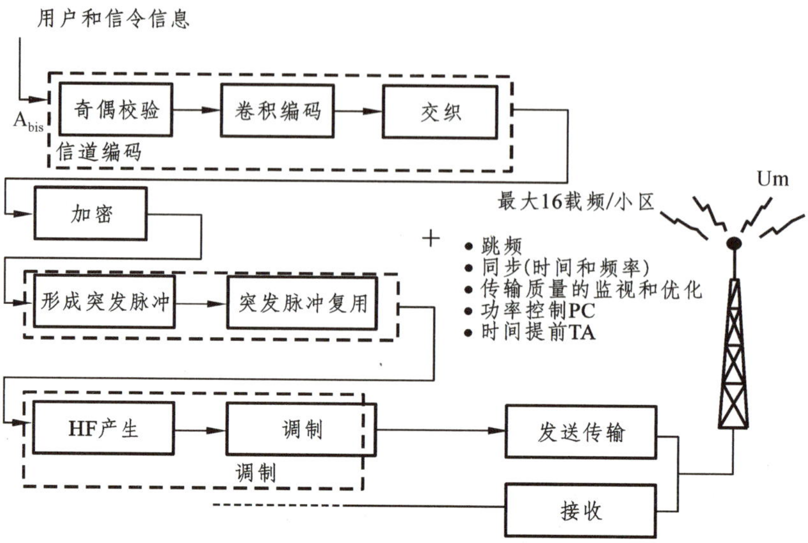

图 6-1-24　BTS 功能示意图

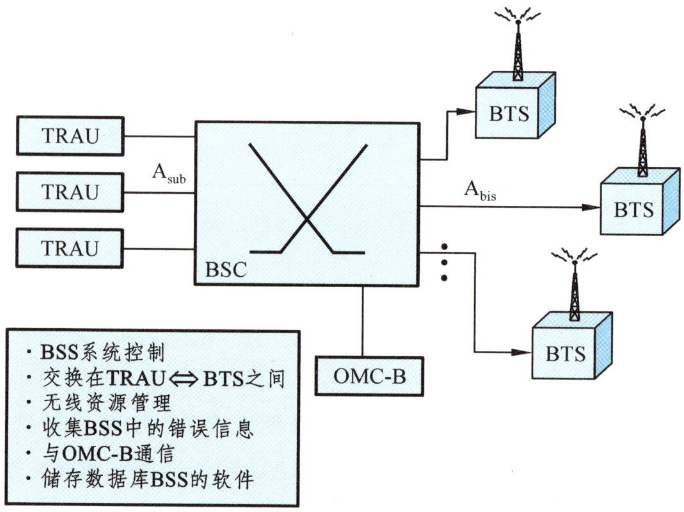

图 6-1-25　BSC 功能示意

在铁路枢纽地区，BSC 与 MSC（移动交换中心）宜同址设置，铁路干线和没有 MSC 的枢纽地区，BSC 宜设置在较大的通信站内。

同时，为减少 BSC 间的切换，各 BSC 所控制的区域应相对集中，不跨铁路局管界。另外，各 BSC 的负荷应在设计时留出网络优化所需的调整余量。

（3）TRAU。

TRAU 是 BSC 的组成部分之一，具有码速转换功能，主要负责将 13 kb/s 话音（或数据）通过插入附加同步数据，使其速率变为 16 kb/s，再转化成 64 kb/s 的 T1 级 μ 律 PCM 时隙或者 E1 级 A 律 PCM 时隙。TRAU 的数据映射原理如图 6-1-26 所示。

（4）GSM-R 无线终端。

GSM-R 无线终端主要包括手持终端设备、机车综合无线通信设备（CIR）等。为了灵活地使用 GSM-R 网络的业务，有些地方还可能使用 GSM 模块，利用 GSM-R 网络进行网络搭建和业务承载。

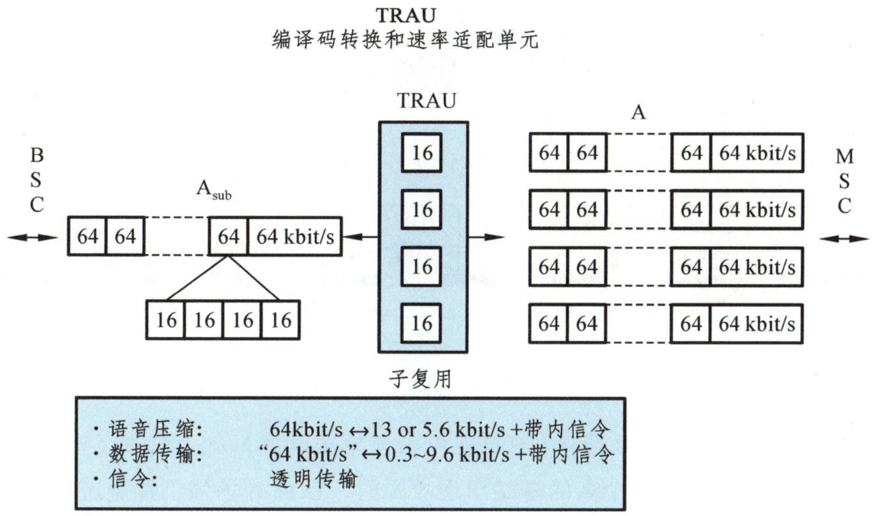

图 6-1-26 TRAU 数据映射原理

① 手持终端设备 OPH/GPH。

GSM-R 手持终端设备是指在 GSM-R 数字移动通信网中能实现 GSM-R 网络基本功能和扩展功能的移动终端设备。根据使用环境和硬件结构的不同，GSM-R 终端设备大体上可分为通用手持台（GPH）和作业手持台（OPH）两大类，如图 6-1-27 所示。

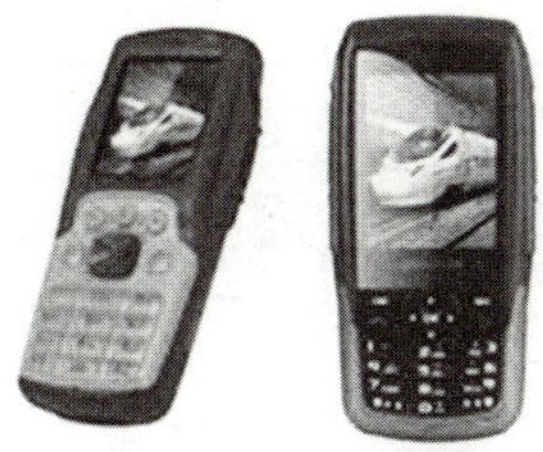

图 6-1-27 OPH/GPH 设备

通用手持台主要用于铁路各类管理人员、与铁路业务相关的人员话音和数据通信。

作业手持台主要用于列车、车站、编组场、沿线区间及其他铁路作业区的各工种工作人员话音和数据通信。

OPH 和 GPH 均为铁路 GSM-R 数字移动通信系统下使用的无线终端，两种终端在发射功率、接收灵敏度、适应工作环境、电池容量等方面存在差异。

② 机车综合无线通信设备（CIR）。

机车综合无线通信设备为调度行车指挥提供话音、数据等业务。

2）GSM-R 无线覆盖方式

目前，我国 GSM-R 无线覆盖主要有单覆盖单层网、交织覆盖单层网、同站址双网等三种方式。

（1）单覆盖单层网。

单覆盖单层网如图 6-1-28 所示，它的优点是低成本、无线参数易于设置、能最有效地利用频率、需要较少的站址。缺点是一旦某 BTS 故障，其服务区域将不提供业务。主要运用于既有非高速铁路、未承载 CTCS-3 业务的铁路。

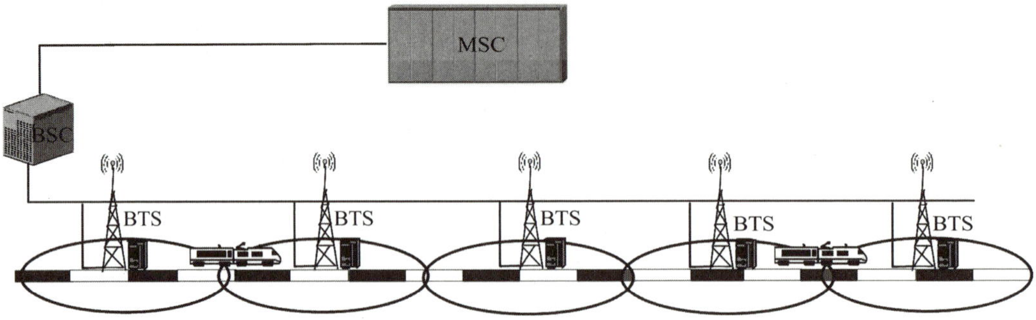

图 6-1-28 单覆盖单层网

（2）交织覆盖单层网。

交织覆盖单层网如图 6-1-29 所示，它是在单覆盖单层网的基础上增加了一倍的小区覆盖，BSC 只设一套。当线路上的某个点的基站出现故障时，该点的场强仍能通过相邻基站得到保证，使沿线的业务应用不会因非相邻的 BTS 故障而影响业务。主要运用于承载 CTCS-3 业务的高速铁路。

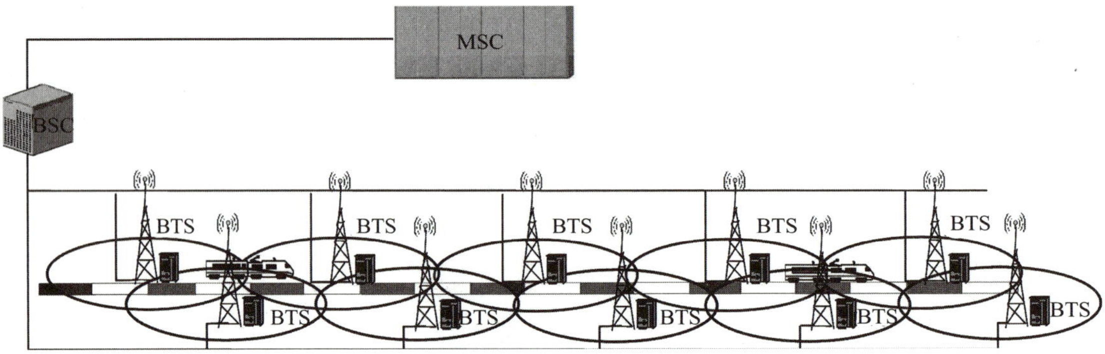

图 6-1-29 交织覆盖单层网

（3）同站址双网。

同站址双网如图 6-1-30 所示，该覆盖方式在同一地点设置两套 BTS（含天馈线），两套 BTS 在同一机房内，共享一套传输，电源等设备，共用一个铁塔。两副天线安装在同一铁塔上，需保证天线的隔离度。每层网各由一套 BSC 控制，形成双层无线覆盖。其优点是全系统冗余、较低的站址需求，能共享机房、铁塔。缺点是投资高；无线参数设置较为复杂；如果某一站址出现问题，同样发生服务中断。目前运用于青藏线、大秦线。

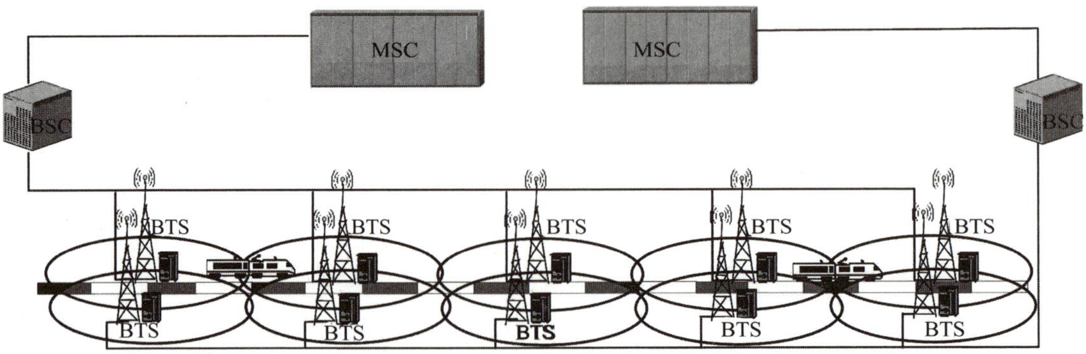

图 6-1-30 同站址双网

评价反馈

扫描下方二维码对本次课进行评价。

学习领域六学习情境一问卷调查

学习领域七　电气化铁道供电

建议学时　6 学时

学习要求　通过本活动，了解电气化铁道牵引供电系统基本结构和原理，熟悉牵引变电所主要电气设备和接触网的基本结构和功能，具体学习任务简介及学时安排见表 7-0-1。

表 7-0-1　电气化铁道供电学习任务简介及学时安排

序号	学习情境	学习任务简介	建议学时
1	电气化铁道牵引供电方式	了解牵引供电系统的功能和结构，熟悉电气化铁道牵引供电系统主要的供电方式	2
2	牵引变电所	熟悉牵引变电所主接线，了解主要电气设备功能	2
3	高速铁路接触网	了解接触网的功能和基本结构	2

学习情境一　电气化铁道牵引供电方式

学习情境描述

牵引供电系统是指从电力系统接受电能，通过变压，分相后，向电力机车供电的系统。它主要由牵引变电所和接触网两大部分组成。牵引变电所将电力系统输电线路电压从 220 kV（或 110 kV）降到 27.5 kV，经馈电线将电能送至接触网；接触网沿铁路上空架设，电力机车升弓后便可从其取得电能，用以牵引列车。

学习目标

1. 素质目标

（1）崇尚工匠精神。

（2）树立创新意识。

2. 知识目标

（1）掌握牵引供电系统基本供电回路。

（2）掌握国内牵引供电系统的基本类型。

3. 能力目标

（1）能独立分析牵引供电系统主接线。

（2）能简单分析各牵引供电方式的原理特性。

课前任务

高铁的电从何而来

扫码观看“高铁的电从何而来”，记录关键词，回答下列问题：

（1）电气化铁道牵引供电回路由哪几个部分组成？

（2）我国交流电气化铁道牵引供电系统中，接触网的电压是多少千伏？

任务分组

表 7-1-1　学生任务分配表

<table>
<tr><td>班级</td><td></td><td>组号</td><td colspan="2"></td></tr>
<tr><td>组长</td><td></td><td>学号</td><td colspan="2"></td></tr>
<tr><td rowspan="5">组员</td><td>姓名</td><td>学号</td><td>姓名</td><td>学号</td></tr>
<tr><td></td><td></td><td></td><td></td></tr>
<tr><td></td><td></td><td></td><td></td></tr>
<tr><td></td><td></td><td></td><td></td></tr>
<tr><td></td><td></td><td></td><td></td></tr>
<tr><td>任务分工</td><td colspan="4">1. 教师帮助学生划分学习小组，在小组划分时应考虑学生个体差异。
2. 各小组成员在组长的带领下，扫码观看课前任务视频，提取关键词。
3. 各成员两两一小组查阅牵引供电系统网络资料（可以是新闻、短视频、文章等），组长汇总填写关键词</td></tr>
</table>

任务实施

牵引供电回路

引导问题 1　描述牵引供电系统各组成部分的主要作用。

引导问题 2　我国电气化铁路采用的牵引供电方式主要有几种？请分别阐述其特点。

相关知识点

知识点 1　牵引供电回路

牵引供电回路是由牵引变电所、馈电线、接触网、电力机车、钢轨和大地、回流线、分区亭构成，根据牵引供电系统类型不同，还有 AT 所、附加导线等其他部分，如图 7-1-1 所示。

牵引供电回路

1. 牵引变电所

牵引变电所沿电气化铁道分布，每一个牵引变电所负责两侧接触网的供电。牵引变电所的左右两侧接触网称为供电臂或供电分区，一个供电臂的长度对应线路的区间数为 1～5 个。

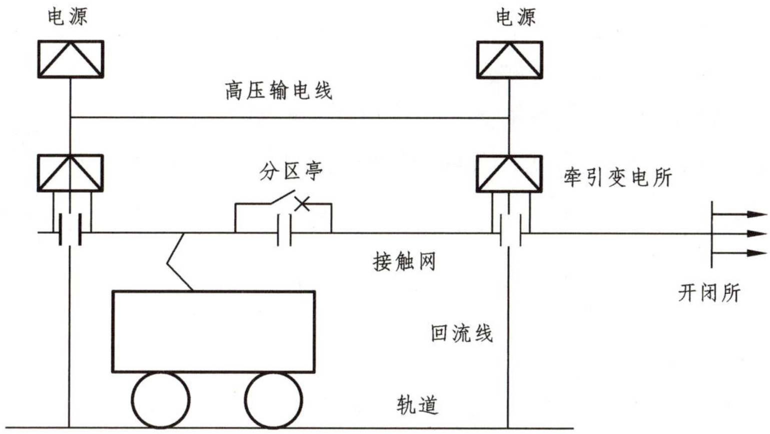

图 7-1-1　牵引供电回路

牵引变电所的作用是降压和分相。它将电力系统的三相高压电转换为两个单相电，通过馈电线分别供给两侧的接触网。

2. 牵引网

牵引网由馈电线、接触网、钢轨和大地、回流线等组成。

馈电线是连接牵引变电所牵引母线和接触网的架空线。馈电线除直接向接触网送电外，还要向附近车站、机务折返段、开闭所等送电，所以馈电线的数目较多，距离也可能较长。

接触网是牵引网的主体，由于接触网分布广、结构复杂、运行条件差，所以不仅日常维修工作量大，故障也较多，对牵引供电的可靠性影响极大。

流过电力机车的负荷电流经钢轨和地、回流线流回到牵引变电所。由于钢轨与地不绝缘，所以部分电流沿大地返回，形成地中电流。

3. 分区亭

为了提高供电的灵活性和可靠性，在两个相邻牵引变电所的接触网末端通常设置分区亭。

分区亭的主要作用是当相邻牵引变电所发生故障而不能继续供电时，可以闭合分区所内的断路器，由非故障牵引变电所实行越区供电。

4. 开闭所

开闭所实际上是开关站，多设于铁路枢纽，一般两路进线、多路馈线，进线和馈线都经过断路器，可灵活地对各分区接触网停、供电，用以实现对站场各股道群的分别供电控制，从而缩小事故停电范围。

5. 自耦变压器站

自耦变压器站是自耦变压器供电系统中除变电所、分区所和开闭所外，在牵引网上放置自耦变压器的场所，工频单相交流电气化股道每隔 10 ~ 15 km 设置一台自耦变压器。

知识点 2　牵引供电系统的供电方式

我国电气化铁路均采用单边供电方式，即牵引变电所向接触网供电时，每一个供电臂的接触网只能从一端的牵引变电所获得电能。复线区段可通过分区亭将上下行接触网连接，实现“并联供电”，可适当提高末端电压。当某一牵引变电所发生故障无法供电时，通过分区亭道闸操作，使相邻变电所通过分区亭实现“越区供电”，此时供电距离增加，网压降低，通常应减少列车对数或牵引定数，以维持运行。

牵引供电系统的供电方式主要有直接供电方式、带回流线的直接供电方式、吸流变压器供电方式、自耦变压器供电方式、同轴电缆供电方式 5 种。

直接供电方式

1. 直接供电方式

直接供电方式是指牵引变电所通过接触网直接向电力机车供电，回流经钢轨及大地直接返回牵引变电所的供电方式。

直接供电方式也称 TR 供电方式，其原理电路如图 7-1-2 所示。

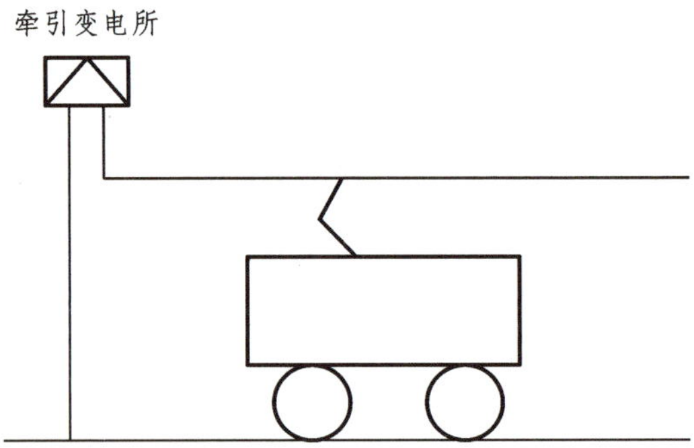

图 7-1-2　直接供电方式原理

直接供电方式的电路构成及结构简单、设备少、施工及运营维修都较方便，因此造价低，但直接供电方式下，接触网在空中产生的强大磁场得不到平衡，对邻近的广播、通信干扰较大，所以直接供电方式应用较少。我国现在多采用加回流线的直接供电方式。

带回流线的直接供电方式

2. 带回流线的直接供电方式

带回流线的直接供电方式简称 DN 供电方式，其原理电路如图 7-1-3 所示。

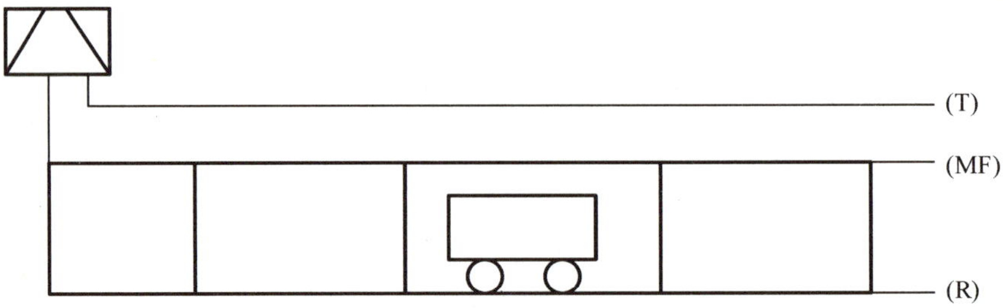

图 7-1-3　带回流线的直接供电方式原理

带回流线的直接供电方式是在直接供电方式的基础之上的改良，为了克服回流电流全部通过钢轨和大地回流造成的缺陷，在钢轨上并联架空回流线（又称为负馈线）。增加了回流线后，原来流经轨道、大地的回流，大部分改由架空回流线流回牵引变电所，其方向与接触网中电流方向相反。架空回流线与接触网距离较近，相当于对邻近通信线路增加了屏蔽效果。

另外，钢轨电位大为降低，对通信线的干扰得到较好抑制，同时还能降低牵引网阻抗，使供电臂延长 30%以上。从技术上带回流线的直接供电方式能够很好地满足 300 km/h 及以上高速铁路需求，德国、意大利和西班牙等国采用带回流线的直接供电方式，我国部分高铁线路也采用这种供电方式。

3. 吸流变压器供电方式

在牵引供电系统中加装吸流变压器-回流线装置的供电方式，称为吸流变压器供电方式，简称 BT（Booster Transformer）供电方式。

吸流变压器-回流线装置是在牵引网中，每相距 1.5～4 km，设置一台变比为 1∶1 的吸流变压器，其一次线圈串接入接触网，二次线圈串接在回流线中（即吸流变压器—回流线方式，简称吸—回方式），如图 7-1-4 所示，或串接在轨道中（即吸流变压器—轨道方式，简称吸—轨方式），如图 7-1-5 所示。

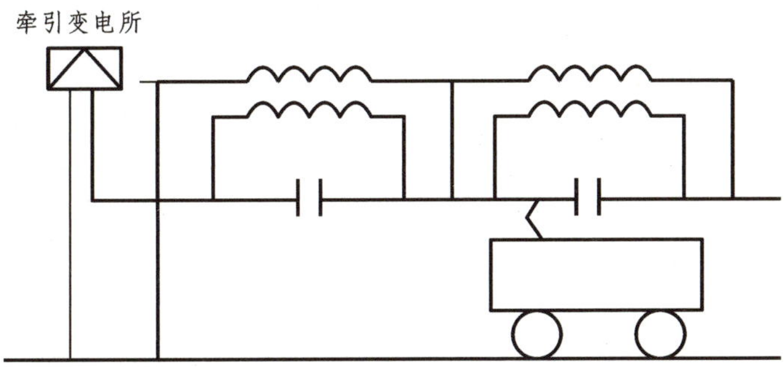

图 7-1-4　吸—回方式原理

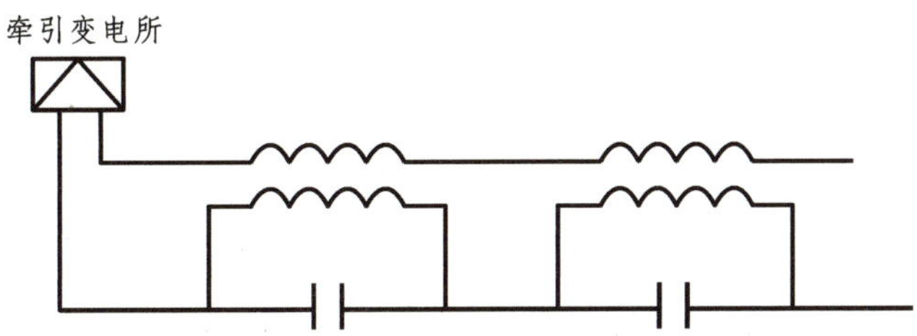

图 7-1-5　吸—轨方式原理

吸—回方式比吸—轨方式抑制通信干扰的效果好。我国采用的均为吸—回方式，日本东海道新干线也如此，而英国、法国、瑞典两种方式都有应用，挪威只用吸—轨方式。

吸流变压器是采用变比为 1∶1 的特殊变压器，迫使由轨道回路和大地返回牵引变电所的回流电流的绝大部分经由回流线路流回牵引变电所，而不经由轨道和大地。从而把本来距离很大的接触网—轨道大地回路，改变为距离相对很小的接触网—回流线线路。而且，回流线中流回的电流与接触网内流过的牵引电流大小基本相等，方向相反，它们形成的电磁场相互抵消，这样就达到了牵引供电回路比较对称的目的，显著削弱了接触网和回流线周围空间的交变磁场，使牵引电流在邻近的通信线路中的电磁感应影响大大减小。

自耦变压器供电方式

BT 方式牵引网结构复杂，造价较高，由于吸流变压器串入接触网，使得牵引网阻抗变大，供电臂长度将减小；因存在 BT 分段（火花间隙），不利于高速、重载等大电流运行；但 BT 方式的钢轨电位低，抑制通信干扰的效果很好。

4. 自耦变压器供电方式

自耦变压器供电方式又称为 AT 供电方式（见图 7-1-6）。自耦变压器（Auto-Transformer）是一种电力变压器，它并接于接触网、钢轨和正馈线之中。这种方式由接触网、钢轨、正馈线和自耦变压器组成供电回路，并在接触网和正馈线之间每隔 10 ~ 15 km 并入一台自耦变压器，其中心抽头与钢轨连接，正馈线与接触悬挂同杆架设，架设于接触网支柱的田野侧。在 AT 牵引变电所中，牵引变压器将 110 kV 三相电降压成单相 55 kV，则钢轨与接触网间的电压正好是自耦变压器两端的电压的一半即 27.5 kV。

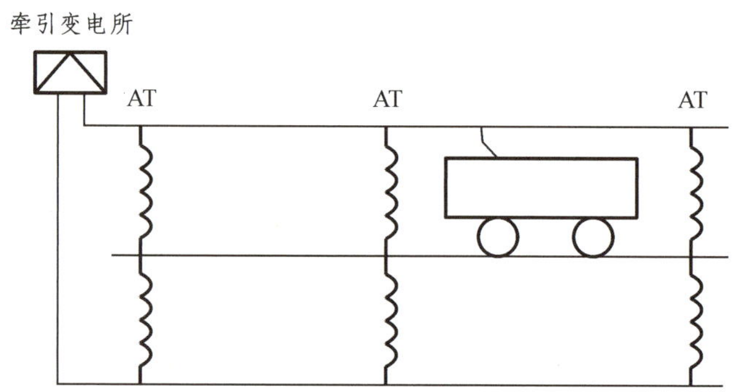

图 7-1-6 自耦变压器供电方式

AT 方式与 BT 方式相比，在机车取流相同情况下，从变电所至最靠近机车的 AT 间，接触网与正馈线上电流只有机车电流的一半，对通信明线干扰将大大减弱。另外，在机车取流的两个 AT 间的区段内，机车电流总是由左右两侧接触网双边供给，方向相反，对通信明线的干扰互相抵消，因此具有更好的防护效果。

实际的 AT 供电方式往往还增加一根接地保护线 PW。当绝缘子发生闪络时，短路电流可通过保护线作回路而不经信号轨道电路。提高了信号电路工作的可靠性。保护线又是随接触网支柱架空悬挂的，相当于架空地线，对接触网起屏蔽作用，减小对架空通信线的干扰，同时也起到避雷线的作用。在钢轨对地泄漏电阻和机车取流较大的情况下，为降低钢轨电位，还可在 AT 区段中部加横向连接线 CPW，将钢轨与保护线并接。

AT 并联于牵引网中，克服了 BT 串入网中 BT 分段的缺陷，使供电电压成倍提高，牵引网阻抗小，供电距离长（改为直接供电方式的 170% ~ 200%），网上压损和能损都小，是一种适于高速、重载等大电流牵引的供电方式。日本、法国高速铁路采用 AT 供电方式，我国高速铁路也广泛使用这种供电方式，如京沪高速铁路牵引供电优先采用 AT 供电方式。

5. 同轴电缆供电方式

同轴电缆供电方式也称为 CC 供电方式，其原理电路如图 7-1-7 所示。

同轴电缆内外导体间的互感系数很大，吸流效果和抑制通信干扰的效果均好于 BT 和 AT 供电方式。CC 供电牵引网阻抗和供电距离与 AT 方式相近，钢轨电位较低，接触网结构较简单，对净空要求低，宜于重载、高速等大电流运行。但同轴电缆的造价太高，限制了它的广泛应用，一般只在铁路城市、桥隧的低净空地段等特殊场合采用。日本已在局部电气化区段使用。

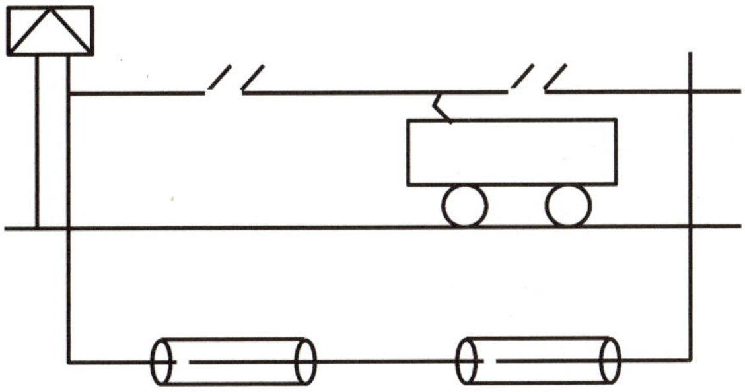

图 7-1-7　同轴电缆供电方式原理

评价反馈

扫描下方二维码对本次课进行评价。

学习领域七学习情境一问卷调查

学习情境二　牵引变电所

学习情境描述

牵引变电所作为电力系统和电气化铁路牵引网的节点，其作用是从电力系统接受电能，并以不同的电压向牵引负荷、区域负荷分配供应电能。我国现行的牵引变电所供电方式绝大多数为三相-两相制，即其原边取自电力系统的 220 kV 或 110 kV 三相电压，次边向两个单相供电臂馈电，其母线额定电压为 27.5 kV。

随着电气化铁路运输速度的不断提高，供电质量的要求也不断提高，这对牵引变电所也提出了更高的要求。本节主要介绍牵引变电所内主要结构和技术点。

学习目标

1. 素质目标

（1）坚持工匠精神。

（2）树立创新意识。

2. 知识目标

（1）掌握牵引变电所的主接线结构。

（2）掌握牵引变压器的功能和分类。

（3）掌握主要高压电气设备的功能。

3. 能力目标

（1）能独立分析牵引变电所主接线结构、

（2）能识别牵引变压器的基本类型。

（3）能识别牵引变电所常用高压设备。

课前任务

浏览学习通资源，记录关键词，并回答下列问题。

（1）牵引变电所与地区变电所有哪些区别?

（2）牵引变电所的发展趋势是什么?

任务分组

表 7-2-1　学生任务分配

<table>
<tr><td>班级</td><td></td><td>组号</td><td></td></tr>
<tr><td>组长</td><td></td><td>学号</td><td></td></tr>
<tr><td rowspan="5">组员</td><td>姓名</td><td>学号</td><td>姓名</td><td>学号</td></tr>
<tr><td></td><td></td><td></td><td></td></tr>
<tr><td></td><td></td><td></td><td></td></tr>
<tr><td></td><td></td><td></td><td></td></tr>
<tr><td></td><td></td><td></td><td></td></tr>
<tr><td>任务分工</td><td colspan="4">1. 各组成员在组长的带领下，两两一小组查阅牵引变电所的主接线结构。
2. 查阅不同类型的牵引变电所具备的特性。
3. 讨论：牵引变电所与地区变电所有哪些区别?</td></tr>
</table>

任务实施

1. 牵引变电所主接线

引导问题 1　阐述牵引变电所主接线各部分的基本功能?

2. 牵引变压器

引导问题 2　三相 YN，d11 接线的结构特点是什么?

引导问题 3　三相-两相牵引变压器的结构特点是什么?

小提示

从削弱负序电流方面思考。

3. 牵引变电所主要高压电气设备包含哪些?

引导问题 4　阐述高压断路器的功能特性和结构特点。

小提示

从断路器与隔离开关的区别方面思考。

相关知识点

知识点 1　牵引变电所主接线

牵引变电所的作用是从电力系统接受电能，并以不同的电压向牵引负荷、区域负荷分配供应电能，变电所现场如图 7-2-1 所示。电气主接线又称主电路，表示牵引变电所电气设备及元件相互的连接顺序，并用以表明汇集和分配电能。图 7-2-2 所示为武广客运专线牵引变电所主接线原理。

图 7-2-1　牵引变电所现场

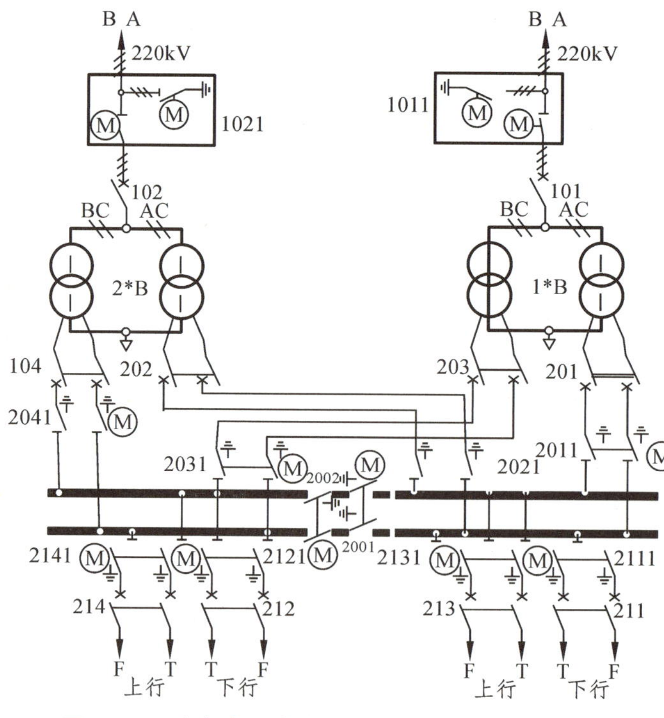

图 7-2-2　武广客运专线牵引变电所典型主接线原理

主电路的设备和构成，将决定牵引变电所的主要技术经济指标和运营质量，并对一次供电系统运行有一定影响。因此，主电路的设计应全面综合考虑各种因素，使得供电可靠、技术合理、结构简单、操作灵活、维修方便、运营经济。

牵引负荷属于一级负荷，必须保证供电的可靠性。为了提高供电的可能性，在技术上需采取相应措施，如将主电路分成几部分，正常时互联工作，当其中一部分发生故障时，就自行切断，使其余部分继续工作。另外，对主电路中某些元件需设置备用件。

主电路应具有足够的灵活性，以适应各种工作状态，如在正常情况下由双电源供电。当一路电源检修或发生故障时，另一路电源仍能保证两台变压器运行。对于主电路在投入线路时，应先投入母线隔离开关，然后投入线路隔离开关，最后投入断路器。在切除电路时，其操作程序与上述相反。

知识点 2　牵引变压器

牵引变压器是牵引供电系统中的重要设备。它对牵引供电系统和工程投资起决定性的影响。牵引变压器是将电力系统的三相高压电降压、分相，供电力机车使用，如图 7-2-3 所示。

图 7-2-3　牵引变压器

为了提高牵引供电的可靠性，牵引变电所一般设置两台牵引变压器，每台牵引变压器都能单独承担全部负荷。正常运行时，一台工作，另一台作为检修或者故障时的备用。

牵引变压器的额定电压，原边为 110 kV（或 220 kV）；次边为 27.5 kV，比接触网额定电压 25 kV 高 10%；AT 供电方式的牵引变压器次边额定电压为 55 kV 或 2×27.5 kV。

日本采用斯科特接线和变形伍德桥接线三相变压器。法国、德国、意大利和西班牙采用单相变压器。单相变压器的优点是变压器容量大、利用率高、经济效益好，最适合在高速铁路上应用，我国京沪高速铁路也采用了单相变压器。

1. 单相牵引变压器

1）纯单相接线牵引变压器

电力机车是单相交流负荷，显然，牵引变电所采用单相变压器最为直接、简单。单相牵引变压器和一般的单相变压器不同，一般单相变压器是一端接高压，另一端接地或接中性点，故可采用分级绝缘，而单相牵引变压器的高压绕组两端都接高压，对地的绝缘要求相同，故采用全绝缘，原理电路如图 7-2-4 所示。

纯单相接线的主要优点是变压器的容量利用率为 100%，且变电所的主接线简单，设备少、占地面积小，缺点是在三相系统形成较大的负序电流，为了减少负序电流对系统的影响，各变电所变压器高压绕组所结相序依次轮换，即所谓换相连接。纯单相接线的另一个缺点是不能实现双边供电，并且变电所无三相电源，变电所的所用电须由附近地方电网引入。我国的哈尔滨—大连线全部采用纯单相接线。

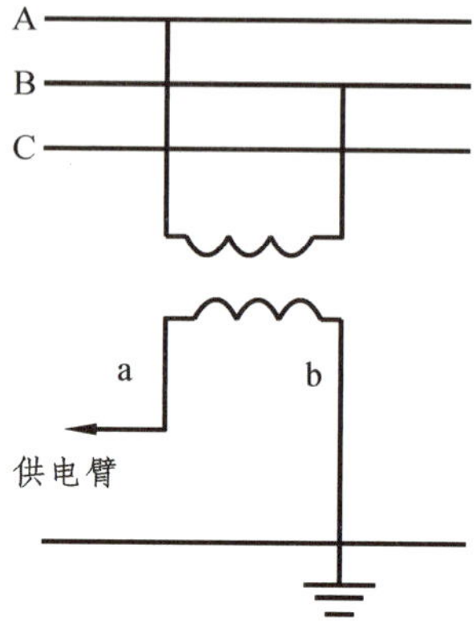

图 7-2-4　纯单相接线变压器原理

2）单相 V,v 接线变压器

单相 V,v 接线与纯单相接线的区别是两台变压器分别接不同的两个线电压，两高压绕组有公用端子，故而构成 V 型。两个低压绕组也有一个公共端子，接到钢轨和地网，低压绕组的另外两个端子分别接变电所的两个供电臂，两臂电压均为 27.5 kV，构成所 60°接线。结构原理如图 7-2-5 所示。

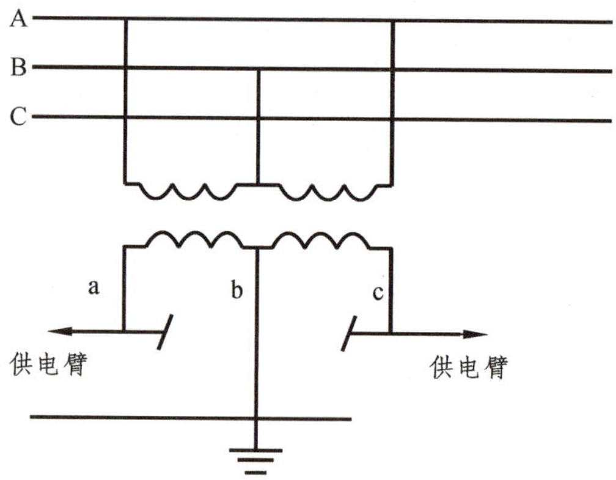

图 7-2-5　单相 V,v 接线变压器原理

单相 V,v 接线变压器的优点是容量利用率为 100%，而且可以供给所用电电能，对牵引网还可实现双边供电。变电所内设备也相对较少，这种接线应用在阳平关—安康线路上。

3）三相 V,v 接线变压器

电力机车是单相交流负荷，现在普遍采用三相 V,v 接线牵引变压器。这种变电所内装设两台三相 V,v 接线牵引变压器，结构原理如图 7-2-6 所示。其内部接线类似两台纯单相接线变压器的组合。

三相 V,v 接线变压器不但保持了单相 V,v 接线的主要优点，而且完全克服了单相 V,v 接线的缺点，最可取的是解决了单相 V,v 接线不便于采用固定备用和自动投入的问题，为牵引变压器的选型提供了一种新的接线形式。

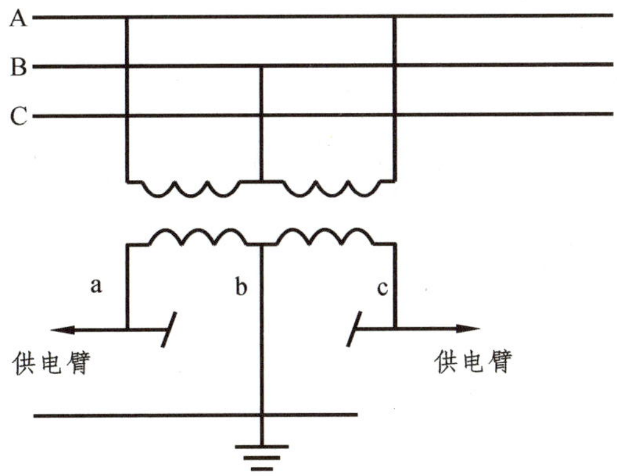

图 7-2-6　三相 V,v 接线牵引变压器原理

2. 三相牵引变压器

三相 YN,d11 接线牵引变电所简称三相牵引变电所。三相牵引变电所是我国电气化铁道采用较多的一类。目前，在三相牵引变电所中采用的是 110 kV 油浸风冷式变压器，该牵引变压器的接线采用标准联结组，即 YN,d11，必要时原边中性点可大电流接地，其原理结构如图 7-2-7 所示。

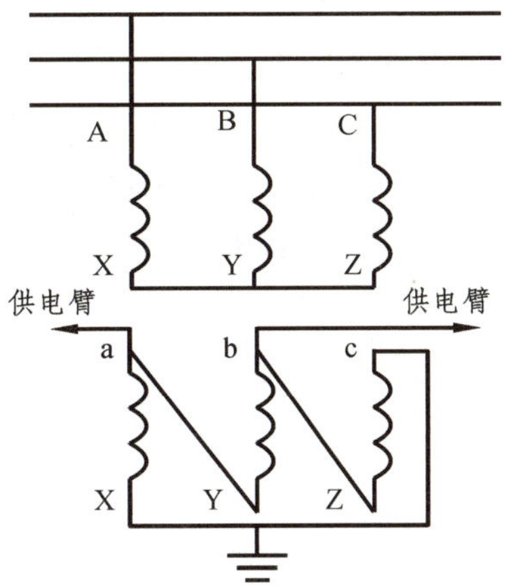

图 7-2-7　三相 YN,d11 接线变压器原理

三相牵引变压器原边采用 YN 接线，中性点引出接地方式与高压电网相适应。结构相对简单，变压器造价较低。同时，这种变压器运用技术成熟，供电安全可靠性好，不但所用电可靠，必要时还可向地方供应电能。但是，三相牵引变压器的容量不能充分利用，输出容量最大只能达到 84%，并且和单相接线牵引变电所相比，主接线比较复杂、设备多、占地面积大、工程投资大，设备的维护和检修的工作量也相应增大。

3. 三相-两相牵引变压器

采用三相-两相牵引变压器的目的，是使电力系统的三相负荷对称，消除或减弱由牵引负荷在电力系统中所产生的负序电流。

我国电气化铁道牵引变压器所采用的三相-两相牵引变压器，主要有斯科特接线变压器和阻抗匹配平衡变压器两种。图 7-2-8 所示为斯科特接线变压器电路原理。

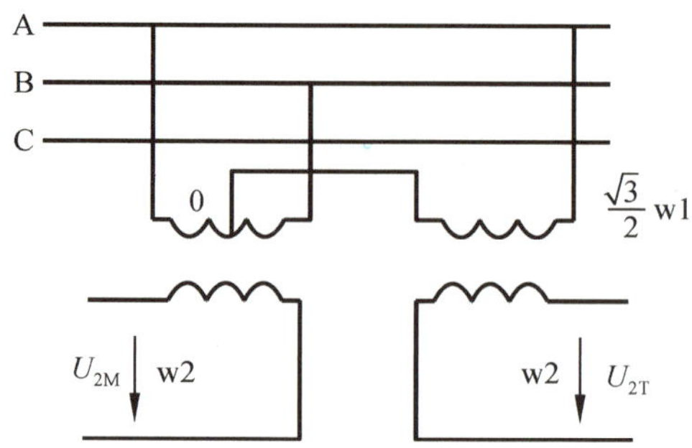

图 7-2-8　三相-两相牵引变压器接线原理

三相-两相牵引变压器可以在两供电臂负荷相同的情况下消除负序电流，虽然两相电无法供给所内三相电源要求，但通过逆斯科特接线变压器可以重新把两相电变为三相电供所内三相设备使用，同时，牵引网可以实行双边供电。所以，该形式变压器用在了北京—秦皇岛，郑州—武昌等繁忙干线上。

但是，这种变压器制造工艺复杂，造价较高。同时，在电分相位置电压较大，提高了电分相的绝缘要求。

知识点 3　牵引变电所主要高压电气设备

在高压系统中，高压电气设备用来对电路进行开、合操作，切除和隔离事故区域，对电路进行运行情况监视、保护及数值测量。

按照用途，高压设备可以分为如下几类：① 开关电器，用来开关电路的电器。主要包括断路器、隔离开关、熔断器、负荷开关。② 限制电器，用来限制电路中电压或电流的电器，主要包括电抗器、避雷器。③ 变换电器，用来变换电路总的电压和电流，使之便于检测的电器，主要包括电压互感器、电流互感器。④ 组合电器。将上述某几种电器，按一定线路装配成一个整体的电器组合。

1. 高压断路器

高压断路器（或称高压开关）它不仅可以切断或闭合高压电路中的空载电流和负荷电流，而且当系统发生故障时通过继电器保护装置的作用，切断过负荷电流和短路电流，它具有相当完善的灭弧结构和足够的断流能力。

断路器主要依据它使用的灭弧介质来分类，主要分为六氟化硫断路器（SF6 断路器）、真空断路器、油断路器（多油断路器、少油断路器）、压缩空气断路器等，如图 7-2-9 和图 7-2-10 所示。

2. 隔离开关

隔离开关是一种主要用于隔离电源、倒闸操作、用以连通和切断小电流电路，无灭弧功能的开关器件。隔离开关在分位置时，触头间有符合规定要求的绝缘距离和明显的断开标志；在合位置时，能承载正常回路条件下的电流及在规定时间内异常条件（如短路）下的电流的开关设备。隔离开关的用量很大，约为断路器用量的 3～4 倍。隔离开关如图 7-2-11 所示。

在高压电网中，隔离开关的主要功能是，当断路器断开电路后，由于隔离开关的断开，使有电与无电部分形成明显的断开点，起辅助断路器的作用。由于断路器触头位置的外部指示器既缺乏直观，又不能绝对保证它的指示与触头的实际位置相一致，所以用隔离开关把有电与无电部分明显隔离是非常必要的。有的隔离开关在刀闸打开后能自动接地(一端或二端)，以确保检修人员的安全。

图 7-2-9　高压真空断路器

图 7-2-10　六氟化硫断路器

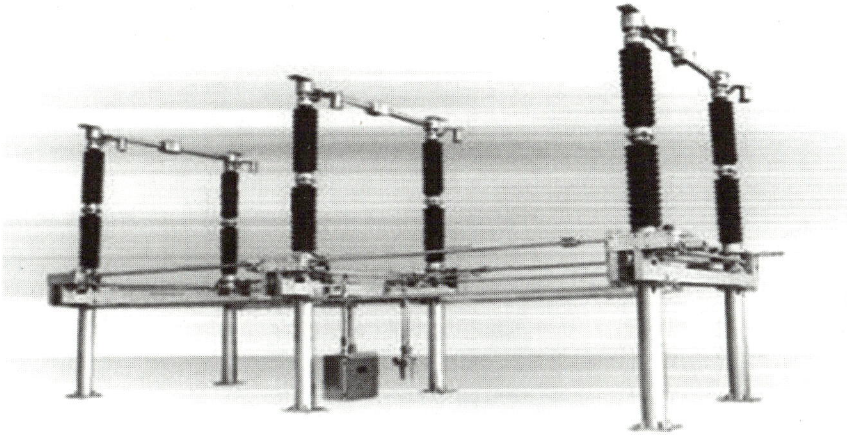

图 7-2-11　高压隔离开关

隔离开关具有一定的自然灭弧能力，常用在电压互感器与避雷器等小电流设备的投入与断开，以及一个断路器与其他设备的连接处，使断路器经过隔离开关的倒换更为灵活方便。

3. 互感器

运行的输变电设备往往电压很高，电流很大，且电压、电流的变化范围大，无法用电气仪表直接进行测量，这时必须采用互感器。互感器能按一定的比例将高电压和大电流降低，以便用一般电气仪表直接进行测量。这样既可以统一电气仪表的品种和规格，提高准确度，又可以使仪表和工作人员避免接触高压回路，保证安全，如图 7-2-12 和图 7-2-13 所示。

互感器除了用于测量外，还可以作为各种继电保护装置的电源。互感器分为电压互感器和电流互感器两种。

电流互感器能将电力系统中的大电流变换成标准小电流(5 A 或 1 A)。电压互感器能将电力系统的高电压变换成标准的低电压(100 V 或 $100/\sqrt{3}$ V)，供测量仪表和继电器使用。

图 7-2-12 电压互感器

图 7-2-13 电流互感器

4. 避雷器

避雷器是用来限制过电压，保护电气设备绝缘的电器。通常将它接于导线和地之间，与被保护设备并联。

在通常情况下，避雷器中无电流通过。一旦线路上传来危及被保护设备绝缘的过电压时，避雷器立即击穿动作，使过电压电荷释放泄入大地，将过电压限制在一定的水平。过电压作用消失后，避雷器又能自动恢复，使电力系统恢复正常工作。

避雷器的结构

避雷器主要有管型避雷器、阀型避雷器、氧化锌避雷器等。氧化锌避雷器结构如图 7-2-14 所示。

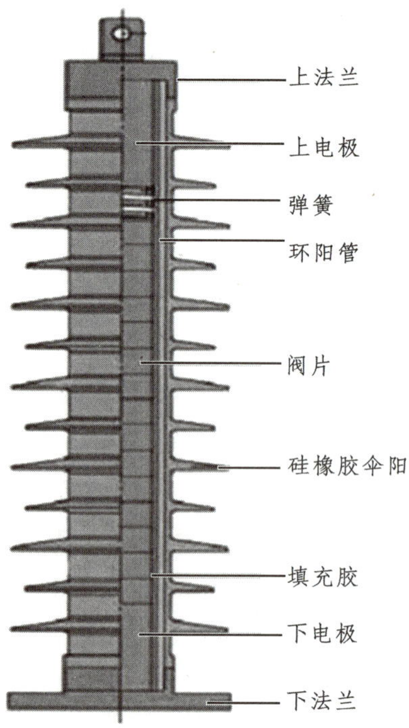

图 7-2-14 氧化锌避雷器结构

评价反馈

扫描下方二维码对本次课进行评价。

学习领域七学习情境二问卷调查

学习情境三　高速铁路接触网

学习情境描述

高速铁路接触网是沿铁路线上空架设的向电力机车供电的特殊形式的输电线路。其由接触悬挂、支持装置、定位装置、支柱与基础几部分组成。接触悬挂包括接触线、吊弦、承力索以及连接零件。接触悬挂通过支持装置架设在支柱上，其功用是将从牵引变电所获得的电能输送给电力机车。支持装置用以支持接触悬挂，并将其负荷传给支柱或其他建筑物。

学习目标

1. 素质目标

（1）培养吃苦耐劳精神。

（2）树立爱岗敬业意识。

2. 知识目标

（1）掌握高速铁路接触网的基本结构。

（2）了解高速铁路接触网的基本参数要求。

3. 能力目标

（1）能正确识别高速铁路接触网设备零件。

（2）能准确判断高速铁路接触网的基本参数。

课前任务

通过学习通资源学习，记录关键词，回答下列问题：

（1）我国的接触网发展经历了哪几个典型阶段?

（2）我国高速铁路主要采用哪种接触网悬挂类型?

任务分组

表 7-3-1　学生任务分配

<table>
<tr><td>班级</td><td colspan="2"></td><td colspan="2">组号</td><td></td></tr>
<tr><td>组长</td><td colspan="2"></td><td colspan="2">学号</td><td></td></tr>
<tr><td rowspan="5">组员</td><td>姓名</td><td colspan="2">学号</td><td colspan="2">姓名</td><td>学号</td></tr>
<tr><td></td><td colspan="2"></td><td colspan="2"></td><td></td></tr>
<tr><td></td><td colspan="2"></td><td colspan="2"></td><td></td></tr>
<tr><td></td><td colspan="2"></td><td colspan="2"></td><td></td></tr>
<tr><td></td><td colspan="2"></td><td colspan="2"></td><td></td></tr>
<tr><td>任务分工</td><td colspan="6">1. 各组成员在组长的带领下，查阅接触网结构相关材料。
2. 查阅铁路区间、站场采用的不同接触网悬挂结构，做好记录。
3. 讨论：接触网具有哪些特点？未来的发展趋势是什么？</td></tr>
</table>

任务实施

1. 高速铁路接触网的组成

引导问题 1　高速铁路接触网主要由哪些部分组成的？

引导问题 2　简单链型悬挂有何特点？

引导问题 3　复链型悬挂有何特点？

2. 高速铁路接触网的基本参数要求是什么？

引导问题 4　阐述导高、拉出值、侧面限界、结构高度的含义。

相关知识点

知识点 1 高速铁路接触网的组成

高速铁路接触网是由支柱与基础、支持装置、定位装置、接触悬挂等几个部分组成，如图 7-3-1 所示。

高速铁路接触网的组成

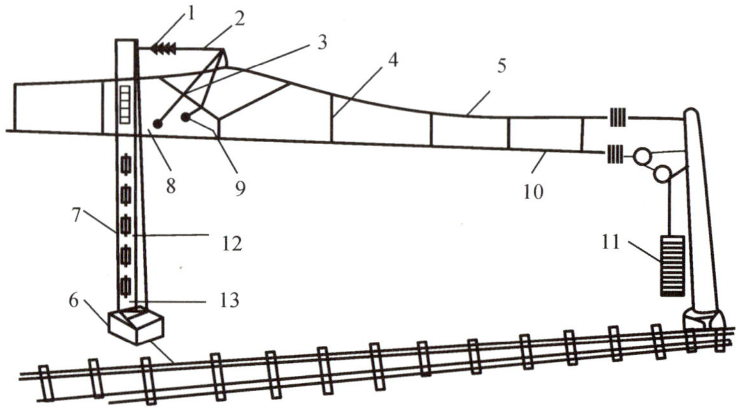

1—悬式绝缘子；2—拉杆；3—腕臂；4—吊弦；5—承力索；6—基础；7—支柱；8—棒式绝缘子；9—定位器；10—接触线；11—坠陀；12—接地线；13—火花间隙。

图 7-3-1 接触网结构

1. 支柱及其基础

支柱与基础用以承受接触悬挂、支持装置和定位装置的全部重量，并将接触悬挂固定在规定的位置和高度上，如图 7-3-2 所示。

预应力钢筋混凝土支柱

图 7-3-2 预应力钢筋混凝土支柱

我国接触网中采用预应力钢筋混凝土支柱和钢柱，其中钢筋混凝土支柱又可按外观形态上分为矩形横腹杆和等径圆支柱两种。预应力钢筋混凝土支柱与基础整体制成，下端直接埋入地下。钢支柱通过焊接或螺栓连接等方式固定在地下用钢筋混凝土制成的基础上。基础承受支柱传递的全部荷载，将荷载传递并分散到地基土层中，以保证整个支柱的安全和稳定。

支柱按其在接触网中的作用可分为中间支柱、转换支柱、中心支柱、锚柱、定位支柱、道岔支柱、软横跨支柱、硬横跨支柱及桥梁支柱等几种。图 7-3-3 所示为以上各种支柱安设位置。

2. 支持装置

支持装置用以支持接触悬挂，并将其负荷传给支柱或其他悬挂的全部设备。根据接触网所在区间、站场和大型建筑物而有所不同。支持装置包括腕臂、水平拉杆、悬式绝缘子串、棒式绝缘子、软横跨、硬横跨及其他建筑物上的特殊支持设备。支持装置结构应能适应各种场所，尽量轻巧耐用，有足够的机械强度，方便施工和检修。图 7-3-4 ~ 图 7-3-6 所示分别为腕臂、软横跨、硬横跨示意图或现场图片。

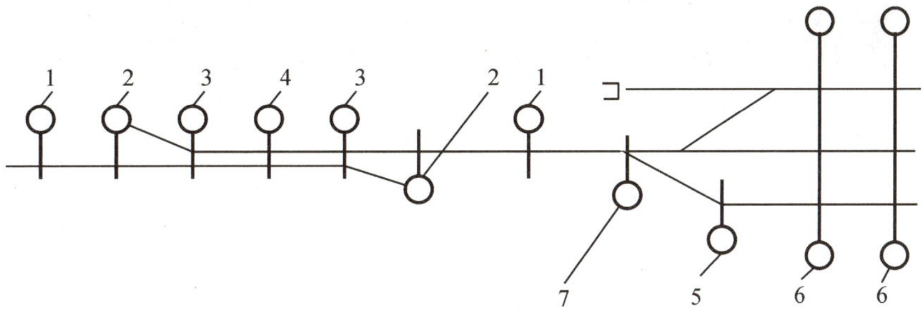

1—中间柱；2—锚柱；3—转换柱；4—中心柱；5—定位柱；6—软横跨支柱；7—道岔支柱。

图 7-3-3　支柱安设位置

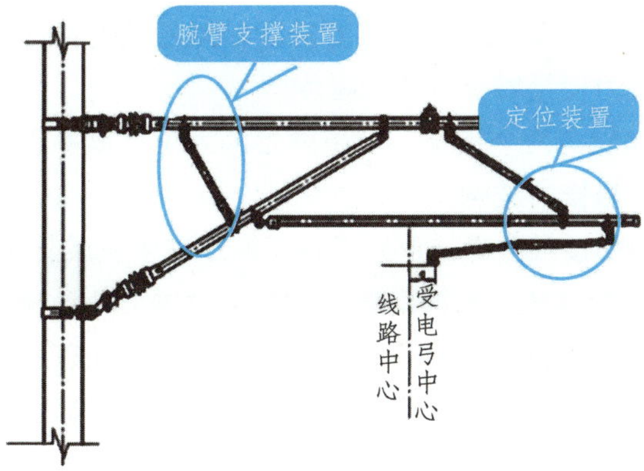

图 7-3-4　腕臂

腕臂的结构

图 7-3-5　软横跨

图 7-3-6　硬横跨

3. 定位装置

定位装置其作用是固定接触线的位置，在受电弓滑板运行轨迹范围内，保证接触线与受电弓不脱离，使接触线磨耗均匀，同时将接触线的水平负荷传给支柱。定位装置包括定位管、定位器、支持器及其连接零件。图 7-3-7 所示为组合定位器实物。

图 7-3-7　组合定位器

4. 接触网的悬挂装置

接触悬挂是通过支持装置架设在支柱上的供电装置，它将牵引变电所获得的电能输送给电力机车。电力机车运行时，受电弓顶部的滑板紧贴接触线摩擦滑行取流。因此，要求接触线弹性均匀，弛度变化小，保证在任何条件下都能不间断地给机车供电。接触悬挂包括接触网导线（接触线）、吊弦、承力索等。

组合定位器

接触悬挂的弹性是其质量优劣的主要标志。接触悬挂的弹性是指悬挂中某一点在受电弓的压力下，每单位垂直力使接触线升高的程度。

衡量接触悬挂的弹性有两个指标：一是弹性的大小，取决于接触线的张力；二是弹性的均匀程度，取决于接触悬挂的结构。

日本、德国、法国的接触网悬挂形式是在不断改进中发展起来的，主要有三种悬挂形式：简单链型悬挂、弹性链型悬挂、复链型悬挂。各国对这三种悬挂形式有不同的认识和侧重，根据各自的国情发展自己的悬挂形式。日本的高速线路，如东海道新干线、山阳新干线、东北新干线、上越新干线均采用复链型悬挂，近几年来，日本高速铁路又采用了简单链型悬挂。法国的巴黎—里昂的东南线采用弹性链型悬挂，巴黎—勒芒/图尔的大西洋线采用接触线带预留弛度的简单链型悬挂；德国在行车速度低于 160 km/h 的线路采用简单链型悬挂，在 160 km/h 及以上的线路采用弹性链型悬挂。下面分别介绍简单链型悬挂、弹性链型悬挂和复链型悬挂三种形式的结构和技术性能。

1）简单链型悬挂

以法国为代表的高速铁路采用此种类型，在 1990 年开通的速度为 300 km/h 的大西洋新干线上采用，而且认为该悬挂类型完全可以满足 330 ~ 350 km/h，简单链型悬挂维修简单、造价低，有多年成熟的运行经验，其结构如图 7-3-8 所示。

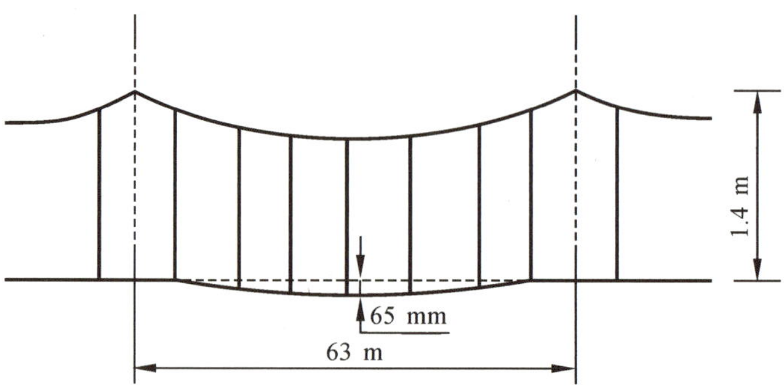

图 7-3-8　简单链型悬挂示意

性能特点：结构简单、安全可靠、安装调整维修方便，适应于高速受流。定位点处弹性小，跨中弹性大，造成受电弓在跨中抬升量大，跨中采用预留弛度，受电弓在跨中的抬升量可降低；定位点处易形成相对硬点，磨耗大。如果选择结构形式合理、性能优良的定位器，则可消除这方面的不足。

2）弹性链型悬挂

弹性链型悬挂被德国开发的高速接触网普遍采用，并作为德国联邦铁路标准，其主要出发点是降低接触网弹性不均匀度，在 20 世纪 80 年代末修建的曼海姆到斯图加特高速铁路（250 km/h）上采用，并计划在柏林—汉诺威、法兰克福—科隆间（300 ~ 400 km/h）仍采用。弹性链型悬挂比简单链型悬挂弹性好，但造价较高。弹性链型悬挂的结构形式如图 7-3-9 所示。

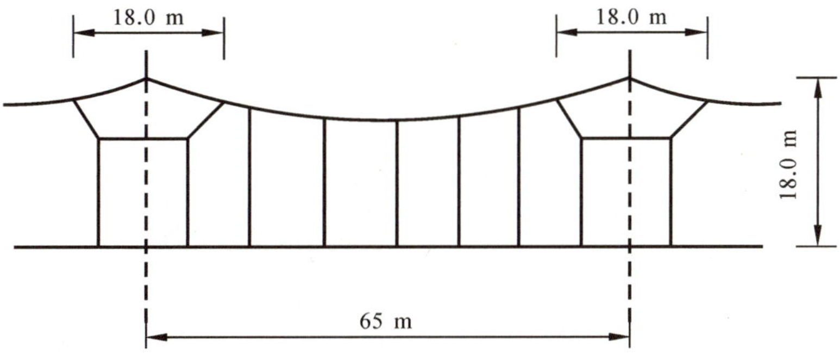

图 7-3-9 弹性链形悬挂示意

在结构上，相对于简单链形悬挂在定位点处装设弹性吊索，主要有两种形式：“π”形和“Y”形。弹性吊索的材质一般与承力索相同，其线膨胀系数与承力索相匹配。

性能特点：结构比较简单，改善了定位点处的弹性，使得定位点处的弹性与跨中的弹性趋于一致，整个接触网的弹性均匀，受流性能好。其缺点是弹性吊索调整维修比较复杂，定位点处导线抬升量大，对定位器的安装坡度要求也较严格。

3）复链型悬挂

复链型悬挂在 1964 年 10 月建成的日本东海道新干线上采用，速度为 210 km/h，它是用带弹簧的吊弦合成复链型悬挂。日本研究部门认为它适用于多弓受流情况，在今后 300 km/h 高速线路上仍采用。复链型悬挂运行性能好，但造价高、设计复杂，施工和维修难度大，复链型悬挂结构形式如图 7-3-10 所示。在结构上，承力索和接触导线之间加了一根辅助承力索。

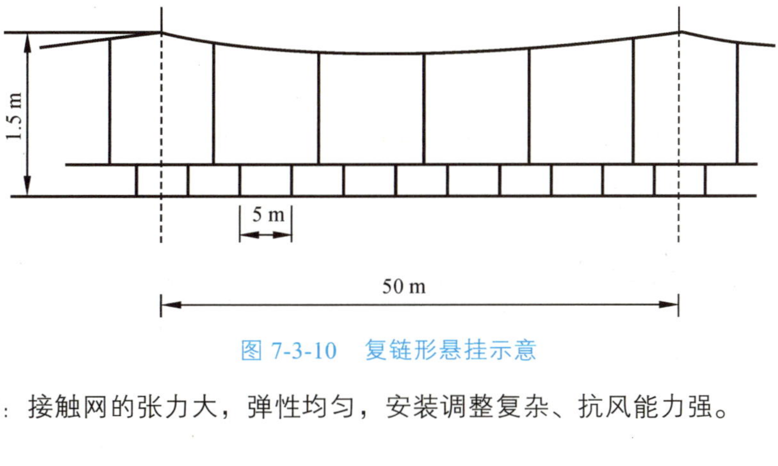

图 7-3-10 复链形悬挂示意

性能特点：接触网的张力大，弹性均匀，安装调整复杂、抗风能力强。

我国高速铁路普遍采用全补偿简单链型悬挂，根据国外经验和我国铁路路轨现状，通过科技人员论证，普遍认为采用全补偿简单链型悬挂较为合适，特别是在车速不高的情况下，投资少见效快，完全能够适应 200 km/h 车速的要求。

5. 接触网的其他装置

1）高速接触网的终端锚固类零部件

终端锚固类零部件包括承力索终端锚固线夹、接触导线终端锚固线夹、张力补偿器、坠砣等。

张力补偿装置是调整承力索、接触导线张力，使它们保持恒定的自动装置，是接触网的关键部件。高速铁路接触网一般有滑轮组自动补偿装置和棘轮补偿装置两种，图 7-3-11 所示为滑轮补偿装置，图 7-3-12 所示为棘轮补偿装置。对张力补偿装置的要求是，传动效率高，达到 97%以上；安全可靠；耐腐蚀性能好，少维修，寿命长，有断线制动装置。坠砣采用铁坠砣。

图 7-3-11 滑轮补偿装置

图 7-3-12 棘轮补偿装置

2）锚段关节

为满足供电、机械方面的分段要求，将接触网分成若干一定长度且相互独立的分段，每一分段叫锚段。两个相邻锚段衔接部分称为锚段关节。根据锚段所起的作用可分为非绝缘锚段关节和绝缘锚段关节，非绝缘锚段关节只起机械分段作用，绝缘锚段关节既起电分段作用还起机械分段作用。

锚段关节又可以根据跨数不同分为三跨、四跨、五跨锚段关节。图 7-3-13 所示为四跨锚段关节，图 7-3-14 所示为五跨锚段关节。

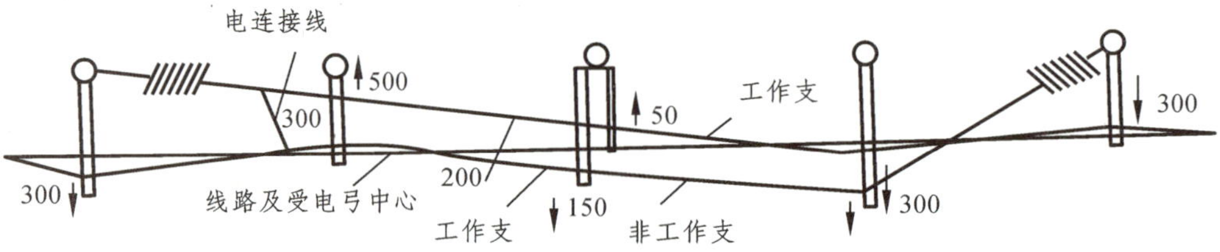

图 7-3-13 四跨锚段关节示意

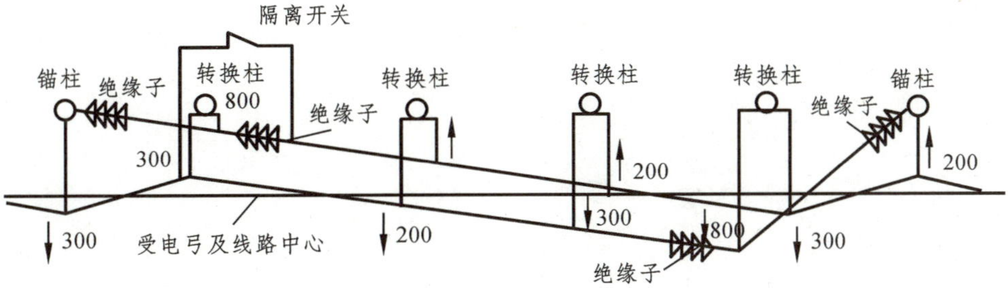

图 7-3-14　五跨锚段关节示意

3）高速铁路接触网线岔

在站场上，站线、侧线、渡线、到发线总是并入正线的。如果线路设一个道岔，接触网就必须设一个线岔（也称架空转辙器）。

受电弓过无交叉线岔

线岔的作用是保证电力机车受电弓，安全平滑地由一条接触线过渡至另一条接触线，达到转换线路的目的。

接触网线岔分为交叉线岔和无交叉线岔，我国高速铁路接触网均采用无交叉线岔，结构如图 7-3-15 所示。

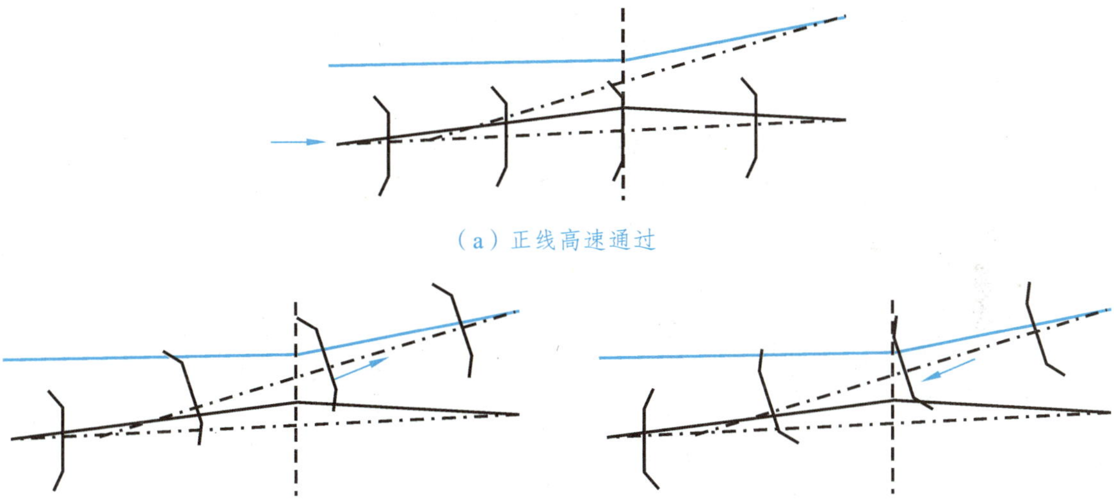

（a）正线高速通过

（b）正线进入侧线　　（b）侧线进入正线

图 7-3-15　接触网线岔

4）高速铁路接触网电分段

（1）电分段。

分段绝缘器又称分区绝缘器，是接触网电气分段的常用设备。它安装在各车站装卸线、机车整备线、电力机车库线、专用线等处。在正常情况下，机车受电弓带电滑行通过。图 7-3-16 所示为分段绝缘器现场，图 7-3-17 所示为菱形分段绝缘器结构。

（2）电分相。

在牵引变电所和分区亭所在接触网设置电分相，用以保证供电臂之间电气绝缘。电分相分为器件式电分相和绝缘锚段关节式电分相。目前，我国高速铁路一般采用绝缘锚段关节式电分相。

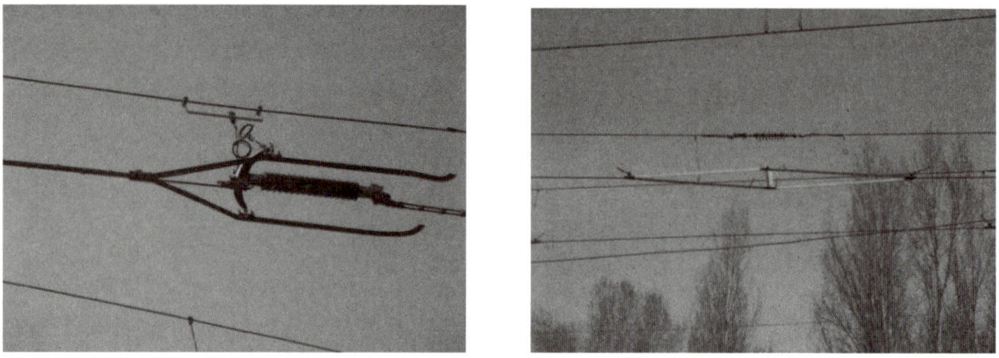

图 7-3-16 分段绝缘器

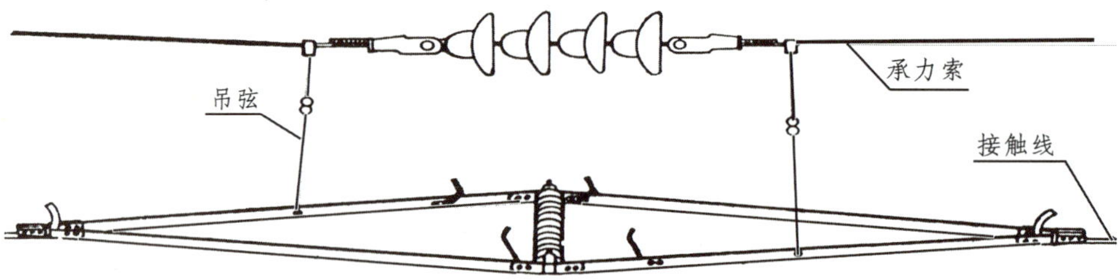

图 7-3-17 菱形分段绝缘器结构示意

根据跨数不同绝缘锚段关节式电分相有六跨、七跨、八跨、九跨等不同的类型。我国高速铁路接触网通常采用的关节式电分相有七跨式、八跨式和九跨式三种，在不同线路均有采用。图 7-3-18 所示为八跨绝缘锚段关节式电分相。

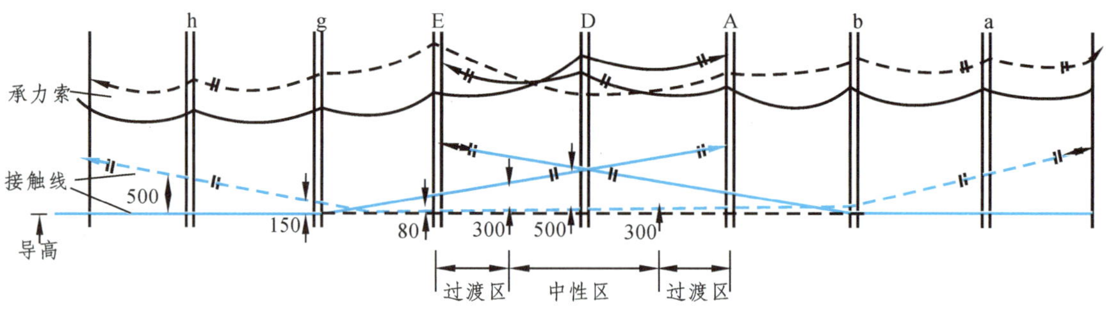

（a）立面图

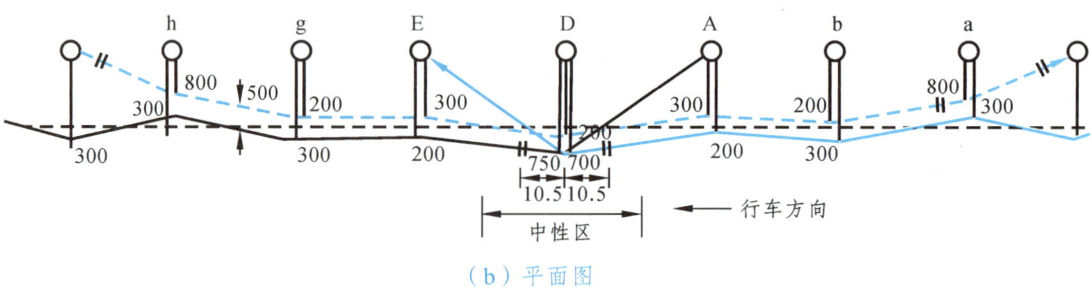

（b）平面图

图 7-3-18 八跨绝缘锚段关节式电分相

5）接触网中心锚结

在链型悬挂的锚段中部，将接触线对承力索进行死固定，同时承力索对支柱进行死固定（全补偿），这种固定形式称为中心锚结。中心锚结可以使锚段两端补偿时防止补偿器向一侧滑动，特别是在具有坡度的线路上。并且当中心锚结的一侧接触线发生断线时，不致影响另一侧的接触网，且容易排除事故及易于恢复正常运行。图 7-3-19 所示为直线区段中心锚结安装示意，图 7-3-20 所示为曲线区段中心锚结安装示意，图 7-3-21 所示为中心锚结绳安装情况。

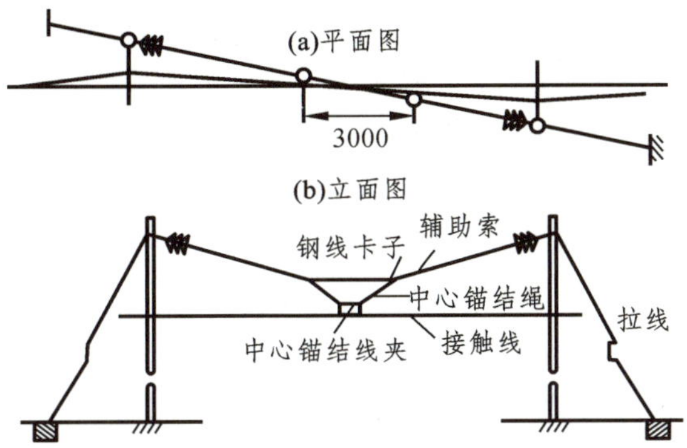

图 7-3-19　直线区段中心锚结安装示意

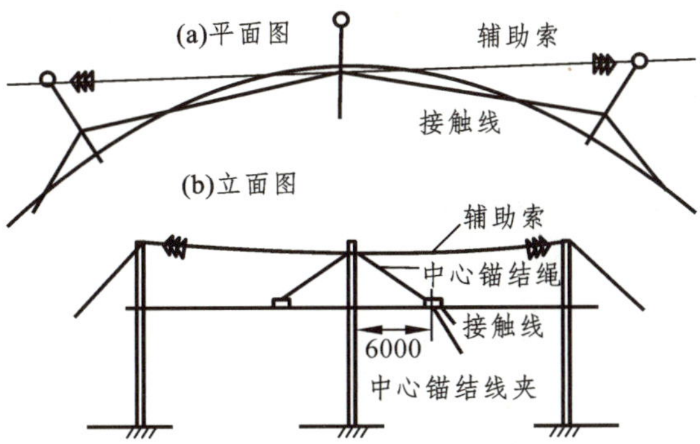

图 7-3-20　曲线区段中心锚结安装示意

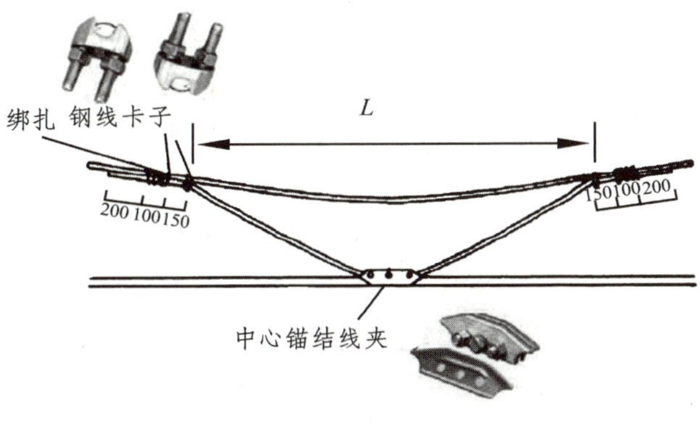

图 7-3-21　中心锚结绳安装

6）吊弦及吊弦线夹

吊弦及吊弦线夹是接触网的悬吊类零件，在接触网中调节接触导线弛度，又可分流，属于面广量大的零件。吊弦的结构如图 7-3-22 所示。正确选用悬吊类零件将有效地保证接触网的受流性能，又能减少其维修工作量。在高速接触网中，一般使用截面积为 10 mm^2 耐腐蚀镁铜合金软绞线支撑的整体吊弦。通常先经过现场测量，再计算出每跨中每根吊弦的长度。在工厂将吊弦线夹和吊弦制成一体后，到现场直接安装。

对吊弦及吊弦线夹的要求为重量轻、体积小、耐腐蚀、安全可靠。

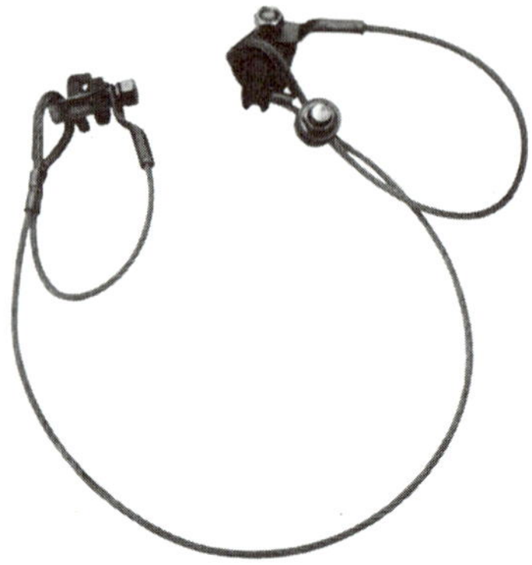

图 7-3-22　吊弦结构

知识点 2　高速铁路接触网的基本参数要求

1. 接触网线材

1）接触导线

接触导线是接触网中直接与机车受电弓做摩擦运动传递电能的线材，它对接触网-受电弓系统的受流性能的好坏起至关重要的作用。

高速铁路对接触导线的基本要求如下：

（1）机械强度高。

（2）单位质量尽量小。

（3）导电性能好。

（4）良好的耐磨及耐腐蚀性能及高温软化特性，使用寿命长。

（5）摩擦性能与受电弓滑板相匹配。

120 km/h 及以下正线一般采用截面积为 120 mm^{2}的接触线，侧线采用截面积为 85 mm^{2}的接触线；部分大坡道、重载区段正线一般采用截面积为 150 mm^{2}的接触线，侧线采用截面积为 110～120 mm^{2}的接触线。

我国高速铁路接触线一般采用 150 mm^2 的铜锡或铜镁合金线。

2）承力索

承力索是接触网承载接触导线，并传输电流的线材。

承力索的选用应符合下列条件：承力索的线胀系数与接触导线相匹配；机械强度高；耐疲劳、耐腐蚀性能好，耐温特性好；导电率高。

我国高速铁路承力索一般采用 120 mm^2 的镁铜合金绞线。

2. 导线高度

导线高度指接触导线距钢轨面的高度。它的确定受多方面的因素制约，如车辆限界、绝缘距离、车辆和线路振动、施工误差等。一般地，高速铁路接触导线的高度比常规电气化铁路的接触导线低，这主要因为：

（1）高速铁路一般无超级超限列车通过，车辆限界为 4 800 mm。

（2）为了减少列车空气阻力及空气动态力对受电弓的影响，受电弓的底座沉于机车车顶顶面，受电弓的工作高度较小。所以，高速铁路接触导线的高度一般在 5 300 mm 左右。

3）结构高度

结构高度是指定位点处承力索距接触导线的距离，它由所确定的最短吊弦长度决定。吊弦长时，当承力索和导线材质不同时，因温度变化引起的吊弦斜度小，使锚段内的张力差小，有利于改善弓网受流特性；长吊弦的另一个优点是高速行车引起的导线振动时，吊弦弯度小，可以减少疲劳，延长使用寿命。

我国接触网的结构高度为 1.1 ~ 1.6 m。

4）跨距和拉出值

考虑安全因素及对受电弓滑板的磨耗，我国高速铁路一般在保证跨中导线及定位点在最大风速下均不超过距受电弓中心 300 mm 的条件下，确定跨距长度和拉出值的大小。

5）锚段长度

锚段长度的确定主要考虑接触导线和承力索的张力增量不宜超过 10%，且张力补偿器工作在有效工作范围内。高速铁路接触网的锚段长度与常规电气化铁路基本一样。

6）吊弦分布和间距

吊弦间距指一跨内两相邻吊弦之间的距离，吊弦间距对接触网的受流性能有一定的影响，改变吊弦的间距可以调整接触网的弹性均匀度。但是，如果吊弦过密，将影响接触导线的波动速度，而对弹性改善效果不大，所以，确定吊弦间距时，既要考虑改善接触网的弹性，又要考虑经济因素。

吊弦分布有等距分布、对数分布、正弦分布等几种形式。为了设计、施工和维护的方便，吊弦分布一般采用最简单的等距分布。

7）接触导线预留弛度

接触导线预留弛度指在接触导线安装时，使接触导线在跨内保持一定的弛度，以减少受电弓在跨中对接触导线的抬升量，改善弓网的振动。对高速接触网，简单链型悬挂设预留弛度，弹性链型悬挂一般不设预留弛度。

8）接触导线的张力

提高接触导线的张力，可以增大波形传播速度，改善受流性能，同时增加了接触网的稳定性。导线张力的确定受导线的拉断力，接触网的安全系数等因素影响。

9）承力索的张力

承力索的张力受接触网的稳定性、载流容量、结构高度、支柱容量等因素影响，提高承力索的张力可以增加接触网的稳定性，但对弓网受流性能影响不大。减少承力索的张力，有利于减少反射系数，承力索的张力受接触网的结构高度的限制，也就是在一定的结构高度上，要保持跨内最短吊弦的长度。

评价反馈

扫描下方二维码对本次课进行评价。

学习领域七学习情境三问卷调查

学习领域八　高速铁路运输组织

建议学时　8 学时

学习要求　通过本活动，了解售票、客运服务、自动化系统使用与管理、动车组列车乘务组组成和人员要求，熟悉动车组列车乘务组人员岗位职责、动车组及动车组以外列车的调车作业程序，掌握动车组列车服务人员作业、分散自律与非常站控的转换方法、高速铁路接发列车作业流程、高速铁路调车工作一般要求等内容。具体学习任务简介及学时安排见表 8-0-1。

表 8-0-1　高速铁路运输组织学习任务简介及学时安排

序号	学习情境	学习任务简介	建议学时
1	高速铁路客运旅客组织	了解售票、客运服务、自动化系统使用与管理、动车组列车乘务组组成和人员要求，熟悉动车组列车乘务组人员岗位职责，掌握动车组列车服务人员作业等内容	2
2	高速铁路行车组织	熟悉动车组及动车组以外列车的调车作业程序，掌握分散自律与非常站控的转换方法、高速铁路接发列车作业流程、高速铁路调车工作一般要求等内容	4
3	铁路运输安全管理	了解影响铁路运输安全的主要因素，熟悉铁路消防安全的基本内容，熟悉铁路交通事故救援及处理基本内容。能够正确分析和消除铁路运输安全危险源，正确使用消防设备设施，正确开展铁路安全事故救援及应急处置	2

学习情境一　高速铁路客运旅客组织

学习情境描述

客运站是指专门办理或主要办理大量客运业务的车站，与普通车站不同的是高铁客运站且只办理客运业务。客运站一般设置在具有特殊意义的大城市及客流比较集中的中小城市。

客运站是铁路与旅客之间联系的纽带，因为这里是旅客与铁路最先和最后接触的场所，双方当事人之间的权利义务关系在此产生或消失。客运站是铁路旅客运输的基层生产单位，是铁路的“窗口”，一系列旅行手续均在此办理，如旅客购票、上车、列车到发及作业等。客运站又是城市的大门，是城市建设的有机组成部分。因此，客运站的工作水平影响到旅客、铁路、城市三方面。

高速铁路客运站的主要任务是安全、迅速、有序地组织旅客上下车；方便旅客办理一切旅行手续；为旅客提供舒适的候车环境；保证高速铁路与市内交通联系方便，便于旅客迅速集散。

旅客列车乘务工作的主要任务是输送旅客和行李、包裹。列车乘务员整天和旅客打交道，不仅是倒水、拖地、送饭，还要帮助旅客解决旅途中遇到的各种困难，更重要的是通过自己的劳动和热情服务，使车厢成为一个温暖的大家庭。

由于旅客列车受流动分散、客流多变、远离领导、设备条件等多方面限制，给运输组织和客运服务带来诸多困难，这就要求建立严密的列车乘务组织，制定完善的乘务工作制度，有一整套规范乘务人员工作行为的作业标准，尽可能为旅客提供优良服务，让旅客放心、满意。

本情景主要介绍高速铁路客运站生产销售管理工作组织，包括售票、客运服务、自动化系统使用与管理、动车组列车乘务组组成和人员要求、动车组列车乘务组人员岗位职责、动车组列车服务人员作业等内容。

学习目标

1. 素质目标

（1）学习爱岗敬业的职业态度。

（2）树立联劳协作的观念。

2. 知识目标

（1）了解高铁客运站的作业特点及主要设备。

（2）熟悉高速铁路客运站售票工作组织。

（3）熟悉高速铁路客运站乘降工作组织。

（4）了解动车组列车乘务组组成和人员要求。

（5）了解动车组列车乘务组人员岗位职责。

（6）熟悉动车组列车服务人员作业内容。

3. 能力目标

（1）能对高铁车站、动车组旅客列车各服务岗位工作流程有大致的认识。

（2）能适应本课程学习方式。

课前任务

观看车站客运服务工作标准（客运员）视频、动车组列车长作业标准视频，了解目前高速铁路客运站、动车组旅客列车工作组织具体内容，记录关键词，并回答下列问题。

车站客运服务工作标准

动车组列车长作业标准

（1）通过观看以上视频，谈一谈你对高速铁路客运组织中站、车工作岗位的认知。

（2）作为一名车站客运员或者动车组旅客列车列车员，应掌握哪些知识？

任务分组

表 8-1-1　学生任务分配

<table>
<tr><td>班级</td><td colspan="2"></td><td colspan="2">组号</td><td></td></tr>
<tr><td>组长</td><td colspan="2"></td><td colspan="2">学号</td><td></td></tr>
<tr><td rowspan="5">组员</td><td>姓名</td><td colspan="2">学号</td><td colspan="2">姓名</td><td>学号</td></tr>
<tr><td></td><td colspan="2"></td><td colspan="2"></td><td></td></tr>
<tr><td></td><td colspan="2"></td><td colspan="2"></td><td></td></tr>
<tr><td></td><td colspan="2"></td><td colspan="2"></td><td></td></tr>
<tr><td></td><td colspan="2"></td><td colspan="2"></td><td></td></tr>
<tr><td>任务分工</td><td colspan="6">1. 各组成员在组长的带领下，10 人一小组通过观看视频谈一谈个人感想，组长汇总。
2. 对比分析高铁站比普速铁路车站客运设施设备有哪些改进。
3. 讨论：高铁站共涉及哪些客运作业岗位，各岗位的岗位职责有哪些？
4. 讨论：动车组旅客列车共涉及哪些乘务作业岗位，各岗位的岗位职责有哪些？</td></tr>
</table>

任务实施

1. 高铁站的客运作业与相关设备

引导问题 1　高铁站的客运作业相关设备有哪些内容？

引导问题 2　高铁站的客运作业有哪些内容？

2. 高速铁路客运站售票工作组织

引导问题 3　思考当前高速铁路客运站售票组织有哪些？

引导问题 4　售票员工作职责及作业流程有哪些？

3. 高速铁路客运站乘降工作组织

引导问题 5　结合个人进站乘车的经历，思考高速铁路客运站乘降工作组织有哪些。

4. 动车组列车乘务组组成和人员要求

引导问题 6　结合个人乘车的经历，思考动车组上你见过哪些服务人员，对于这些服务人员的素质要求有哪些。

5. 动车组列车乘务组人员岗位职责

引导问题 7　你知道动车组旅客列车上“六乘人员”各自的职责有哪些吗？

6. 动车组列车服务人员作业内容

引导问题 8　你知道动车组旅客列车上列车长、列车员、餐服人员具体的作业内容吗？

相关知识点

知识点 1　高铁站的客运作业与相关设备

1. 高速铁路客运站的作业

（1）客运服务作业，包括旅客进出站、安检、候车、问讯、小件行李寄存，以及为改善旅客候车环境而针对旅客文化生活、饮水、卫生等方面提供的服务。

（2）客运业务，主要是售票业务，包括自动售票机、窗口人工售票。

（3）技术作业，包括动车组接发、车列技术检查、动车组上水、餐料供应等。

2. 高速铁路客运站的主要设备

客运站由站房、站场及站前广场组成。

1）站　房

站房是客运站的主体，包括为旅客服务的各种用房，运营管理工作所需的各种技术办公用房。

站房应根据客运量设置为旅客服务和客运生产、管理、办公、生活及驻站单位使用的各类房舍和设施，如售票厅、票库、问讯处、携带品暂存处等房舍，还应有阅览室、广播室、微机房、监控室、医务室、售货部、饮水处、厕所、工作人员间休室等文化、卫生和生活上的必要设施，还应为残疾旅客设置无障碍通道。较大车站上下通道应设置自动扶梯、电梯。另外，还可根据需要，设置贵宾室、软席候车室、母婴、军人候车室和旅客餐厅。

2）站　场

站场是办理客运技术作业的场所，也是旅客的集散地点。站场内应具备各类站线、站台、雨棚、天桥、地道、照明、给排水、栅栏（围墙）、跨线设备（天桥、地道）和垃圾处理等设施。这些设施的布置应能满足安全需要，并合理地组织旅客流线。

3）站前广场

站前广场是客运站与城市联系的“纽带”，应具备旅客和各种车辆集散、停留的场地，旅客活动地带和相应的绿化区域，并考虑远期规划用地。另外，站前广场应增设为旅客使用的各种服务性设施，如售货亭、餐厅和公共厕所等。

知识点 2　高速铁路客运站售票工作组织

1. 高速铁路客运站售票组织办法

1）互联网售票

铁路互联网售票是指通过中国铁路客户服务中心网站（简称“12306.cn 网站”）销售铁路

电子客票及其改签、退票等业务。

2）车站及联网窗口售票

动车组列车车票（磁制车票除外）在全路计算机联网窗口通售（含代售点），办理异地票业务。动车组始发及中途站设专区和专售窗口，并设有明显引导和售票标志，方便旅客购票。

3）客票代售点

客票代售点对动车组车票营销工作起着推动作用，一般在市区人口出行量较大的区域设置客票代售点。车站应定期向社会公布客票代售点营业地址和时间，组织发售动车组列车车票。

4）专门售票窗口

动车组车票发售专窗可采用专用界面售票，对于开行密度大、同方向连发间隔时间短的列车，要求采取分车次、分时段、分线别、分到站等弹性开窗方法，减少旅客等候时间。

5）订票服务

可通过电话订票、网上订票等多种售票方式向旅客发售动车组列车车票。

6）优惠卡乘车

持优惠卡购票乘车的旅客可享受相应票价折扣。

2. 售票员工作职责及作业流程

1）售票员工作职责

（1）为旅客提供优质服务，根据旅客需求按规定发售车票，办理改签、退票业务。

（2）熟练操作售票设备，发生故障时，及时汇报。

（3）按规定做好现金、票据及碳带的请领、使用、保管和交接工作。

（4）严格执行交接制度，正确结算账目，并按规定填报有关报表。

（5）熟练掌握非正常情况下应急售票流程，及时处理本岗位的突发情况。

2）作业流程

（1）售票员班前要做好以下准备工作：

（2）按规定统一着装，佩戴标识。做到仪容整洁，精神饱满。

（3）参加班前会，接受任务指示，了解动车组列车运行情况及重点事项，做到任务清楚、重点掌握。

（4）对岗交接，检查本岗位保洁质量、设备设施等情况，做到卫生达标，设备完好，备品定位。

售票员班中作业内容及要求如下：

（1）根据客流情况和发售规律请领现金、票据和碳带，妥善保管，做到请领充足，清点签认盖章。

（2）按规定作业时间开窗售票，做到不晚开、不早关、作业中不无故离岗。

（3）正确操作售票设备，发生故障时，及时汇报，做到操作熟练，报修及时。

（4）按照“问、输、收、做、核、交”的六字售票法进行售票，做到速度快、售票准、态度好。

问：问清到站、日期、车次、座别、张数，告诉旅客是否停车。

输：输入日期、车次，发站、到站、票种、张数及旅客购票款。

收：收取票款，确认币面，清点确认假钞，将票款放于桌面上。

做：再次与旅客确认购票信息，按制票键，打印车票。

核：核对票号上下是否一致、复核票面、张数及找零款。

交：将车票和找零款一起递交给旅客，同时唱报到站、张数、找零款。

按照“接、问、输、收、做、核、交”的七字签证法进行改签，做到改签准确无误。

接：接过车票和有关证件，审核原票票种、日期、车次、发到站、有效期、有无涂改。

问：问清旅客需要签证的日期、车次、到站、座别、张数。

输：输入需要签证的日期、车次、到站、座别、张数及旅客补差款。

收：收取票款，确认币面，清点确认假钞，将票款放于桌面上。

做：再次与旅客确认签证信息，按制票键，打印车票。

核：核对票号上下是否一致、复核票面、张数及找零款。

交：将车票和找零款一起递交给旅客，同时唱报到站、张数、找零款。

按照“看、输、核、盖、交”的五字退票法进行退票，做到认真核对，不退无效车票和禁退车票。

看：看清票面是否有效。

输：用扫描仪进行认证，输入票号。

核：核对票面记载项目，确认应退票款。

盖：加盖“退”字戳记，收回已退车票。

交：将应退票款和报销凭证一并递交旅客，同时唱报，按键恢复退票状态。

按照“关、点、填、交、核、登”的交班六字法进行交班，做到票、款、账相符，报表内容准确、填写规范。

关：关窗停止售票，开始结账操作。

点：清点售票款，留好备用金。

填：将售票款输入计算机，填写解款单，清理废票。

交：将票款交收款员，或先封入款袋交接给接班售票班长转交收款员。

核：核对废票和票款，随交接单一同交给进款员签收。

登：登记售票进款、张数、做好台账。

知识点 3　高速铁路客运站乘降工作组织

1. 候车及乘降组织规定

（1）较大车站应设置动车组旅客专用候车室，有动车组停靠的中间站应设专用候车区，客运专线沿线候车室应按动车组旅客候车室标准设置。动车组旅客候车室设备设施和服务应符合软席候车室标准。

（2）车站设置自动检票闸机（见图 8-1-1），闸机的数量与布局应当与车站设施设备相协调。使用自动检票闸机的车站应同时留有人工通道。车站应加强进出站通道、站台的封闭管理，防止无票人员上车。自动检票闸机应保证每分钟至少 15 人的通过能力，处理每张磁性车票的时间不超过 1 s，卡票率小于 1/10 000，通行检测最小间隔不超过 200 mm。

图 8-1-1 车站自动检票闸机

（3）动车组列车在站台停靠时间短，对乘降组织要求高，在站台上应标出对门排队位置，以便组织旅客排队快速上下。高铁沿线各站都设置动车组列车停车位置标，该标志采用不锈钢材质，表面涂贴反光膜（漆）。

（4）动车组车门验票不在车门进行，由车站负责。

2. 各岗位客运员工作职责

1）候车区域客运员工作职责

（1）负责维持正常的候车秩序，引导旅客文明有序候车。

（2）负责组织旅客检票进站上车。

（3）负责本区域自动检票机的管理。

（4）负责解答旅客问询，受理旅客投诉。

（5）负责旅客遗失物品及药箱的管理。

（6）负责处理本岗位的突发情况。

（7）负责监督本岗位作业区域的保洁工作质量。

2）站台客运员工作职责

（1）按规定接送动车组列车。

（2）负责安全有序组织旅客乘降，并做好相关服务工作。

（3）负责站台闲杂人员的清理。

（4）负责做好站车交接工作和突发事件的应急处理。

（5）负责解答旅客问询，受理旅客投诉。

（6）负责监督本岗位作业区域的保洁、上水工作质量。

3）出站口客运员工作职责

（1）负责组织旅客检票出站。

（2）负责区域内闲杂人员的清理，做好旅客出站宣传工作，维持出站秩序。

（3）负责办理旅客补票业务。

（4）负责本区域自动检票机及补票机的管理。

（5）按规定做好现金、票据及碳带的请领、使用、保管和交接工作。

（6）严格执行交接制度，正确结算账目，并按规定填报有关报表。

（7）负责解答旅客问询，受理旅客投诉。

（8）负责处理本岗位的突发情况。

（9）负责监督本岗位作业区域的保洁工作质量。

3. 各岗位客运员作业内容及流程

各岗位客运员交接班前应按规定统一着装，佩戴标识，做到仪容整洁、精神饱满；参加班前会，接受任务指示，了解动车组列车运行情况及重点事项，做到任务清楚、重点掌握；对岗交接，检查本岗位保洁质量、设备设施等情况，做到卫生达标、设备完好、备品定位。

1）候车区客运员作业流程及要求

（1）引导旅客文明有序候车，做到主动热情、秩序良好。

（2）巡视候车区域，掌握旅客候车动态，做好重点旅客的细微服务，处理服务过程中的各类问题，做到全面服务、重点照顾。

（3）执行首问首诉负责制，解答旅客问询，受理旅客投诉，做到用语文明，处理及时。

（4）检票前，检查确认自动检票机、广播和导向揭示系统联动状态良好，做好旅客上车前的准备工作，做到检查及时，准备到位。

（5）引导旅客有序检票进站，做到旅客通行方便、快捷，无误放、漏检。

（6）做好旅客遗失物品登记、缴交工作，做到公布及时、处理正确。

（7）做好药箱管理，做到登记规范、补充更换及时。

（8）遇动车组列车晚点时，做好宣传解释工作，稳定旅客情绪，做到耐心解释，用语规范。

（9）责任区内出现突发情况，及时汇报，妥善处理，做到沉着果断，措施得当。

（10）监督、检查责任区域的保洁工作质量，做到检查到位，卫生达标。

2）站台客运员作业流程及要求

（1）维持站台秩序，及时清理站台障碍物和闲杂人员，做到“一车一清”。

（2）迎送动车组列车时，足踏安全线，面向列车，目迎目送，加强安全防护，做到姿势规范、防护到位。

（3）按规定程序组织引导旅客乘降，宣传安全事项，照顾重点旅客，中途站应提前组织旅客在站台排队等候，做到乘降安全有序。

（4）及时与列车长办理交接事项，处理相关客运业务，做到交接清楚、处理得当。

（5）妥善处理突发情况，做到及时汇报、处理得当。

（6）监督检查给水作业，做到互控到位。

（7）监督、检查责任区域的保洁、上水工作质量，做到检查到位、卫生达标。

3）出站口客运员作业流程及要求

（1）按时上岗，维持出站口秩序，做好旅客出站宣传工作，及时清理出站口障碍物和闲杂人员，做到通道畅通，旅客通行方便、快捷。

（2）做好自动检票机和补票机管理，做到使用正确、报修及时。

（3）做好到补票据票款管理，做到票、款、账相符，无票据票款丢失。

（4）发现旅客违章乘车时按章处理，做到纠正违章态度和蔼，处理问题实事求是。

（5）妥善处理突发情况，做到及时汇报、处理得当。

（6）监督、检查责任区域的保洁工作质量，做到检查到位、卫生达标。

知识点 4 动车组列车乘务组组成和人员要求

1. 乘务组组成

动车组列车乘务组由客运乘务人员、随车机械师、司机、公安乘警、随车保洁和餐饮服务人员组成，简称“六乘人员”。六乘人员必须在列车长的统一领导下（除行车救援指挥外），分工负责，各司其职，共同做好旅客服务工作。

客运乘务组应采用轮乘制或包乘制，客运乘务组由 1 名列车长和 2 名列车员组成。动车组重联时，按两个乘务组安排人员；编组 16 辆的动车组按 1 名列车长和 4 名列车员配备。对运行时间较长的动车组可适当增加客运乘务人员。动车组司机实行单司机值乘制，随车机械师按每组 1 人配备。

2. 人员要求

1）乘务员基本要求

站车客运人员应具备高中及以上文化程度，能够熟练使用计算机、服务设施设备、消防器材，掌握常用英语会话，具有良好的语言文字表达能力和服务技巧，五官端正、身材匀称。女性身高一般不低于 1.60 m，男性身高一般不低于 1.70 m。

站车客运人员应当按照规定进行岗前培训，列车长由铁路局（集团公司）负责，其他工种由各站段负责，经考试合格后，由铁路局（集团公司）统一颁发上岗证，持证上岗。上岗后应按规定进行适应性培训和定期脱产培训。

动车组列车餐饮、随车保洁人员应五官端正、身材匀称，保持队伍相对稳定。餐饮、保洁人员上岗前应委托站段进行铁路安全知识培训，经考试合格后，由站段审核发证，持证上岗。上岗时应穿着统一服装、佩戴工号牌。

2）乘务员应具备的品质与作风

热爱祖国、热爱社会主义、热爱党、热爱铁路事业，具有高度的工作责任心和全心全意为人民服务的精神，忠于职守，热爱乘务工作，具有良好的工作态度。乘务人员工作作风是：诚信严实、认真负责、一丝不苟、任劳任怨。在服务中做到：主动、热情、周到、有礼貌。

遵守国家法令、法规和铁路条例规章，严守国家机密。团结协作，谦虚谨慎，平等待人，树立社会主义精神文明的新风尚。爱护公共财物，廉洁奉公，公私分明，管理好列车上供应品，不贪占企业财物。

努力钻研业务，丰富社会知识，研究旅客心理，探索旅客需求，不断提高服务技能，提高处理突发事件的能力，做好乘务工作。

知识点 5 动车组列车乘务组人员岗位职责

1. 列车长职责

（1）执行规章制度，履行岗位职责，服从调度指挥，完成上级布置的各项任务。

（2）负责组织、指挥、协调各工种作业，召开出、退乘会，督促乘务员按照标准作业，确保服务质量及车内安全，完成上级布置的各项任务。

（3）负责监督和检查整备、保洁、餐饮工作。

（4）负责检查动车组列车安全、服务设施设备，发现设备故障，及时反馈给随车机械师。

（5）负责与司机、随车机械师等岗位保持作业联控，并与车站办理交接。

（6）负责办理乘务过程中的各项客运业务，收集旅客对列车服务工作的意见，受理旅客投诉，帮助旅客解决困难。

（7）负责动车组列车非正常情况下的应急处置，并及时向派班室（客调）及上级部门汇报。

（8）负责乘务组在折返站停留期间的工作安排和人员管理。

（9）监督乘务员在值乘中各个阶段保持专业形象，负责乘务组在折返站及住宿期间的管理。

（10）负责各类信息的反馈，并提出改进建议。

2. 客运乘务员职责

（1）在列车长的领导下，完成乘务工作。

（2）负责实施列车服务和车内安全工作。

在车站，确认旅客乘降情况，通知司机或随车机械师关闭动车组车门。

发生危及行车和旅客生命安全的紧急情况时，使用紧急制动阀停车或通知司机采取措施；需要组织旅客撤离列车时，通知司机，由司机向列车调度员报告或通知就近车站值班员；在司机指挥下，处理有关事故救援等事宜。

（3）负责本次列车各种服务备品的检查。

车上移动备品包含饮水机、微波炉、移动座椅、安全锤（含盒）以及应急乘降梯、车门安全带等设备。

（4）协助做好本次列车的配餐工作。

（5）负责完成规定的广播任务。

（6）负责实施车内各类紧急情况的处置。

（7）完成规定的作业流程，并达到质量标准。

（8）负责向列车长反映各种信息，提出合理化建议。

（9）完成列车长交办的其他工作。

3. 动车组司机职责

（1）执行规章制度，服从调度指挥，履行岗位职责。

（2）在区间非正常停车时，负责指挥处理有关行车、列车防护和事故救援等工作；在其他非正常情况下，协助列车长实施应急预案。

（3）出动车所后，负责有关型号动车组的车门集控开关，在车站，列车在规定位置停稳后开启车门；开车前，根据客运列车长通知，关闭车门。在运用所（或存放点）内于操作端司机室与地勤司机办理动车组驾驶、列控车载设备、LKJ、CIR 设备及制动系统技术状态、主控钥匙及列控车载设备柜钥匙交接。

（4）动车组列车发生故障时，按车载信息监控装置的提示，按步骤及时处理；需要由随车机械师配合处理时，与随车机械师共同处理。需调车作业或救援时，配合随车机械师安装过渡车钩（双班单司机执乘时），并实施相关联挂作业。

（5）负责与调度日常联络，接受传达上级命令指示。

（6）执行动车组回送任务。

4. 随车机械师职责

（1）执行规章制度，服从命令指挥，履行岗位职责。

（2）负责监控动车组列车运行中的技术状态，发现故障及时处理，并通知司机和列车长，采取措施，妥善处理。

（3）出所后，负责有关型号动车组的车门集控开关。在车站，列车在规定位置停稳后开启车门；开车前，根据客运列车长通知，关闭车门。动车组出入所时，负责与运用所（质检员）办理技术交接；与调度员或地面机械师车门集控开关钥匙交接。

（4）在司机的指挥下，参与处理有关行车、列车防护和事故救援等工作。发生危及行车安全故障或其他紧急情况时，使用紧急制动阀停车或通知司机采取停车措施。

（5）非正常情况下，协助列车长实施应急预案。

（6）执行动车组无火回送任务，负责动车组无火回送、救援、调车时过渡车钩、风管的安装。

（7）需调车作业时，配合司机完成动车组重联与解编作业。

5. 餐饮服务人员职责

（1）执行规章制度，在列车长领导下开展工作。

（2）负责餐饮商品供应，满足需求，确保饮食安全。

（3）负责餐车区域卫生保洁，设备检查和安全管理。

（4）负责按时、按质、按量向六乘人员供乘务餐。

（5）非正常情况下，协助列车长实施应急预案。

（6）完成列车长布置的其他各项工作。

6. 随车保洁员职责

（1）执行规章制度，在列车长领导下开展工作。

（2）负责动车组列车运行中、折返站的车内卫生清扫和垃圾分类收集，确保列车卫生质量。

（3）负责车厢内保洁工具、消耗品和服务备品的配置、补充、更换及定位。

（4）非正常情况下，协助列车长实施应急预案。

7. 公安乘警职责

（1）执行规章制度，服从命令指挥，履行岗位职责。

（2）依照国家法律、法规和国铁集团、路局的有关规定以及铁路公安机关的部署、命令，预防、制止、查处列车上违法犯罪活动和治安灾害事故，维护旅客列车治安秩序，保障旅客生命和财产安全。

会同列车乘务人员严格查处旅客携带的易燃易爆危险品、管制刀具、淫秽物品；查处随车叫卖、霸座卖座、流氓滋扰、打架斗殴等扰乱列车治安秩序行为。禁止、取缔在列车上吸毒、卖淫、嫖娼和赌博活动。预防、发现和控制高速旅客列车上的各种治安、刑事违法犯罪活动；受理并调查报警案件；查处治安案件；查缉通缉及网上逃犯；抓捕现行犯、流窜犯；调解旅客纠纷。

（3）负责动车组列车司机室的安全保卫工作。

（4）非正常情况下，协助列车长实施应急预案。协助列车长预防处置火灾、爆炸、中毒等治安灾害事故和治安突发性事故。发生火灾事故，积极组织旅客进行火灾扑救，维护火场秩序、保护火灾现场、配合火灾事故调查。对车班防火工作进行监督检查，查处违反消防法规行为。

（5）配合客运部门维护好旅客上下乘降秩序；协助车班查验车票，保证路收；参与本车班管理，配合列车长做好列车工作。

知识点 6　动车组列车服务人员作业内容

动车组列车服务人员是指在动车组列车上担当客运服务工作、履行安全管理职责的列车长、列车员和为旅客提供饮食、卫生服务的餐饮、保洁人员。

1. 列车长和列车员

1）准备作业

（1）列车长。

① 按时到客运段值班室报到，接受命令指示，确认担当乘务情况，填写《乘务日志》，领取有关设备及票据，做到出乘准时，命令、指示记录准确，任务明确，设备齐全，性能良好。

② 召开出乘会，检查乘务员仪容仪表，传达命令、指示，布置乘务任务，做到仪容仪表规范、命令传达准确、任务布置清楚。

③ 携带客运业务资料及 GSM-R 手持终端、移动补票机、无线对讲机等设备，列车进站前 20 分钟在站台接车，做到资料携带齐全、设备状态良好、接车准时。

（2）列车员。

① 参加出乘会，整理仪容仪表，接受列车长命令，确认担当乘务情况，检查设备性能，做到按时出乘，仪容仪表规范，命令、指示记录准确，任务明确，设备齐全，性能良好。

② 列车进站前 20 分钟随列车长统一列队在站台接车，做到接车准时。

2）始发作业

（1）列车长。

① 列车进站停稳后，调试 GSM-R 终端和无线对讲机，与动车组司机校对时间及车次。

② 组织列车员检查列车服务设施设备及上水情况、验收车厢卫生，办理交接、做好记录，做到检查细致、记录翔实、交接清楚。

③ 折返站立折始发时，组织列车员验收车厢卫生，办理交接、做好记录，做到检查细致、记录翔实、交接清楚。

④ 在 5 号车厢靠餐车（重联时列车长在 5 号和 13 号车厢）边门处站台立岗，检查列车员立岗情况，做好重点旅客引导，做到立岗及时、引导有序、安排妥善。

⑤ 与车站客运工作人员办理业务交接，掌握乘车人数，确认旅客乘降完毕后通知司机（或随车机械师）关闭车门，做到交接清楚、通知及时。遇动车组重联运行时，两名列车长互相确认旅客乘降完毕后，由运行前方第一组的列车长负责通知司机（或随车机械师）关闭车门。

（2）座车列车员。

① 对列车保洁整备质量进行检查验收，并向列车长汇报检查情况，做到检查认真、记录清楚。

② 在指定车厢边门处站台立岗，引导重点旅客就座，指引旅客放置行李，做到引导有序、安排妥善。

③ 确认旅客乘降完毕后，向列车长汇报。

（3）卧车列车员。

① 对列车保洁整备质量及卧具备品进行检查验收，并向列车长汇报检查情况，做到检查认真、记录清楚。

② 锁闭卧车与座车间通过门，在指定车厢边门处站台立岗，引导重点旅客到位，指引旅客放置行李，做到引导有序、安排妥善。

③ 确认旅客乘降完毕后，向列车长汇报。

3）运行中作业

（1）列车长。

① 开车后播放欢迎词及乘车须知，做到按时播报、音量适中。

② 巡视车厢，检查行李摆放情况，做到行李物品摆放平稳、通道保持畅通。

③ 根据剩余席位信息，核对空余席位，组织查验车票，做到核对仔细、态度和蔼、减少对旅客的干扰。

④ 督促检查途中保洁作业质量，如实填写验收记录，做到检查仔细、质量达标。

⑤ 检查列车餐饮工作情况，制止违规经营行为，做到及时发现、妥善处理。

⑥ 掌握重点旅客动态，落实“首问首诉负责制”，做到重点旅客重点照顾，服务旅客耐心周到。

⑦ 发现设备故障，及时通知随车机械师处理。若不能及时修复，随车机械师与列车长共同确认，如实记录，双方签字。

⑧ 遇列车晚点超过15分钟，及时向司机了解原因，通过广播向旅客致歉并说明情况，做到耐心解答问询、广播致歉及时。

（2）座车列车员。

① 巡视车厢，检查行李摆放情况，做到行李物品摆放平稳、通道保持畅通。

② 根据剩余席位信息，协助列车长核对空余席位，查验车票并办理相关业务，做到核对仔细、态度和蔼、减少对旅客的干扰。

③ 掌握重点旅客动态，落实“首问首诉负责制”，做到重点旅客重点照顾、服务旅客耐心周到。

④ 督促检查途中保洁作业质量，及时跟踪整改情况，做到检查仔细、质量达标。

⑤ 发现设备故障、安全隐患等异常情况，及时向列车长报告。

（3）卧车列车员。

① 做好旅客乘车登记，掌握旅客去向，做到登记及时、记录准确。

② 根据剩余席位信息，核对空余席位，协助列车长办理相关业务。

③ 掌握重点旅客动态，落实“首问首诉负责制”，做到重点旅客重点照顾、服务旅客耐心周到。

④ 督促检查途中保洁作业质量，如实填写验收记录，做到检查仔细、质量达标。

⑤ 发现设备故障、安全隐患等异常情况，及时向列车长报告。

4）中途停站作业

（1）列车长。

① 到站前 5 分钟广播通报站名、到开时刻，开车后 5 分钟内广播预告前方停车站、到开时刻，做到按时播报、内容准确、音量适中。

② 在 5 号车厢靠餐车（重联时列车长在 5 号和 13 号车厢）边门处站台立岗，检查列车员立岗情况，做好重点旅客引导，做到立岗及时、引导有序、安排妥善。

③ 与车站客运值班员办理业务交接，确认旅客乘降完毕后通知司机（或随车机械师）关闭车门，做到确认准确、通知及时。遇动车组重联运行时，两名列车长互相确认旅客乘降完毕后，由运行前方第一组的列车长负责通知司机（或随车机械师）关闭车门。

（2）座车列车员。

① 在指定车厢边门处站台立岗，引导重点旅客就座，指引旅客放置行李，做到引导有序、安排妥善。

② 确认旅客乘降完毕后，向列车长汇报。

（3）卧车列车员。

① 到站前提前通报旅客做好下车准备。

② 在指定车厢边门处站台立岗，引导重点旅客到位，指引旅客放置行李，做到引导有序、安排妥善。

③ 确认旅客乘降完毕后，向列车长汇报。

④ 更换中途下车旅客的卧具，做到一客一换。

⑤ 做好中途上车旅客乘车登记，掌握旅客去向，做到登记及时、记录准确。

5）终到、折返站作业

（1）列车长。

① 列车终到前 5 分钟播放欢送词，做到按时播报，音量适中。

② 列车到站后，在 5 号车厢靠餐车（重联时列车长在 5 号和 13 号车厢）边门处站台立岗，与旅客道别，协助重点旅客下车，做到举止规范、主动热情。

③ 旅客下车完毕，巡视检查全列车厢，做到动作迅速、检查仔细。

④ 与车站客运值班员办理业务交接，做到交接清楚、手续完备。

⑤ 遇交接班时，交接班列车长在 5 号车厢靠餐车（重联时列车长在 5 号和 13 号车厢）边门处站台立岗，站台交接，做到交接迅速、内容清楚。

⑥ 交接完毕后，交班乘务组列队在餐车位置处站台面向列车立岗，目送列车出站。

（2）座车列车员。

① 到站后，在指定车厢边门处站台立岗，与旅客道别，协助重点旅客下车，做到举止规范、主动热情。

② 旅客下车完毕，巡视检查车厢，发现问题，及时报告，做到动作迅速、检查仔细。

③ 遇交接班时，交接班列车员在餐车内交接，做到交接迅速、内容清楚。

（3）卧车列车员。

① 到站前提前通报旅客做好下车准备。

② 到站后，在指定车厢边门处站台立岗，与旅客道别，协助重点旅客下车，做到举止规

范、主动热情。

③ 旅客下车完毕，巡视检查车厢，发现问题，及时报告，做到动作迅速、检查仔细。

④ 清点卧具备品，办理交接，做到清点准确、交接清楚。

6）退乘作业

（1）列车长。

① 召开车班退乘会，总结工作完成情况，填写《乘务日志》，做到重点突出、记录翔实。

② 带领客运乘务人员列队退乘。

③ 需要解款时到规定地点缴款，做到专人护送、账款相符、及时解缴。

④ 到客运段派班室报到，汇报工作完成情况，递交《乘务日志》等报表，上交有关设备，接受命令指示，做到交接清楚、手续完备。

（2）列车员。

① 参加车班退乘会，向列车长汇报当趟乘务工作，做到简明扼要、准确无误。

② 在列车长的带领下列队退乘。

2. 餐饮工作人员

动车组列车餐饮人员包括服务组长和服务员。服务组长是指动车组列车餐饮经营和服务组人员管理的责任人。餐饮服务员是指动车组列车餐饮服务和商品销售的工作人员。

1）出乘准备作业

（1）服务组长。

① 接受命令指示，确认担当乘务情况，到指定地点请领票据、凭证，做到记录清楚、任务明确、票证齐全、数量充足。

② 根据客流情况，提前通知餐饮基地配送餐饮、商品和备品事宜，并在配送单上签字确认，确保品种齐全，满足需求。

③ 着装整齐，佩戴标志，提前 20 分钟到站台接车，并向列车长报到，做到按时报到、仪容整洁、精神饱满。

（2）服务员。

① 接受命令指示，确认担当乘务情况，做到记录清楚、任务明确。

② 着装整齐，佩戴标志，在餐饮服务组长带领下，提前 20 分钟到站台接车，并向列车长报到，做到按时报到、仪容整洁、精神饱满。

③ 接收清点餐饮食品、商品，确认送餐数量和质量，相关交接手续在开车前 5 分钟办理完毕，做到核对准确、交接清楚、保证质量。

2）始发作业

（1）服务组长。

① 检查摆放餐饮区的各类服务用品，做到用品齐全完好、定位放置。

② 检查餐车设备设施的使用情况，并及时向列车长汇报，做到设备设施齐全、性能良好、使用正常。

③ 检查餐饮食品、商品和备品的交接工作，组织实施餐饮食品、商品的质量抽样检查，做到核对准确、交接清楚、质量良好。

④ 组织做好餐饮区内的卫生清洁和消毒工作，保证旅客用餐环境干净整洁。

⑤ 在指定位置立岗，迎接旅客上车，做到举止大方、主动热情。

（2）服务员。

① 检查餐车设施设备的使用情况，及时向组长汇报，做到设施设备齐全、性能良好、使用正常。

② 做好餐车的卫生清洁工作，做到窗明几净、四壁无尘、物见本色。

③ 布置餐台、陈列柜，整理座椅，摆放供餐价目表，做到规范整洁、丰满艺术、美观大方。

④ 售货服务员到吧台领取商品、发票、价目表，办理登记签字手续，做到商品丰富，堆码美观、明码标价、交接清楚。手推车定位、制动停放。

⑤ 配餐服务员提前准备好餐、售食品，做到供应及时、质价相符。

⑥ 在指定位置立岗，迎接旅客上车，做到举止大方、主动热情。

3）运行中作业

（1）服务组长。

① 制定配餐计划，对服务员进行分工，做到计划合理、分工明确。

② 主动介绍供应品种，准确回答旅客问询，做到热情大方、表达清晰。

③ 按计划组织配餐供应，做到秩序良好，质量保证，服务周到。

④ 检查餐车经营情况和服务员作业标准，制止违规行为，做到作业标准、经营规范。

⑤ 销售时做到唱收唱付，账物相符，并按规定提供发票。

⑥ 掌握重点旅客动态，落实“首问首诉负责制”，做到重点旅客重点照顾、服务旅客耐心周到。

⑦ 发现设备故障、安全隐患等异常情况，及时向列车长报告。

（2）服务员。

① 开车 10 分钟后，开始售货作业，在车厢内不得兜售和高声叫卖，按规定提供发票。

② 主动迎接旅客就餐，介绍供应品种及价格，按规定提供发票，做到开单准确、唱收唱付。

③ 旅客用餐完毕离席时，服务员主动道谢，及时收撤餐具，整理台面，垃圾分类投放，符合国家环保规定。

④ 准确配置餐食，及时送餐到车厢，做到动作迅速、操作平稳。

⑤ 落实“首问首诉负责制”，做到重点旅客重点照顾、服务旅客耐心周到。

⑥ 发现设备故障、安全隐患等异常情况，及时向列车长报告。

4）折返站作业

（1）服务组长。

① 组织清点剩余餐食、饮品和进款，过期供餐食品按规定报废。

② 在指定位置立岗，向旅客道别。

③ 提前与折返站餐饮供应部门联系，补充食品、饮品和商品，准确办理交接，在配送单上签字确认，做到及时补充、供应充足。

④ 组织服务员做好卫生保洁工作，整理车容车貌。

（2）服务员。

① 及时清点剩余餐食、饮品，过期供餐食品按规定报废。

② 在指定位置立岗，向旅客道别。

③ 接收清点餐饮基地送达的餐饮食品、商品，确认数量和质量。做到核对准确，交接清楚。

④ 负责分类清洗、消毒和存储餐茶具，做到洗消达标、定位摆放。

⑤ 做好卫生保洁工作，整理车容车貌。

5）终到作业

（1）服务组长。

① 组织清点钱款和剩余餐食、商品、备品的数量，填写报表和交接记录，做到清点认真、记录准确、账物相符。

② 做好终到前餐车的卫生清洁工作。

③ 在指定位置立岗，向旅客道别。

④ 认真办理交接，做到交接清楚、手续完备。

（2）服务员。

① 清点钱款和剩余餐食、商品和备品的数量，做到清点认真、账物相符。

② 做好终到前餐车的卫生清洁工作。

③ 与餐饮基地人员办理交接，做到交接清楚、手续完备。

6）退乘作业

（1）服务组长。

① 组织车班退乘会，统一列队退乘，做到仪容整洁、列队整齐。

② 到指定地点缴款，做到安全护送、及时解缴。

（2）服务员。

参加车班退乘会，统一列队退乘，做到仪容整洁、列队整齐。

评价反馈

扫描下方二维码对本次课进行评价。

学习领域八学习情境一问卷调查

学习情境二　高速铁路行车组织

学习情境描述

铁路行车组织工作，必须贯彻安全生产的方针，坚持高度集中、统一领导的原则。运输、机务、车辆、工务、电务、供电、信息、房建等部门要发扬协作精神、主动配合、紧密联系、协同动作，不断提高效率，挖掘运输潜力，完成和超额完成运输任务。

接发列车工作是车站行车工作的基本内容，也是保证列车按运行图安全正点运行、保证铁路畅通的关键环节。为保证车站接发列车的安全，必须按规定的程序办理，所有参加接发列车工作的人员，都必须认真执行规定的作业程序和用语，贯彻“集中领导、统一指挥、逐级负责”的原则，做到安全、迅速、准确、不间断地接发列车。

调车作业是铁路运输生产过程的基本环节，是车站主要工作内容之一，对保证按图行车、安全正点地发出列车、提高铁路运输服务质量都具有十分重要的意义。

通过本情境的学习，应能够自主完成高速铁路车站接发列车工作，能够通过操作计算机联锁设备及 CTC 设备进行动车组及动车组以外列车的调车作业。

学习目标

1. 素质目标

（1）具有爱岗敬业的职业态度。

（2）树立联劳协作观念。

2. 知识目标

（1）掌握分散自律与非常站控的转换方法。

（2）熟悉高速铁路接发列车行车凭证。

（3）掌握接发列车作业流程。

（4）掌握调车工作一般要求。

（5）了解高速铁路调车工作的领导人与指挥人。

（6）熟悉动车组及动车组以外列车的调车作业程序。

（7）了解机车车辆的连挂及防溜规定。

3. 能力目标

（1）能正确进行分散自律与非常站控的转换。

（2）能够自主完成高速铁路车站接发列车工作。

（3）能够通过操作计算机联锁设备及 CTC 设备进行动车组及动车组以外列车的调车作业。

课前任务

上网检索铁道交通运营管理专业国家教学资源库，观看高速铁路行车组织有关视频资源，记录关键词，并回答下列问题。

（1）通过观看视频，谈一谈你对高速铁路行车组织的认知。

（2）作为一名车务行车组织工作人员，应掌握哪些知识？

任务分组

表 8-2-1　学生任务分配

<table>
<tr><td>班级</td><td colspan="2"></td><td>组号</td><td colspan="2"></td></tr>
<tr><td>组长</td><td colspan="2"></td><td>学号</td><td colspan="2"></td></tr>
<tr><td rowspan="5">组员</td><td>姓名</td><td>学号</td><td colspan="2">姓名</td><td>学号</td></tr>
<tr><td></td><td></td><td colspan="2"></td><td></td></tr>
<tr><td></td><td></td><td colspan="2"></td><td></td></tr>
<tr><td></td><td></td><td colspan="2"></td><td></td></tr>
<tr><td></td><td></td><td colspan="2"></td><td></td></tr>
<tr><td>任务分工</td><td colspan="5">1. 各组成员在组长的带领下，10 人一小组通过观看视频谈一谈个人感想，组长汇总。
2. 对比分析高铁站比普速铁路车站行车组织设备有哪些改进。
3. 讨论：高铁站共涉及哪些行车组织岗位，各岗位的岗位职责有哪些？</td></tr>
</table>

任务实施

1. 高速铁路车站接发列车作业

引导问题 1　信号机常态点灯的 CTCS-2 级自动闭塞区段特殊情况下，办理发车的行车凭证是什么？

小提示　参考《铁路技术管理规程（高速铁路部分）》中第 279 条第 18 项规定。

引导问题 2　CTCS-3 级及信号机常态灭灯的 CTCS-2 级自动闭塞区段特殊情况下，办理发车的行车凭证是什么？

小提示　参考《铁路技术管理规程（高速铁路部分）》中第 279 条第 19 项规定。

引导问题 3　如何进行人工办理进路？

2. 高速铁路调车工作

引导问题 4　调车作业要准确掌握速度及安全距离，并遵守哪些规定？

小提示　参考《铁路技术管理规程（高速铁路部分）》中第 314 条第 7 项规定。

引导问题 5　动车组调车作业如何操作？

小提示　参考《铁路技术管理规程（高速铁路部分）》中第 317 条第 3 项规定。

3. 机车车辆停留

引导问题 6　机车车辆停留有哪些规定？

小提示　参考《铁路技术管理规程（高速铁路部分）》中第 320 条规定。

引导问题 7　动车组防溜有哪些规定？

小提示　参考《铁路技术管理规程（高速铁路部分）》中第 321 条规定。

相关知识点

知识点 1　分散自律与非常站控的转换

目前，高速铁路行车指挥全面采用分散自律式调度集中控制设备（CTC），在正常情况下，车站处于分散自律控制模式，集控站由列车调度员负责指挥和办理接发列车作业，车站设车务应急值守人员。在调度集中设备故障及发生危及行车安全的非正常情况下，由车务应急值守人员将控制模式转为非常站控模式并报告列车调度员，同时报告站段，让其指派胜任人员赶赴现场，协助做好非正常接发列车工作。

遇下列情况可转为非常站控模式：

（1）调度集中设备故障。

（2）行车设备施工、维修需要时。

（3）发生危及行车安全的情况需要时。

需要注意的是，除因危及行车安全必须立即由车务应急值守人员转换为非常站控模式外，其他由列车调度员提出需转为非常站控模式时，必须经调度所值班主任（值班副主任）的口头批准。

转为非常站控模式时，由于行车指挥权从列车调度员转到了车务应急值守人员，车务应急值守人员和列车调度员须在《CTC 控制模式转换登记簿》内登记，记明转换的原因。同时，为了保证接发列车安全，必须将设备状况、站内停留车情况、列车运行计划、邻站（线路所）控制模式及与本站（线路所）有关的调度命令等情况交接清楚，认真核对。转为非常站控模式后，车务应急值守人员应通知列车司机和邻站（线路所）“本站已转为非常站控模式”。

当调度集中设备恢复正常及危及行车安全等转为非常站控模式的原因消除后，车务应急值守人员和列车调度员须在《CTC 控制模式转换登记簿》内登记，并及时转回分散自律控制模式。

1. 车务应急值守人员应掌握的信息

由于行车办理权的转换，车站值班员如果不了解有关情况就盲目作业，容易出现安全问题。因此铁路局集团公司对转为非常站控模式前车务应急值守人员要清楚掌握哪些内容有着严格的规定，具体如下：

（1）“计划清”。车务应急值守人员须与列车调度员核对列车运行计划，确认车次、股道、时刻、运行位置、站内到发线占用情况。

（2）“设备清”。车务应急值守人员询问列车调度员车站及相邻两区间设备情况，如有设备故障，须问清故障设备名称、故障地点、影响范围及行车限制条件等。

（3）“命令清”。车务应急值守人员须询问列车调度员与本站有关的调度命令内容及执行情况。

（4）“对象清”。车务应总值守人员须询问列车调度员邻站是否处于非常站控模式，明确办理行车手续的对象。

2. 车站值班干部的职责

为保证行车安全，车站转为非常站控模式时，车站值班干部要上岗监护作业并认真执行下列规定。

（1）必须立即到岗。车站值班干部接到车务应急值守人员的报告后，必须立即到行车监控室了解相关情况，盯控作业关键。

（2）必须加强盯控。车站值班干部到岗后，须认真盯控进路、行车凭证、调度命令、“运统 46”等关键内容，填记《非正常情况下接发列车关键环节控制程序》。

（3）必须及时汇报。车站值班干部必须及时向站段值班室汇报，重要信息向运输处值班室汇报。

知识点 2　高速铁路接发列车行车凭证

铁路行车凭证是列车进入区间或闭塞分区的凭证。目前，我国高速铁路区段采用自动闭塞制式，正方向行车时，列车按自动闭塞法运行，站内信号机处于常态灭灯状态，区间不设通过信号机，只设区间信号标志牌；反方向运行时，列车按自动站间闭塞运行。

高速铁路行车凭证分为两大类：一类是正常情况下的行车凭证；另一类是信号机常态点灯的 CTCS-2 级自动闭塞区段特殊情况下办理发车的行车凭证，以及 CTCS-3 级及信号机常态灭灯的 CTCS-2 级自动闭塞区段特殊情况下办理发车的行车凭证。

知识点 3　车机联控

动车组列车装备有机车综合无线通信设备（CIR），能实现接车进路预告，司机通过 CIR 设备能够很清楚地知道进路情况，而且动车组列车是严格按照列车运行图规定的股道进行接发的，出现变更股道的情况，列车调度员要向列车司机发布调度命令，司机也能清楚地知道进路的变化情况。所以动车组列车运行中不进行车机联控。车站由分散自律控制模式转为非常站控，且按电话闭塞法行车时，应执行车机联控，车站的车务应急值守人员或车站值班员应主动呼叫司机。车机联控用语如下：

（1）动车组列车接车或机外停车后开车时，进路准备好后。

① 车务应急值守人员（车站值班员）：××（次）×站×道停车（通过）。

② 列车司机：××（次）×道停车（通过），司机明白。

（2）动车组列车站内停车再开或列车始发时，进路准备好后。

① 车务应急值守人员（车站值班员）：××（次）×道出站信号好了。

② 列车司机：××（次）×道出站信号好了，司机明白。

（3）动车组列车邻站发出后，车务应急值守人员（车站值班员）应主动呼叫司机。

① 车务应急值守人员（车站值班员）：××（次）××（站）×道停车（通过）。

② 列车司机：××（次）×道停车（通过），司机明白。

（4）动车组列车临时机外停车。

① 车务应急值守人员（车站值班员）：××（次）××（站）机外停车。

② 列车司机：××（次）××（站）机外停车，司机明白。

（5）动车组列车通过变为停车。

① 车务应急值守人员（车站值班员）：××（次）××（站）×道停车。

② 列车司机：××（次）×道停车，司机明白。

（6）动车组列车变更固定接车线路。

① 车务应急值守人员（车站值班员）：××（次）×（站）变更×道停车（通过），限速××千米每小时。

② 列车司机：××（次）××（站）变更×道停车（通过），限速××千米每小时，司机明白。

（7）动车组列车反方向通过。

① 车务应急值守人员（车站值班员）：××（次）××（站）×道通过，反方向运行（侧

向出站限速××千米每小时）。

② 列车司机：××（次）×道通过，反方向运行，（侧向出站限速××公里），司机明白。

（8）动车组列车反方向发车。

① 车务应急值守人员（车站值班员）：××（次）××（站）×道出站信号好了，反方向运行（侧向出站限速××千米每小时）。

② 列车司机：××（次）××（站）×道出站信号好了，反方向运行（侧向出站限速××千米每小时），司机明白。

（9）动车组在站内或区间限速。

① 车务应急值守人员（车站值班员）：××（次）××（站）×道通过（停车），站内（区间）××千米××米至××千米××米限速××千米每小时。

② 列车司机：××（次）××（站）×道通过（停车），站内（区间）××千米××米至××千米××米限速××千米每小时，司机明白。

知识点 4　接发列车作业程序及有关规定

1. 办理列车预告、报点

正常情况下，列车的预告手续由 CTC 自动完成，不需要人工办理。非常站控模式车站与分散自律控制模式车站或相邻非常站控模式车站间、相邻非调度集中车站与分散自律控制模式车站或非常站控模式车站间办理接发列车时，通过 CTC 或 TDCS 自动办理列车预告、报点遇无法办理自动预告、报点时，由车站值班员与列车调度员或相邻车站值班员人工办理列车预告、报点。

2. 接发动车组列车“五固定”

接发办理客运业务的动车组列车，须执行“五固定”，即固定接发车进路、固定到发线、固定站台、固定停车位置及固定接发车人员。

遇需在非固定到发线接发动车组列车时，须经调度所值班主任准许，由列车调度员发布调度命令。

3. 取消发车进路

出站信号开放或进入区间行车凭证已交付后，如需取消发车进路，列车调度员（非常站控模式时为车站值班员）应及时与司机联系，确认列车尚未起动后，先口头通知司机，再取消发车进路。

列车调度员使用无线传送系统向司机下达书面调度命令时，司机应及时签认接收。司机对其内容有疑问时，须立即向列车调度员询问。

4. 道岔加锁

在高速铁路车站，由于车站只设车务应急值守人员，没有其他的行车人员，所以在发生设备故障需要道瓮加锁时，车务应急值守人员要在行车监控室内负责组织、联系、汇报等工作，车站工务人员、电务人员要参与道岔加锁作业，这一点与既有线是不同的。对高速铁路车站道岔加锁的规定具体如下：

（1）当站内道岔失去表示，无法正常办理接发列车进路时，由车务应急值守人员报告车辆值班干部，车站副站长（安全员）组织电务人员，工务人员进行道岔转换，并通过位置确认，道岔加锁等工作。

（2）现场人工准备进路时，由电务人员任扳道长，与工务人员共同负责道岔转换，加锁等工作，电务人员、工务人员、车站副站长（安全员）共同确认道岔开通位置正确，加锁良好后，在现场签认《道岔加锁及开通位置登记表》（见表 8-2-2），由车站副站长（安全员）通知车务应急值守人员（车站值班员）进路准备情况，车务应急值守人员（车站值实统）向列车调度员汇报。

表 8-2-2　道岔加锁及开通位置登记表

年　　月　　日　　次　　　道　　　　　接车（发车）（通过）

编号	道岔编号	开通位置	加锁情况	电务签名	共舞签名	车务签名

（3）道岔各牵引点及斥离尖轨、可动心轨均须安装道岔钩锁器。道岔钩锁器的安装位置。由车务部门组织，电务部门、工务部门配合，按照道岔钩锁器使用说明书的要求，共同确定后，由工务部门在加锁一侧钢轨轨腰处用红色油漆画一竖线，作为加装道岔钩锁器的标记，并负责日常保养。

（4）各车站配备的道岔钩锁器必须是经集团（局）鉴定合格的产品，使用单位必须严格按照道岔钩锁器使用说明书进行操作。

（5）由车务部门对道岔钩锁器固定编号，在车站行车监控室内设置专用保管箱存放，车务部门加锁、电务部门施封，由车务部门妥善保管。每季度以车务部门为主、电务部门配合开锁、破封将道岔钩锁器保养一次，保证使用灵活。

（6）需要使用道岔钩锁器时，由车务应急值守人员通知电务人员、工务人员，电务人员、工务人员共同在《行车设备检查登记簿》内登记使用原因、使用数量及道岔钩锁器编号，经车务应急值守人员签认后，方可开锁、破封，取出使用。工务人员、电务人员取出道岔钩锁器时，车务应急值守人员要核对数量及编号。

（7）工务人员、电务人员使用完道岔钩锁器后，要在现场清点、收回，一件不漏地带回行车监控室，由车务应急值守人员与工务人员、电务人员共同清点数量、核对编号，正确无误后入箱加锁、施封，工务部门、电务部门方可在《行车设备检查登记簿》内销记。

5. 分散自律控制模式下车站接发列车作业组织方法

动车组列车开车前，司机要选定机车综合无线通信设备通信模式和运行线路，确认机车综合无线通信设备和 GSM-R 手持终端的车次号及机车号注册成功，关闭非操控端司机室机车综合无线通信设备电源。

动车组列车由列车长确认旅客上下完毕后，通知司机关闭车门；列车到站停稳后，司机必须在确认对准停车位置后才能开启车门。按钮不在司机操作台上的，由列车长通知随车机师关闭车门；列车到站停稳后，由随车机械师开启车门。如遇自动开关门故障，由司机通知列车工作人员手动开关车门。动车组列车司机在确认行车凭证和开车时间并关闭车门后，即可起动列车。

出站信号开放或进入区间行车凭证已交付，如需取消发车进路，列车调度员应及时与司机联系，确认列车尚未起动后，再取消发车进路。

列车应按运行图规定的股道接发或通过。遇特殊情况需调整时，由列车调度员在列车运行调整计划中进行并发布调度命令。需人工排列进路时，通过 CTC 操作终端进行操作。

动车组列车通过车站时，需提前停止通过进路上的其他作业和对列车运行安全有影响的作业。提前时间由铁路局集团公司规定。

6. 信号机的点灯、关灯操作

高速铁路列车运行速度高，司机不可能凭肉眼判别地面信号的显示，所以高速铁路列车司机是通过司机驾驶室的仪表显示来确认信号显示的。在 CTCS-3 级区段，车站进站、出站进路信号机在正常状态下不显示。车站联锁设备设置“点灯”按钮和“灭灯”按钮，与对应的进站、进路或出站信号机列车按钮结合操作，实现对进站、进路或出站信号机的点灯和关灯控制。

调车信号机及动车段（所）的信号机正常状态点亮。CTCS-3 级区段遇下列情况，车站进站、出站信号机应点灯。

（1）接入列控车载设备转隔离模式的列车时。

（2）接入机车信号和 LKJ 故障的列车时。

（3）接发路用列车时。

（4）在未设调车信号机的车站或线路上须越出站界进行调车作业时。

注意：只有在站间区间空闲的情况下，才能点亮出站信号机。

知识点 5　非正常接发列车

1. 人工办理接发列车进路

高速铁路车站、线路所、动车段（所）采用计算机联锁设备，接发列车进路自动办理。遇特殊情况不能自动排列进路时，应人工办理接发列车进路。

1）人工办理进路前的准备工作

人工办理接车进路前，为了防止向占用线路接车，车站值班员或列车调度员必须亲自或通过有关人员确认接车线路空闲，为了不造成到达列车站外停车或出发列车晚点，还应确认影响进路的调车作业已经停止，方可准备进路、开放进站信号机，准备接车。

人工办理发车进路前，确认影响进路的调车作业已经停止后，方可准备进路、开放出站信号或交付行车凭证，准备发车。

车站值班员或列车调度员，下达准备接发列车进路命令时，必须向有关人员讲清接发列车的车次、占用线路，即某次接入某道或某次某道出发。当车站一端有两个及以上列车运行方向或双线反方向行车时，还要讲清方向、线别。布置进路应使用规定用语，要求简明、清楚，不得简化。布置进路的命令，不准与其他作业的命令，通知一起下达，以防混淆。当车站衔接方向有两条及以上运行线路时，布置进路时除讲明方向外，还应讲清经由线别。为防止布置进路时有关人员错听，受令人员必须复诵。车站值班员或列车调度员要认真听取复诵，核对无误，方可执行命令。

2）人工办理进路的方法

人工办理进路时，准备进路人员必须严格按车站值班员或列车调度员布置的接发列车进路命令和调车作业计划执行。准备进路人员在扳动道岔、操纵信号时，要眼看、手指、口呼，认真执行“一看、二扳（按）、三确认、四显示（呼唤）”制度。

（1）一看：看道岔标志、信号按钮位置。

（2）二扳（按）：将道岔、信号按钮扳（按）至所需位置。

（3）三确认：扳（按）完道岔、信号按钮后，通过表示灯或标志确认有关进路道岔开通位置是否正确；确认信号开放、关闭状态是否正确。

（4）四显示（呼唤）：确认无误后，就地显示规定的信号或按规定执行呼应制度。

接发列车进路准备人员或其他人员在接发列车进路准备完了或信号开放后，及时向车站值班员或列车调度员报告进路准备情况。

3）人工办理进路开放信号机的时机

信号机的开闭时机是保证安全、正点接发列车的一项重要因素。信号开放过早，进路上的有关道公锁闭，会提前占用咽喉区，影响调车作业及其他作业；信号开放过晚，进路上的有关道岔处于解锁状态，会造成列车在信号机外减速或停车，不仅影响正点率，而且危及行车安全。因此，人工办理接发列车进路时，开放信号机的时机，应是列车正点到达车站或从车站出发前的一个合理时间，在高速铁路《行车组织细则》中有明确规定。

遇特殊情况，出站信号机已开放或行车凭证已交付，如需取消发车进路时，列车调度员（非集控站为车站值班员）应与司机联系，确认列车尚未起动，收回行车凭证后，再取消发车进路。若出发列车已经起动，禁止取消发车进路。

2. 电话闭塞接发列车

电话闭塞是在办理接发列车时，遇基本闭塞设备故障，导致基本闭塞不能使用时，根据列车调度员命令所采取的代用闭塞法。采用电话闭塞法行车时，动车组列车司机根据调度命令将列控车载设备转为 LXJ 方式运行，未装备 LKJ 设备的动车组列车转为隔离模式运行。

1）电话闭塞法列车占用区间行车凭证

使用电话闭塞法行车时，列车占用区间的行车凭证为调度命令。

列车调度员办理发车时，应查明区间空闲。接车站（线路所）为车站控制或将邻台列车调度员控制时，为避免相对方向的两端站同时发出迎面列车，单线、双线正方向首列和双数反方向发车时，除根据《行车日志》等查明区间空闲外，还必须取得接车站承认的电话记录号码（发出除双线正方向首列外的列车时，取得的电话记录号码为前次列车到达的电话记录号码），在发车进路准备妥当后，方可发布作为行车凭证的调度命令。

车站值班员办理发车时，应查明区间空闲，并取得接车站（线路所）承认的电话记录号码。但双线正方向首列后发车为取得前次列车到达的电话记录号码（办理发车及接车的车站，线路所为同一车站值班员指挥时不办理电话记录号码），在发车进路准备妥当后，方可向列车调度员报告，请求发布作为行车凭证的调度命令。

2）电话记录号码

办理电话闭塞时，下列各项应发出电话记录号码（办理发车及接车的车站，线路所为同有出值班员或列车调度员指挥时除外），并做好记录：承认闭塞、列车到达、取消闭塞。

为了便于记录和查看，电话记录号码自每日 0 时起至 24 时止，按日循环编号。电话记录号码由车站编制，每百号为一页，号码顺序应无规律地交错，以防止对方猜测使用，每页内不得有重号。车站值班员应按顺序使用，用后抹销。但在同一区间、同一方向，一日内不得使用同一号码，以免发生错误，危及行车安全。

3）电话闭塞法接发列车程序

高速铁路电话闭塞法接发列车程序与普速铁路电话闭塞法接发列车程序基本相同，但在组织方法和参加人员等方面存在以下差异：

（1）办理接发列车的作业人员中没有助理值班员，集控站只有一名车务应急值守人员，非集控站只有车站值班员和信号员。

（2）引导接车时，车站值班员按规定通过计算机联锁终端开放引导信号接车。引导信号不能开放时，应预告列车调度员发布调度命令，以调度命令作为司机越过进站信号机的根据。

（3）解锁进路时，如连续使用同一进路接发列车，可不将加锁的道岔解锁恢复定位。

（4）开通区间时，对动车组及按施工特定行车办法行车的列车，不回收书面行车凭证。

3. 车站引导接车规定

当进站、接车进路信号机不能使用时，若设有引导信号，应开放引导信号接车。引导接车一般在特殊情况下进行，所以需要注意行车凭证、接车速度、进路道岔锁闭等问题。

1）引导接车行车凭证

在高速铁路车站，当进站、接车进路信号机不能使用时，应使用引导信号。当引导信号不能开放或无进站信号机时，车站值班员应报告列车调度员，由列车调度员发布调度命令，司机根据调度命令越过该信号机。

2）引导接车速度

引导接车时，列车以不超过 20 km/h（动车组列车为不超过 40 km/h）速度进站，并做好随时停车的准备。

3）引导接车进路道岔加锁

在无联锁的线路上接发列车时，由于无设备保证进路正确及不能锁闭敌对进路，容易发生意外。为了保证列车出入车站的安全，除严格按接发列车手续办理外，还应将进路上无联锁的道岔及邻线上能够进入该进路的无联锁的防护道岔加锁，进路上有联锁的道岔及邻线上有联锁的防护道岔应在控制台锁闭，以防意外扳动造成列车进入异线、脱轨或因其他机车车辆闯入接车进路而发生冲突事故。

为保证高速铁路接发列车的安全，规定在无联锁的情况下，对进路上无联锁的道岔无论顺向、对向，除确认其开通位置正确外，还须加锁。

对接发列车进路上的分动外锁闭道岔，由于结构不同于普通道岔，可动部分多，锁闭工具、加锁位置也与普通道岔不同，要求在进路上无论对向和顺向，都必须对密贴尖轨、斥离尖轨和可动心轨加锁。具体加锁办法，由铁路局集团公司根据道岔、加锁工具及劳动组织等情况规定。

4. 列车在站临时停车后继续运行的处理

接发列车作业涉及人员较多，情况复杂多变，车站内的设备故障、自然灾害、人身安全等原因，都会造成列车在站内临时停车。列车在站内临时停车，待停车原因消除后需要继续运行时，按以下规定办理。

（1）司机主动停车时，自行起动列车。

（2）其他列车乘务人员使用紧急制动装置（紧急制动阀）停车时，由随车机械师（车辆乘务员）通知司机开车。

（3）列车调度员（车站值班员）使列车在站内临时停车时，由列车调度员（车站值班员）通知司机开车。

（4）其他原因的临时停车，列车调度员（车站值班员）应组织司机、随车机械师务员（车辆乘务员）等查明停车原因，在列车具备运行条件后，由列车调度员（车站值班员）通知司机开车。

上述第（1）、（2）、（4）项列车停车后，司机应立即报告列车调度员（车站值班员），并说明停车原因。

知识点 6 调车工作一般要求及调车作业计划的编制、下达、变更

1. 调车工作一般要求

高速铁路调车与普速铁路有所不同，为了保证动车组列车运行安全、正点按图行车，对高速铁路调车作业人员、通信设备、动车组地勤司机、调车作业方法、接软管、防溜、调车速度和进路道岔锁闭等做出严格要求，具体如下。

（1）车站、动车段（所）的调车工作，应按列车运行图、车站或动车段（所）的技术作业过程及调车作业计划进行。参加调车作业的有关人员应做到以下几点。

① 及时办理动车组出入段（所）、转线及车底取送等作业。发车前，按运行图规定及时将动车组接入到发线待发，保证动车组列车按运行图规定时刻发车，不影响接车。列车终到后，及时组织人员进行动车组入段（所）、转线和检修作业，减少到发线占用时间，保证正常的接发列车作业。

② 充分运用一切技术设备，采用先进工作方法，用最少的时间完成调车任务，即提高作业效率。首先要充分发挥调车人员的积极性，尽量使各工种之间密切配合、协同劳作，提高劳动生产率；其次是经济合理地运用技术设备，采用先进工作方法，周密计划，合理安排，尽可能组织平行作业，压缩各种非生产时间，提高调车效率。

③ 认真执行作业标准，防止一切可能发生的事故，保证调车人员的人身安全及行车安全。

（2）调车作业时，应使用机车综合无线通信设备、调度台（车站）FAS 终端或注册的 CSM-R 手持终端进行联系。

使用机车进行调车作业时，应使用无线调车灯显设备（机车摘挂、转线等不进行车辆摘挂的作业除外），并使用规定频率，其显示方式须符合有关要求。无线调车灯显设备应与列车运行监控装置配合使用，无线调车灯显设备的使用、维修及管理办法由铁路局集团公司规定。无线调车灯显设备正常使用时停用手信号，对灯显以外的作业指令采用通话方式；无线调车灯显设备发生故障时，改用手信号作业。

（3）动车段（所）设动车组地勤司机，负责动车组在动车段（所）内调车、试运行等调移动车组的作业。

（4）禁止溜放调车、手推调车和跟踪出站调车作业。

（5）在作业中，调车作业人员须停车上下。

（6）调车作业必须连接全部软管，保证车列能按要求减速或停车，并按规定对停留车辆采取防溜措施。摘车时，必须停妥，按规定采取好防溜措施，方可摘开车钩；挂车时，没有连挂妥当，不得撤除防溜措施。

（7）调车作业速度是根据调车作业特点、调车时所经过线路道岔的允许速度及保证调动车列运行中的安全而规定的。要求参加调车作业的有关人员必须认真执行并遵守下列规定：

① 在空线上牵引运行时，速度不准超过 40 km/h；推进运行时，速度不准超过 30 km/h；动车组后端操作时，速度不准超过 15 km/h。

② 调动乘坐旅客车辆时，速度不准超过 15 km/h。

③ 接近被连挂的车辆时，速度不准超过 5 km/h。

④ 在尽头线上调车时，距线路终端应有 10 m 的安全距离；遇特殊情况，必须近于 10 m 时，要严格控制速度。

⑤ 电力机车、动车组在有接触网终点的线路上调车时，应控制速度，距接触网终点标应有 10 m 的安全距离；遇特殊情况，必须近于 10 m 时，要严格控制速度。

⑥ 旅客未上下车完毕，除本务机车、补机摘挂作业外，不得进行旅客列车（车底）的连挂作业。

⑦ 遇天气不良等非正常情况，应适当降低速度。

（8）调车信号机故障不能开放时，调车指挥人或司机无法从设备上确认进路和取得允许运行的信号，如长时间停留，将影响咽喉能力和调车任务。因此规定进路准备人员应将相关道岔操纵至所需位置并单独锁闭，在调车进路准备妥当后通知调车指挥人（司机）准许越过故障的调车信号机。

2. 调车作业计划的编制、下达及变更

（1）调车领导人应正确、及时地编制、布置调车作业计划。

（2）进行有车辆摘挂的调车作业时，应使用有示意图的调车作业通知单（示意图可另附）。

（3）变更调车作业计划时，调车领导人应通知调车指挥人（无调车指挥人时为司机）停止作业，重新编制调车作业计划并下达，待司机和有关人员清楚无误后，方可继续作业。

（4）调车指挥人应根据调车作业计划制订具体作业方法，连同注意事项，亲自向司机交递和传达；对其他有关人员，应亲自或指派人进行传达。

（5）调车指挥人确认有关人员均已了解调车作业计划后，方可开始作业。

（6）调车作业计划通过机车综合无线通信设备（CIR）传送给司机。遇无机车综合无线通信设备或该设备故障时，可通过 CSM-R 手持终端向司机传达，司机确认后方可作业。

（7）变更调车作业计划时，调车领导人应通知司机停车，由调车领导人传达清楚、司机确认后方可继续作业。

知识点 7 高速铁路调车工作的领导及指挥

1. 高速铁路调车工作原则

高速铁路训车工作是由列车调度员、车站值班员、车务应急值守人员、信号员、调车作业人员、动车组司机、随车机械师、机车或自轮运转特种设备乘务人员等共同完成的。多工

种在不同的条件和环境下联合作业，为了安全、迅速、准确、协调地完成调车作业任务，调车作业必须实行“统一领导和单一指挥”的原则。

2. 高速铁路调车工作指挥

高速铁路车站的调车作业量少，一般不设车站调度员和调车区长。在集控站，车站调车作业由该区段列车调度员统一领导；在非常站控模式的集控站，车站调车作业由车务应急值守人员统一领导；在非集控站，车站调车作业由车站值班员统一领导。

多条高速铁路或高速铁路与普速铁路的交会站，一般划分多个车场，分车场组织行车的车站调车作业，由负责该场调车进路的列车调度员（车站值班员或车务应急值守人员）领导。动车段（所）设备及管理模式不尽相同，调车作业的领导人由路局集团公司具体规定。动车段（所）一般设动车段（所）调度，调车作业由动车段（所）调度统一领导。

为了保证调车作业安全，保证调车作业有关人员行动一致、密切配合，提高调车作业效率、更好地完成调车任务，调车作业实行“单一指挥”的制度。调车作业单一指挥是指对每台担当调车作业的动力（动车组、机车或自轮运转特种设备），在同一时间内只准由调车指挥人（无调车人员时为司机）一人指挥，其他参与调车作业人员应服从调车指挥人的指挥。

1）调车指挥人

调车作业由调车长单一指挥，所有参与调车作业人员都必须按调车长的指挥进行作业。遇有特殊情况，可由经鉴定、考试合格的胜任人员担当指挥工作。动车组自走行调车作业机车及自轮运转特种设备转线等调车作业由司机负责，不另设调车指挥人。

动车段（所）调车作业的指挥人由铁路局集团公司具体规定。动车段（所）一般设有地勤司机，作为动车段（所）调车作业的指挥人。

2）调车长职责

在调车作业中，调车长既是组织者又是指挥者，对组织调车人员执行规章制度、落实作业标准、保证安全、提高效率等都负有重要责任。

（1）调车作业前，必须亲自并督促调车组人员充分做好准备，对调车设备进行认真检查。

（2）调车作业过程中，应组织调车人员正确、及时地完成调车任务，显示的调车手信号或使用无线调车灯显设备发出的指令必须正确、及时，认真执行规章制度和调车作业标准，严格要求，不间断瞭望，并随时掌握参加调车作业人员的情况，负责调车人员的人身安全和作业安全。

3）司机职责

司机负责动车组自走行调车作业、机车及自轮运转特种设备转线等调车作业，接到作业计划后，及时传达并组织本乘务组人员正确、及时地完成调车任务。

（1）调车作业前，组织本乘务组人员按规定做好相关设备整备，保证机车（动车组、自轮运转特种设备）状态良好，负责操纵机车（动车组、自轮运转特种设备）。

（2）调车作业过程中，时刻注意确认信号，不间断地进行瞭望，认真执行呼唤应答制度，发现危及人身安全或作业安全时，立即采取措施。正确、及时地执行信号显示（作业指令），严格按调车速度要求行车，没有信号或指令不准动车，遇有手信号显示不明、不正确或无线调车灯显设备故障、指令不清、错误显示、无信号显示或接到紧急停车指令时，必须立即停车。

知识点 8 动车组调车作业

目前，我国高速铁路动车组采用固定编组，如有个别车辆故障，则全列送修，故高速铁路调车工作主要包括动车组转线、动车组出（入）检修库、动车组与救援列车或机车摘挂 8 辆固定编组动车组的重联或摘解，以及动车组以外旅客列车车底取送、转线、解编和摘解作业。

1. 动车组调车运行凭证

动车组进行调车作业时，原则上采用自走行方式，凭地面信号机的显示运行。

2. 动车组调车动力

考虑动车组的构造特点、作业方式及安全问题，一般情况下动车组进行调车作业采用自走行方式。但遇故障救援、非电气化区段调车等情况时，可采用动车组无动力调车方式。

3. 动车组调车的操作

动车组禁止连挂其他机车车辆（救援机车、附挂回送过渡车以及动车组无动力调车时的调车机车、公铁两用牵引车除外）调车。

动车组调车作业时，司机应在运行方向的前端操作，前方进路的确认由司机负责。在不得已情况下必须在后端操作时，应指派随车机械师或其他胜任人员站在动车组运行方向的前端指挥，发现危及行车或人身安全的情况时，应立即使用紧急停车按钮（紧急制动装置）或通知司机停车。

4. 动车组转线

动车组转线是动车组列车停于站内到发线，发车前由于出发进路道岔故障，该线无法办理发车作业时，将动车组列车转入另一到发线，以便重新办理进路发车的调车作业。

由于高速铁路车站未设调车信号机、动车组列车编组较长等原因，动车组列车在站内转线时一般按正线越出站界调车办理。越出站界调车是受车站调车设备限制，在区间（自动闭塞为第一个闭塞分区）空闲的情况下，越过进站信号机或站界标进入区间调车的一种方法。由于是进入区间，不同于一般的站内调车作业，为了保证列车运行和调车作业的安全，越出站界调车应遵守以下规定。

（1）办理越出站界调车进路时，进、出站信号机常态为灭灯的应点灯，由列车调度员发布准许越出站界调车的调度命令，司机根据调度命令和进、出站信号机的显示进行调车作业。

（2）越出站界调车期间，相邻站（线路所）禁止向该区间放行列车。越出站界调车作业完毕，司机或调车指挥人应报告列车调度员（车站负责办理调车进路时为车站值班员或车务应急值守人员，车站值班员、车务应急值守人员应及时报告列车调度员），列车调度员通知两端站（线路所）后方可组织行车。

转线的动车组列车司机，关闭原出发端操作台，换另一端为列车出发端，并将列车运行模式转为调车模式。

5. 动车组出入检修库

动车段（所）一般设有检修库和停放动车组的车场。检修库内设调度员或调车区长，车场设值班员。动车组到发与停放共用的，车场值班员与车站值班员办理动车组出入段时，按接发列车作业程序办理；车场值班员与检修库调度员或调车区长办理动车组出入检修库时，按调车作业程序办理。动车段（所）内分别设有动车组到发场和动车组停放场时，到发场与车站按接发列车办理；到发场与停放场、停放场与检修库间，均按调车作业办理。

1）动车组入检修库

检修库调度员提前检查确认检修库内线路达到入库条件，开通对应入库表示灯，并将入库股道通知车场值班员。车场值班员办理入库进路后，动车组应在检修库入库信号机前一度停车，地勤司机与检修库调度员联控，再次确认进车条件，然后限速 10 km/h 按信号行车进入检修库，并按规定位置对标停车。

2）动车组出检修库

检修库调度员派人现场确认出库股道开通条件，并亲自通过监控系统确认，根据出库股道开通条件下达作业任务，派胜任人员与司机按规定撤除防溜措施。检修库调度员确认股道开通条件后，向车场值班员要道，并由车场值班员排列出库进路。检修库调度员根据进路开通情况，开放对应出库表示灯。动车组地勤司机与检修库调度员联控，再次确认出库条件后，按信号显示及有关速度规定出库。

6. 动车组与救援列车或机车的连挂与摘解

1）动车组与救援列车或机车的连挂

动车组是固定编组、单独运行，一般情况下不具备与其他机车车辆连挂的条件。使用过渡车钩连挂其他车辆，既影响作业效率，又容易发生碰撞和冲击，容易对动车组造成损伤。因此，动车组禁止连挂其他机车车辆调车。但是，遇动车组故障、连挂救援机车、动车组挂送过渡车及动车组无动力调车等特殊情况时，动车组可使用过渡车钩与其他机车车辆连挂。

（1）动车组在运行区间被迫停车需要救援时，动车组司机指挥随车机械师做好防护工作，使用动车组上配备的止轮器进行防溜，并做好动车组与机车连挂前的准备。动车组司机降下受电弓并操作“连挂准备”开关，打开连挂端头车前端罩盖，通知随车机械师准备工作完毕。随车机械师下车目视，确认动车组两受电弓均处于降下状态，确认连挂端头车罩盖打开，检查密接式车钩、电气连接器状态良好，确认救援旁通阀门正位，将过渡车钩安装在连挂端头车的密接式车钩上，确认过渡车钩与密接式车钩锁销相互咬合状态良好，然后安装制动软管，通知救援列车或机车司机，动车组司机准备工作完毕。

（2）救援列车或机车司机将机车停在距离动车组 10 m 以上的位置，将机车车钩（15 号车钩）置于全开位，救援列车或机车司机通知动车组司机准备连挂。得到动车组司机可以连挂的通知后，救援列车或机车司机以不超过 5 km/h 的速度连挂动车组，连挂后试拉，确认连接良好。

（3）随车机械师检查救援列车或机车车钩与动车组过渡车钩连挂状态，连接救援列车或机车列车管与动车组制动管，打开动车组制动管和救援列车或机车列车管折角塞门，通知动车组司机、救援列车或机车司机连挂完毕。

2）动车组与救援列车或机车的摘解

（1）当动车组停在区间或车站时，救援列车或机车司机操作列车停车后，通知动车组随车机械师使用动车组配备的止轮器进行防溜；当动车组停在动车段（所）、存放点时，通知地勤司机使用动车组上配备的止轮器进行防溜。

（2）随车机械师或地勤司机按照要求在救援连挂端头车第 3 位车轮两端施加止轮器，并确认止轮器按照要求施加，关闭救援列车或机车列车管和动车组制动管折角塞门，摘解制动软管。

（3）救援列车或机车司机下车摘解车钩，移动救援列车或机车离开动车组。随车机械师摘下动车组制动软管，摘下过渡车钩，放回规定位置，然后由动车组司机关闭前端罩盖，断开制动指令转换器电源。

知识点 9　动车组以外的调车作业

动车组以外的调车作业是指除动车组自走行以外的调车作业，包括使用机车调车作业和使用机车调动动车组、自轮运转特种设备调车作业等。

1. 动车组以外调车运行凭证

调车作业时，凭地面信号机的显示运行。有调车指挥人时，凭调车指挥人的指令及地面信号机的显示运行，没有看到调车指挥人的起动信号，不准动车。

2. 动车组以外调车信号的显示

（1）调车作业时，调车人员必须正确、及时地显示信号；机车乘务人员要认真确认信号，并回示。

（2）推进车辆连挂时，要显示十、五、三车的距离信号，没有显示十、五、三车的距离信号，不准挂车，没有司机回示，应立即显示停车信号。

（3）推送车辆时，要先试拉。车列前部应有人瞭望，及时显示信号。

（4）当调车指挥人确认停留车位置有困难时，应派人显示停留车位置信号。

3. 动车组以外调车进路的确认

调车作业过程中，调车机车司机和调车指挥人所处的位置及其具备的瞭望条件各有利弊。为了明确调车机车司机和调车指挥人在调车进路确认方面的分工，对动车组以外调车进路的确认，有关规章做出了明确规定，具体如下。

（1）机车，自轮运转特种设备运行或牵引车辆运行时，前方进路的确认由司机负责，推进车辆运行时，前方进路的确认由调车指挥人负责。

（2）在推进车辆运行中，调车指挥人应站在既便于确认前方进路，又能使司机看见其显示信号的位置。如两者不能兼顾时，调车指挥人应站在能使司机看见其显示信号的位置，车列前部可另派其他调车人员确认进路，并及时向调车指挥人使用无线调车灯显设备发出指令。

知识点 10　动车组、机车车辆及其他设备的停留、防溜

高速铁路列车运行速度高，为了保证动车组列车运行安全和有关作业的安全，对动车组和机车车辆的停留与防溜提出严格要求，并采取有力的安全防范措施。

1. 机车车辆的停留

不同的车辆在不同的高速铁路上停留，高速铁路《技规》第 320 条有明确规定，具体如下。

（1）有动车组以外的旅客列车上线运行的高速铁路，在动车组运行时段，除动车组、旅客列车车底及本务机车外，车站正线、到发线不应停留其他机车车辆。特殊情况下确需在到

发线停留时，由铁路局集团公司制定相应安全措施。

（2）仅运行动车组列车的高速铁路，在动车组运行时段，车站正线、到发线不应停留动车组以外的其他机车车辆。特殊情况下确需在到发线停留时，由铁路局集团公司制定相应安全措施。

（3）临时停留公务车线路上的道岔应开通不能进入该线的位置并加锁。集中联锁的道岔可在控制台上进行单独锁闭。为了防止冲撞公务车，保证有关人员的正常工作和休息，对临时停留公务车的线路，应将两端道岔置于不能进入该线路的位置，并在控制台上进行单独锁闭。且不能利用该线路进行与公务无关的调车作业。

（4）安全线上禁止停留机车车辆。安全线作为一种进路的安全隔开设备，不得停留机车车辆。

2. 动车组、机车车辆及其他设备的防溜

高速铁路车站内的线路基本都是正线和到发线，其他线路也都是和正线或到发线衔接，动车组和其他机车车辆在线路上停留时，在外力的作用下，很有可能溜入正在进行接发列车作业的车站正线和到发线。因此，必须对动车维和机车车辆采取一定的防溜措施。

1）动车组的防溜

（1）车站内动车组的防溜。

动车组列车为固定编组，调车作业大多是自走行作业，且大多带有停放制动装置，可保证动车组在无动力情况下的停留安全。在特殊情况下人工防溜时，需使用动车组自配的专用止轮器。为了减少作业环节、消除接合部隐患，动车组防溜应优先使用停放制动装置。

动车组无动力停留时，有停放制动装置的动车组，由司机负责将动车组处于停放制动状态；动车组无停放制动装置或在坡度为 20‰以上的区间无动力停留时，由司机通知随车机械师使用止轮器牢靠固定防溜。

重联动车组在设置止轮器防溜时，为减少作业环节和作业强度，仅在前列动车组设置止轮器防溜。

如遇特殊情况，需在同一到发线内停留两列不重联的动车组时，两列动车组之间应间隔不小于 20 m 的安全防护距离（动车段、动车所内的线路除外），并分别做好防溜措施。

（2）动车段（所）内动车组的防溜。

由于动车段（所）设备及管理模式不尽相同，动车组在动车段（所）停留时的具体防溜办法由各铁路局集团公司根据实际情况规定，如西安铁路局集团公司西安北客站动车段对段内动车组的具体防溜规定如下：

① 在动车段（所）内，对有停放制动装置的动车组，施加停放制动进行防溜；对无停放制动装置的动车组，设置止轮器进行防溜。

② 动车段（所）内（检修库以外）动车组防溜的设置和撤除，由动车组地勤司机负责施加和释放停放制动，动车组机械师确认。

③ 在检修库内防溜的设置和撤除，由车辆部门负责。

④ 遇动车组停放制动装置出现故障时，动车组司机应立即向动车段（所）调度员报告，做好防溜作业，并在《动车段（所）动车组防溜登记表》中做好记录。

⑤ 车辆部门在检修库外处理好故障后通知机务部门，派人施加停放制动后撤除止轮器，车辆部门人员进行确认。

（3）动车段（所）内其他设备的防溜。

动车组以外的机车、车辆及自轮运转特种设备在动车段（所）内的防溜工作，有调车组跟随作业时，由调车组负责停留车辆的防溜工作；无调车组跟随作业时，由相关使用单位负责停留车辆的防溜工作。

2）车辆的防溜

对停于车站、动车段（所）内的车辆，在停留过程中应按以下规定进行防溜。

（1）在站内、动车段（所）内停留的车辆，无论停留线路是否有坡道，均应将车辆连接在一起，拧紧两端车辆的人力制动机或人力制动机紧固器防溜，并以铁鞋牢固固定。特殊情况下不能连挂在一起时，应分组采取防溜措施。

（2）为了保证调车作业的安全和提高调车作业效率，一批作业中临时停留的车辆，须拧紧两端车辆的人力制动机或以铁鞋防溜。

（3）为消除隐患、减少作业环节，切实落实防溜责任，高速铁路调车作业实行“谁作业谁防溜（撤除）”的原则，防溜措施的设置和撤除由调车人员（机车及自轮运转特种设备为司机，其他无调车人员的为设备使用单位人员）负责。

3）车站内其他设备的防溜

（1）机车及自轮运转特种设备的防溜。

机车及自轮运转特种设备停留在车站内时，由司机负责将其保持制动或防溜状态，并按有关规定采取止轮措施。

（2）施工的路用车辆及自轮运转特种设备的防溜。

为保证高速铁路列车运行安全，对于停留在站内用于施工的路用车辆及自轮运转特种设备，除按有关规定采取防溜措施外，使用该路用车辆及自轮运转特种设备的单位还应派人负责看守，并对其防溜措施进行检查和确认。

（3）其他车辆的防溜。

对于在站内到发线停留的其他车辆，应由车站人员（车务应急值守人员或其他胜任人员）对其防溜措施进行检查和确认。

3. 防溜器具管理

（1）车站行车室必须配备足够良好的防溜器具，由车站值班员（车务应急值守人员）负责保管和交接。有关作业人员领取、使用、交回时，须办理登记交接手续，领取（交回）人与保管人共同清点数量、编号无误，确认状态良好后分别签认。

（2）车站值班员（车务应急值守人员）须在行车室对停留车及其防溜情况进行揭示。作业人员采取或撤除防溜措施后，应立即告知车站值班员（车务应急值守人员），一批作业结束后双方进行签认。

（3）在高速铁路车站，必须加强对铁鞋的管理，车站与各单位轨道车配备的铁鞋必须独立编号，以便明确责任。

知识点 11 其他规定

（1）在正线、到发线上调车时，须经过列车调度员（车站控制时为车站值班员）准许。

（2）接发列车时，应按高速铁路《行车组织细则》规定的时间，停止影响列车进路的调车作业和对列车运行安全有影响的其他作业。

（3）接发旅客列车时，与接发列车进路没有隔开设备或脱轨器的线路，不准向能进入接发列车进路的方向调车。本务机车在停留线路内摘挂除外。

（4）同一股道只允许一端调车作业，禁止两端同时向同一股道排列调车进路。当排列接车进路后，禁止办理占用防护区段的调车作业。

（5）调车作业中，应执行钩钩联系制度：每钩作业前，司机（调车指挥人）应主动向列车调度员（车站负责办理调车进路时，为车站值班员或车务应急值守人员）请求进路；进路准备妥当后，列车调度员（车站值班员或车务应急值守人员）方可通知司机（调车指挥人）。

（6）越出站界调车时，必须区间（自动闭塞区间正方向为第一个闭塞分区）空闲，单线区间闭塞系统必须在发车位置；由列车调度员发布准许越出站界调车的调度命令后，方可进行。

评价反馈

扫描下方二维码对本次课进行评价。

学习领域八学习情境二问卷调查

学习情境三 铁路运输安全管理

学习情境描述

铁路运输安全是运输生产系统运行秩序正常、旅客生命财产、货物和运输设备完好无损的综合表现，也是在运输生产全过程中为达到上述目的而进行的全部生产活动协调运作的结果。铁路运输生产的根本任务就是把旅客和货物安全、及时地运送到目的地，其作用、性质和特点，决定了铁路运输必须把安全生产摆在各项工作的首要位置。因此，安全工作始终是铁路工作的生命线和永恒主题。影响铁路运输安全的因素包括人、机（设备）、环境、管理（制度），其中人的因素起主导作用。铁路运输安全管理工作也正是基于上述四个因素开展的。

学习目标

1. 素质目标

（1）牢固树立“安全第一、预防为主”的安全意识。

（2）提升职业道德素质，增强职业认同感，培养立志献身铁路、奉献铁路的理想信念。

（3）养成严谨的工作态度和一丝不苟的工作作风。

（4）养成按章作业的工作习惯。

（5）养成独立分析与解决具体问题的综合素质能力。

2. 知识目标

（1）了解影响铁路运输安全的主要因素。

（2）掌握铁路消防安全的基本内容。

（3）掌握铁路交通事故救援及处理基本内容。

3. 能力目标

（1）具备正确分析和消除铁路运输安全危险源的能力。

（2）具备正确使用消防设备设施的能力。

（3）具备基于运输一线岗位各工种开展安全生产的能力。

课前任务

上网检索“4.28”胶济线特大行车事故、“7.23”甬温线动车追尾视频、消防器材与设施的使用，了解影响运输安全的主要因素、铁路运输安全作业特点、消防设备设施使用以及铁路交通事故救援的基本内容，记录关键词，并回答下列问题。

（1）铁路运输安全事故发生的原因有哪些?

（2）如果你是铁路运输企业管理者，该如何避免类似事故?

（3）常见的消防器材有哪些？如何使用消防器材?

任务分组

表 8-3-1 学生任务分配

<table>
<tr><td>班级</td><td colspan="2"></td><td colspan="2">组号</td><td colspan="2"></td></tr>
<tr><td>组长</td><td colspan="2"></td><td colspan="2">学号</td><td colspan="2"></td></tr>
<tr><td rowspan="5">组员</td><td>姓名</td><td colspan="2">学号</td><td colspan="2">姓名</td><td>学号</td></tr>
<tr><td></td><td colspan="2"></td><td colspan="2"></td><td></td></tr>
<tr><td></td><td colspan="2"></td><td colspan="2"></td><td></td></tr>
<tr><td></td><td colspan="2"></td><td colspan="2"></td><td></td></tr>
<tr><td></td><td colspan="2"></td><td colspan="2"></td><td></td></tr>
<tr><td>任务分工</td><td colspan="6">1. 教师帮助学生划分学习小组，在小组划分时应考虑学生个体差异。
2. 成员两两一小组查阅铁路运输安全事故、消防器材的网络资料（可以是新闻、短视频、文章等），结合课前任务做好学习笔记，由组长汇总。
3. 讨论：作为未来铁路运输从业者，该如何做好铁路安全生产工作；发生火灾时，如何正确使用灭火器开展火灾扑救；上述问题由学生以小组为单位提交成果，组长记录</td></tr>
</table>

任务实施

1. 铁路运输安全影响因素

引导问题 1　影响铁路运输安全的主要因素有哪些？

引导问题 2　讨论分析导致上述事故的人为因素有哪些？

引导问题 3　结合已有事故案例，分析总结如何消除人为因素带来的安全隐患？

2. 铁路消防安全

引导问题 4　引发燃烧持续的要素包括哪些?

引导问题 5　铁路消防工作基本要求是什么?

引导问题 6　客车乘务人员在列车上的“十不准”是指什么?

3. 铁路交通事故救援

引导问题 7　救援基地的基本任务是什么?

引导问题 8　救援列车的编组有什么要求?

相关知识点

知识点 1　铁路运输安全影响因素

铁路运输系统是一个在时间、空间上分布很广的开放的动态系统，铁路运输安全影响因素错综复杂，涉及面大。从系统的观点出发，与运输安全有关的因素可以划分为四类：人、机器、环境以及管理（制度）。其中，人既是影响安全的一种因素，又是防护对象；机器既是影响安全的因素，又是保障安全的物质基础；环境既可能是影响安全的灾害因素，又可能是应予保护的社会财富。因此，必须对其进行合理的组织管理才能充分发挥各自效能，最大限度地保障运输安全。

在人-机-环境系统中，只有人可以向安全问题提出挑战，一个掌握足够技能和装备的人能够发现并纠正系统故障，并且使其恢复到正常状态。不幸的是，绝大多数事故的发生均与人的不安全行为有关，如图 8-3-1 所示。为了保障运输安全，必须注重职业教育，强化岗位培训，提高工人的技术技能。然而，由于受生理和心理状态的影响，人的行为状态和技能的发挥会有较大的起伏，若仅靠人或以人为主来保障运输安全，即便所有人员均达到培训要求，从长远看，运输安全并不能得到充分保证。欲使运输安全达到较高水平，必须依靠技术先进、质量优异的运输设备和技术装备。

图 8-3-1　人的不安全影响运输安全

影响运输安全的环境因素包括自然环境（见图 8-3-2）和社会环境两类。洪水、暴雨、风沙、泥石流、地震等自然灾害是影响铁路运输安全的重要自然环境，为了降低其危害需建立灾害环境的预警、预报系统及灾后救援和修复系统。而社会环境主要是指通过组织管理所营造的系统内的协调关系和通过法律、行政法规构筑的系统外部环境。

图 8-3-2　洪水导致铁路线路损毁

知识点 2　铁路消防安全

1. 火灾的概念

火灾是在时间和空间上失去控制，对财物和人身造成一定损害的燃烧现象，如图 8-3-3 所示。燃烧是可燃物与氧化剂作用发生的放热反应。物质燃烧之后发生了变化，生成与原来不同的物质，燃烧还伴有放热发光和发烟现象。放热，是存在于物质中的化学能，在物质燃烧时一部分变成热能；发光，是人们用肉眼能观察到的光亮，由于物质的化学组成不同，以及所处环境不同，有些物质燃烧时的光较弱不易被观察到，而多数可燃物质燃烧时火焰明亮，且带有不同的烟熏现象；发烟，是燃烧产物悬浮在空气中的微小的颗粒群。

图 8-3-3　火灾现场

根据物质及其燃烧特性划分，可将火灾分为以下五种类型。这种分类表明了燃烧物质的种类属性和扑救火灾时应选择相应的灭火剂。

A 类火灾，是指固体物质火灾，如木材、棉毛、麻、纸张、塑料制品、化学纤维等火灾。

B 类火灾，是指液体和可熔化固体物质的火灾，如汽油、柴油、酒精、植物油、变压器油、各种溶剂、沥青、石蜡等火灾。

C 类火灾，是指气体火灾，如煤气、天然气、氢气、沼气、氨气、一氧化碳等火灾。

D 类火灾，是指金属火灾、如钾、钠、铝、镁铝合金等火灾。

E 类火灾，电器类设备过载短路所引发的火灾。

2. 室内火灾的发展过程

1）火灾初期阶段

产物：水汽、二氧化碳、少量一氧化碳。

温度：火焰温度不小于 500 °C，室温略有上升。

2）火灾发展阶段

产物：烟、毒性气体。

温度：环境温度可达到 500 °C 以上，上层气温达到 400 ~ 600 °C。

3）火灾下降阶段

产物：氢气、甲烷。

温度：室内温度下降到 500 °C 左右，突然引入较多新鲜空气。

3. 火灾燃烧的要素（火三角）

发生火灾必须同时具备可燃物、氧化剂和引火源（也称点火源）三个要素。这三个要素是构成燃烧的必要条件，燃烧要持续，这三个要素缺一不可。

1）可燃物

（1）定义。

凡是在标准状况下能够在空气（氧气）或其他氧化剂中燃烧的物质，一般都称为可燃物。少部分无机物和绝大部分有机物都是能够燃烧的。

（2）分类。

① 可燃性固体。常见的可燃性固体包括煤、木材、塑料、橡胶、棉花、麻、化学纤维等。

② 可燃性液体和可融化的可燃性固体。常见的可燃性液体和可融化的可燃性固体主要是各种轻重油，例如煤油、汽油、柴油以及各种动物油脂。

③ 可燃性气体。常见的可燃性气体有天然气、煤气。

④ 可燃性金属。常见的可燃性金属有金属钠、钾、镁及其过氧化物。

2）氧化剂

（1）定义。

① 氧化剂是指与可燃物相结合导致燃烧的物质，俗称助燃物。

② 可燃物燃烧必须与氧化剂发生反应，否则燃烧不能发生。

（2）分类。

常见的氧化剂主要是空气、氧气、氯气、硝酸等。

3）引火源

（1）定义。

引火源是指能够使可燃物与氧化剂发生燃烧反应的能量来源。引火源常见的是热能，还有其他如电能、化学能、光能及机械能等。这些能量多以热能表现出来。

（2）分类。

常见的引火源主要有以下几种。

① 明火，明火是比较强的热源，它能点燃任何可燃物质。因为火焰的温度在 700 ~ 2 000 °C，高于一般可燃物质的自燃点。

② 火星，火星是在铁与铁、铁与石、石与石之间强力摩擦、碰撞时产生的高温渣粒，或者是从烟囱中飞出来的，施焊作业中溅出来的高温渣粒。这种火星的温度高达 1 200 °C，虽然热量不大，但可以引燃可燃气体和液体蒸气，也可以引燃某些固体物质，如棉花、干草、锯末等松软物质。

③ 电火花，电击产生的电弧光，还有静电释放的电火花，由于这种引火源普遍存在于生活、生产之中，所以是易于被人们忽视的危险的引火源。

④“化学反应热”和“生物热”，即由于化学变化或生物作用产生的热能，这种热能如不及时散发掉，就有可能引发火灾或者爆炸事故。

4. 常用灭火器介绍

按充装灭火剂的种类不同，常用灭火器有 ABC 干粉型、水型、二氧化碳型等灭火器具。

1）ABC 干粉灭火器

ABC 干粉灭火有手提式和推车式两种，手提式 ABC 灭火器重量规格为 2 kg 或者 4 kg，在防火重点区域可设置 35 kg 的推车式干粉灭火器，如图 8-3-4 和图 8-3-5 所示。

ABC 干粉灭火器适用于扑救可燃固体、易燃液体、可燃气体和带电（50 kV 以下）电气设备的初起火灾。

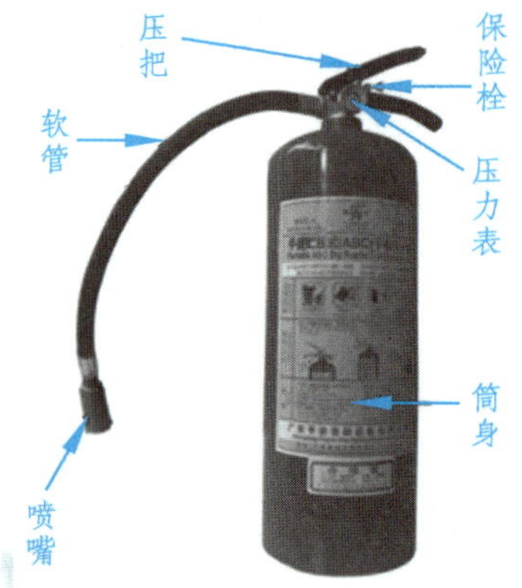

图 8-3-4　手提式干粉灭火器

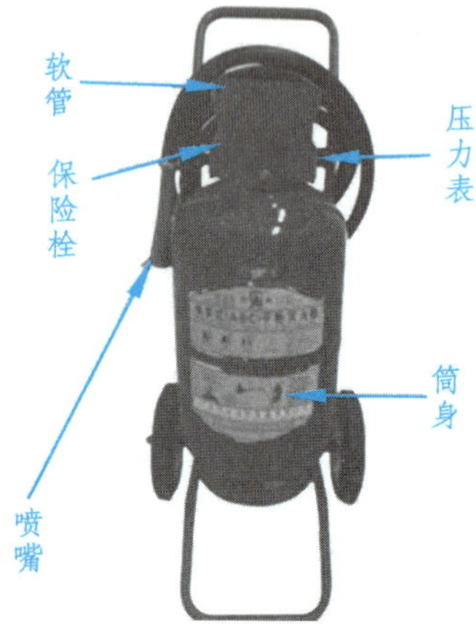

图 8-3-5　推车式干粉灭火器

手提式干粉灭火器使用方法：当发生火灾时边跑边将筒身上下摇动数次；拔出安全销，筒体与地面垂直手握胶管；选择上风位置接近火点，将皮管朝向火苗根部；用力压下握把，摇摆喷射，将干粉射入火焰根部；熄灭后并以水冷却除烟，如图 8-3-6 所示。

（a）拔下保险销　（b）握住软管　（c）压下手柄灭火

图 8-3-6　灭火器使用方法

推车式干粉灭火器使用方法：当发生火灾时将灭火器推至现场；拔出安全销，保持筒体与地面垂直，手握胶管；选择上风位置接近火点，将皮管朝向火苗根部；用力压下握把，摇摆喷射，将干粉射入火焰根部；熄灭后并以水冷却除烟。

2）水型灭火器

水型灭火器内部装有 AFFF 水成膜泡沫灭火剂和氮气，按灭火器容积分为 490 mL、1 L、2 L、3 L、4 L、6 L，常用的为 2 L 和 6 L，如图 8-3-7 所示。

水基型系列灭火器，可扑灭 A、B、C 三类火灾，也可以扑灭 380 V 以下的电气火灾，主要设置于车站、列车、医院、商场等人流集中的区域。

在使用时，应首先将灭火器提到起火地点，放下灭火器，拔出保险销，一只手托住灭火器根部，另一只手紧握启闭阀的压把，将灭火器喷嘴对准火源根部左右扫射，在火势没有完全扑灭前不能松开压力把手。

3）二氧化碳灭火器

二氧化碳灭火器质量规格为 2 kg 或者 4 kg，如图 8-3-8 所示。

图 8-3-7 水型灭火器

图 8-3-8 二氧化碳灭火器

二氧化碳灭火器可以扑灭 A、B、C 三类火灾以及 600 V 以下电气设备火灾。因二氧化碳有流动性好、喷射率高、不腐蚀容器和不易变质等优良性能，该灭火器常设置于图书馆、档案室、博物馆、精密仪器生产及存放场所。

在使用时，应首先将灭火器提到起火地点，放下灭火器，拔出保险销，一只手握住喇叭筒根部的手柄，另一只手紧握启闭阀的压把。对没有喷射软管的二氧化碳灭火器，应把喇叭筒往上扳 70 ~ 90°。使用时，不能直接用手抓住喇叭筒外壁或金属连接管，防止手被冻伤。在使用二氧化碳灭火器时，在室外使用的，应选择上风方向喷射；在室内窄小空间使用的，应开窗通风，灭火后操作者应迅速离开，以防窒息。

5. 铁路消防工作要求

1）铁路消防工作基本要求

（1）三懂三会。

三懂：懂本岗位火灾危险性，懂预防措施，懂灭火方法。

三会：会报警，会使用消防器材，会扑救初起火灾。

（2）两知一会。

两知：知位置、知性能。

一会：会使用

2）旅客列车消防工作要求

（1）严格执行“三乘联检”制度。列车始发前，由列车长组织乘警长、车辆乘务长，对列车火源、电源和消防器材进行全面检查；运行中重点检查；终到后彻底检查。检查结果由检查人员分别签字确认，严禁代签、漏签，如图 8-3-9 所示。

（2）乘务室、广播室、配电室、检车工具间、餐车储藏室和行李车、邮政车、发电车禁止吸烟。不吸烟车厢内应有“禁止吸烟”的明显标志，如图 8-3-10 所示。乘务人员要对吸烟的旅客进行劝阻。允许吸烟处，应有“吸烟处”明显标志，并必须保持烟缸设备齐全，教育旅客不要乱扔烟蒂火种。

（3）客车乘务人员在列车上的“十不准”。

① 不准使用自备的炉灶、灶具和电源器具。

② 不准使用蜡烛、蚊香、酒精等。

图 8-3-9　列车三乘联检

图 8-3-10　列车禁烟标志

③ 不准燃放烟花爆竹。

④ 不准焚烧炽热铁板热饭热菜。

⑤ 不准使用易、可燃液体浸柴点炉生火。

⑥ 不准从炉内铲出燃烧的火炭给他炉引火。

⑦ 不准往炉内洒油、撒盐等助火。

⑧ 不准用水冲刷地板。

⑨ 不准乱拉临时电线，乱接电气装置。

⑩ 不准在检查孔、电泵箱、煤箱、配电盘上放置杂物。

3）车站防火安全相关知识及规定

（1）旅客车站集散厅、售票厅和候车室区域内严禁开设公共娱乐场所，站房其他区域开设公共娱乐场所应设置独立的防火分区。站房内设置的餐饮、售货等营业性场所，应符合消防安全规定。

（2）车站行包房按货物仓库严格消防管理，应加强监督检查。站台临时堆放行包应在指定区域，不得堵塞消防通道，不得埋压、圈占、遮挡消防设施。

（3）车站应严格落实易燃、易爆危险物品查堵措施。车站配置的安检仪，应保持状态良好，运转正常。

（4）车站应向旅客宣传铁路站车防火、防爆的规定。严禁携带易燃、易爆危险物品进站上车，严禁在候车室等禁烟场所吸烟，不得在通道处堆放行李物品，不得擅自动用消防设施、器材。

（5）候车室、集散厅、售票厅、旅客通道内应设置应急照明灯和疏散指示标志，疏散通道应保持畅通。

知识点 3　铁路交通事故救援

1. 铁路交通事故救援组织

1）救援基地

我国铁路事故救援组织由机务部门负责管理，各铁路局集团公司机务处均设专人负责事故救援工作。在铁路规定地点（主要干线上的技术站所在地）设置适当等级的救援基地，如图 8-3-11 所示。在无救援基地的技术站或较大的中间站，组织救援队。

图 8-3-11　救援基地开展事故救援演练培训

铁路局集团公司救援基地的增设、调整应报国铁集团审批，并在《行车组织规则》中公布。救援基地为当地机务段独立车间一级单位，受机务段段长的直接领导。

救援基地设主任一名，领导救援基地的全部工作。救援基地专业人员为救援工作的骨干力量，由机务段挑选身体健康、责任心强，具有一定技术业务水平的人担任，无特殊理由不得变动。救援基地职工应集中居住于救援基地附近的住宅，具有较为方便的通信工具，以保证迅速集结与出动。休班时间应尽量在家休息，必须离开住宅时，应向主任说明去向。

救援基地担负以下基本任务：

（1）担负救援基地管辖区域的交通事故救援，及时起复机车车辆，清除线路上的障碍，开通线路，保证迅速恢复行车。

（2）负责救援基地管辖区域内各救援队的技术训练和业务指导，以及工具备品的配置、改进、修理和补充工作。

（3）不断分析和总结救援工作的先进经验，改进事故救援方法。

2）事故救援班

在救援基地所在地，由各站、段挑选有救援经验的职工 10～15 名，分别组成不脱产的救援班。救援班是救援基地的后备力量，其任务是补充救援基地专业人员和技术力量的不足，保证救援任务的顺利完成。

救援班班长由各单位领导者担任，报上级领导批准后，上报救援基地主任。

各单位救援班的具体人数和召集办法，由救援基地主任考虑，征得各单位领导同意确定。救援班的人员素质除身体健康外，还应注意技术专长的搭配，人员有变动时应及时补充并告知救援基地主任。

各救援班按调度命令出动。事故救援班所属单位值班人员接到出动的调度命令后，救援班长应立即召集本单位救援班人员，迅速赶到救援基地处报到，听从救援基地主任指挥，与救援基地协同行动。

3）事故救援队

在铁路局集团公司批准的无事故救援基地的车站上，组织事故救援队，救援队为不需要出动救援列车时处理轻微事故的组织。遇有重大、大事故，有必要时，也应参加救援列车的救援工作。

（1）救援队的组成。

设队长1名，救援队员15~20人，救援队员由车站、机务、车辆、工务，电务、供电、水电、卫生等部门构成。

（2）救援队的任务。

积极抢救负伤人员或送附近医院抢救治疗；采取一切措施，起复机车车辆，清除线路上的一切障碍物，迅速恢复通车；如事故严重时，应于救援列车到达前做好救援准备工作；保护铁路财产及运输物资（行李、包裹、货物）的安全。

（3）救援队的响应。

救援队所在地设有电话所或电话总机的，救援队长所在单位接到救援调度命令后，立即用电话通知电话所领班，由电话员直接通知救援队有关单位。

在无电话所的车站，由车站值班员直接通知有关单位。

有关单位接到出动调度命令后，立即通知救援队长并召集本单位的救援队员，在30分钟内迅速赶到指定地点集合。救援队长赶到集合地点后，立即了解事故情况，提出初步救援方案，向列车调度员汇报，征得同意后携带救援工具和备品赶赴事故现场进行救援工作。

2. 铁路交通事故救援设备

在国铁集团指定地点设事故救援列车、电线路修复车、接触网检修车，并经常处于整备待发状态，其工具备品应保持齐全整洁、作用良好。

机车动车、重型轨道车上应备有复轨器。

救援队在车站的适当处所的备品室（库）内存放必备的起复救援工具、备品、器材，如人字形复轨器、海参形复轨器、千斤顶、钢丝绳、大锤、短钢轨等。

1）救援列车

（1）救援列车的编组。

救援列车一般由轨道起重机及游车、工具车、发电车、救护车、办公宿营车、炊事车、备品车平车、水槽车、装有拖拉机的棚车等车辆组成，轨道起重机应挂于救援列车的一端，不得挂于中间。救援列车应编成完整的车列，所有车辆应全部连接完好并接通制动软管，制动机作用保持良好，如图8-3-12所示。

图 8-3-12　救援列车

（2）救援列车的停放。

救援列车应停留在固定使用的机务段段管线或所在车站的站线上，该线路应两端贯通，不需转线即可直接发车进入区间。救援列车停留线两端的道岔应扳向不能进入该线的位置并加锁，钥匙由段（站）值班员或救援列车值班员保管。

救援列车所在地点，应设有办公室及生产、生活用房屋，办公室应装设值班电话。

2）电线路修复车

电线路修复车是为了修复因自然灾害或其他原因造成的信号、通信线路损坏，装有工具、器材的专用车辆，可随时编入救援列车开往事故现场。

3）接触网检修车

接触网检修车是为了修复电气化铁道发生接触网断线、电杆及铁塔倒伏、瓷瓶破损等而特设的专用车，如图 8-3-13 所示。

图 8-3-13　接触网检修车

4）车辆脱轨的起复工具

（1）人字形复轨器。

人字形复轨器两个为一组，左为“人”字形，右为“入”字形，如图 8-3-14 所示。使用时，先在脱轨车辆复轨方向一端，按照车轮距钢轨的距离，选择适当地点，将复轨器按左“人”右“入”的位置安放在钢轨上，其后端部须落在枕木上，再在头部与钢轨顶接触处加上防滑木片或棉丝、破布等，尾部用道钉钉固在枕木上，在腰部底下两侧充满石砟。如后部带串锁应使尾部与枕木边相齐，串锁由钢轨底下穿过。如复轨器前面带有加固板，应将加固板放在钢轨底部用螺丝与复轨器上部连接加固。

图 8-3-14 人字形复轨器

（2）海参形复轨器。

海参形复轨器一组两个，一个为外侧复轨器，安放于脱落在线路外侧的车轮的前方；另一个为内侧复轨器，安放于脱落在两钢轨之间的车轮的前方。海参型复轨器体小轻便，适用于脱轨车轮距离较近的起复工作，如图 8-3-15 所示。

图 8-3-15 海参形复轨器

（3）手动简易复轨器。

手动简易复轨器是起复脱轨车辆的简易工具，它适用于中间小站、隧道、站台处，起复载质量 60 t 及其以下发生脱轨的空重车辆。该起复器具有使用轻便、灵活、起复迅速、操作简便安全、便于携带、不需要动力机械等特点，如图 8-3-16 所示。

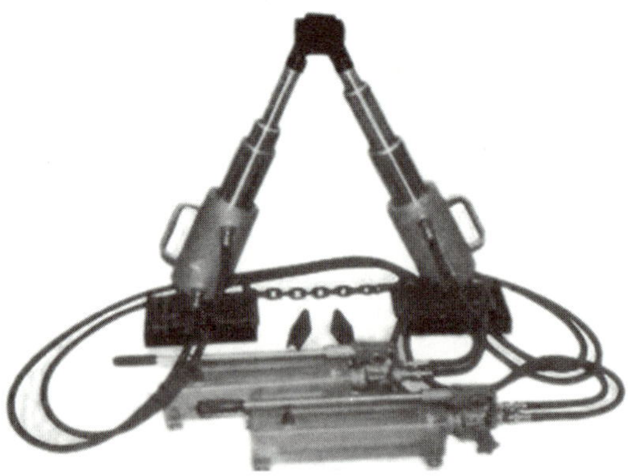

图 8-3-16 手动简易复轨器

3. 事故救援响应

接到事故救援报告后，应当根据事故严重程度和影响范围，按特别重大、重大、较大、一般四个等级由相应单位、部门做出应急救援响应，启动应急预案。

特别重大事故的应急救援，由铁路监管部门报请国务院启动，或者由国务院授权的部门启动。国铁集团在国务院事故应急救援领导小组的领导下开展工作，开通与国务院有关部门、事发地省级事故应急救援指挥机构以及现场事故救援指挥部的应急通信系统，征求有关专家建议以及国务院有关部门意见提出事故应急救援方案，经国务院事故应急救援领导小组确定后组织实施，并派出专家和有关人员赶赴现场参加救援。

重大事故的应急救援，由铁路监管部门启动。事故应急救援工作机构应当组建现场事故应急救援指挥部（以下简称现场指挥部），并根据事故具体情况设立医疗救护、事故起复、后勤保障、应急调度、治安保卫、善后处理等工作组，开通与事发地铁路运输企业和现场指挥部的应急通信系统，咨询有关专家，确定事故应急救援具体实施方案，必要时，协调请求事发地人民政府、当地驻军、武警部队提供支援。遇有超出本级应急救援处置能力时，及时向国务院报告。

较大事故、一般事故的应急救援，由铁路运输企业事故应急救援工作机构启动，组织成立现场指挥部，并根据事故具体情况设立医疗救护、事故起复、后勤保障、应急调度、治安保卫、善后处理等工作组，开通与现场指挥部的应急通信系统，咨询有关专家，确定事故应急救援具体救援工作。必要时，由铁路安全监管部门协调事发地人民政府、当地驻军、武警部队提供支援。遇有超出本级应急救援处置能力时，及时向上级机构报告。

现场救援工作实行总指挥负责制，按照事故应急救援响应等级，由相应负责人担任总指挥，或者视情况由上级事故应急救援工作机构指定人员担任临时总指挥，统一指挥现场救援工作。各工作组及参加事故应急救援的单位、部门应当确定负责人。救援列车进行起复作业时，由救援列车负责人或者指定人员单一指挥。

现场总指挥以及参加事故应急救援的各工作组负责人、各单位和部门负责人、作业人员应当区别佩戴明显标志。

救援列车应当在接到出动命令后 30 min 内出动，到达事故现场后，救援列车负责人应当迅速确定具体的起复作业方案，经现场总指挥批准后立即开展起复作业。救援列车在桥梁或坡道等特殊地段作业时应当连挂机车。两列及以上救援列车分头作业时的指挥，由现场总指挥协调分工后各自负责。两列及以上救援列车在同一个作业面集中作业或者联动作业时，由负责本区段救援任务的救援列车或者由现场总指挥指定人员负责指挥。救援列车在电气化区段实施救援作业时，应当在确认接触网工区接到停电命令并做好接地防护后方准进行。起复动车组、新型机车车辆等，应当使用专用吊索具。

事故应急救援需要通信保障时，通信部门应当在接到通知后根据需要立即启用“117”应急通信人工话务台，组织开通应急通信系统。事故发生在站内，应当在 30 min 内开通电话、1 h 内开通图像传输设备；事故发生在区间，应当在 1 h 内开通电话、2 h 内开通图像传输设备；并指定专人值守，保证事故现场音频、视频和数据信息的实时传输，任何人不得干扰阻碍事故信息采集和传输。

事故造成铁路设备设施损坏时，有关专业部门应当立即组织抢修，根据实际情况及时切断事故现场电源，拆除、拨移和恢复接触网，及时架设所需照明，调集足够的救援队伍、材料和机具，积极组织抢修损坏的线路、通信信号等行车设备设施，协助事故机车车辆的起复。

对可以运行的受损机车车辆进行检查确认，符合挂运条件方准移动，必要时派人护送。起复作业完毕后，应当迅速做好开通线路的各项准备。

评价反馈

扫描下方二维码对本次课进行评价。

学习领域八学习情境三问卷调查

学习领域九　铁路房屋建筑设备

建议学时　4 学时

学习要求　通过本活动，了解铁路运输生产用房的分类、建造附属结构的组成等相关构造，掌握运输生产用房、附属结构的常见病害及处理方法。具体学习任务简介及学时安排见表 9-0-1。

表 9-0-1　高速铁路线路学习任务简介及学时安排

序号	学习情境	学习任务简介	建议学时
1	铁路运输生产用房	掌握铁路运输用房常见病害及处理方法	2
2	铁路建筑附属结构	熟悉各类铁路建筑附属结构的分类和常见病害	2

学习情境一　铁路运输生产用房

学习情境描述

铁路运输生产用房是指铁路系统从事铁路运输生产的房屋，主要有旅客站房、货运办公室、货物仓库等。当前运输生产用房主要有钢结构、混凝土结构与砌体结构三种结构形式。通过完成本情境的学习任务，使学生了解运输生产用房的分类，熟悉运输生产用房常见病害。

学习目标

1. 素质目标

（1）牢固树立“安全第一、预防为主”的安全意识。

（2）养成团结协作、爱岗敬业的工作作风。

（3）体会精准施工、精益求精的工匠精神。

2. 知识目标

（1）了解铁路运输生产用房的分类。

（2）掌握铁路运输生产用房常见病害的处理方法。

3. 能力目标

（1）能对铁路运输生产用房常见病害及时报备及处理。

（2）能适应本课程学习方式。

课前任务

上网检索高铁站房常见病害，记录关键词，并回答下列问题。

（1）高铁站房金属屋面漏水产生的原因？

（2）站台钢结构产生锈蚀的原因及处理办法？

任务分组

表 9-1-1　学生任务分配

<table>
<tr><td>班级</td><td colspan="2"></td><td colspan="2">组号</td><td></td></tr>
<tr><td>组长</td><td colspan="2"></td><td colspan="2">学号</td><td></td></tr>
<tr><td rowspan="5">组员</td><td>姓名</td><td>学号</td><td colspan="2">姓名</td><td>学号</td></tr>
<tr><td></td><td></td><td colspan="2"></td><td></td></tr>
<tr><td></td><td></td><td colspan="2"></td><td></td></tr>
<tr><td></td><td></td><td colspan="2"></td><td></td></tr>
<tr><td></td><td></td><td colspan="2"></td><td></td></tr>
<tr><td>任务分工</td><td colspan="5">1. 教师帮助学生划分学习小组，在小组划分时应考虑学生个体差异。
2. 各小组成员在组长的带领下，查阅课前任务视频，提取关键词。
3. 各成员查阅高铁站房分类、组成的网络资料（可以是新闻、短视频、文章等），组长汇总。
4. 讨论：高铁站房内部易出现的病害有哪些，组长记录</td></tr>
</table>

任务实施

1. 铁路运输生产用房的定义

引导问题 1　铁路运输生产用房的分类有哪些？

____

____

____

2. 铁路运输生产用房常见病害

引导问题 2　高铁站房的常见病害有哪些？

____

____

____

引导问题 3　普铁站房的常见病害有哪些？

____

____

____

相关知识点

知识点 1　铁路运输生产用房的定义及分类

供铁路办理客运、货运业务等使用的房屋称为铁路运输生产用房，常见的有旅客站和货运站。

1. 旅客站房

旅客站房是指旅客候车、运营管理和交通联系所用房屋。站房建筑规模通常以旅客最高聚集人数（指全年上车旅客最多月份中，平均一昼夜内最大的同时在站旅客人数）为依据。小型站房旅客最高聚集人数少于400人；中型站房为400～1 500人；大型站房为1 500～4 000人；4 000人以上为特大型站房。

站房主要包括候车室、售票处、行包房、小件寄存处、问讯处、站长室、客运室、行车室、广播室、进出站大厅，以及行政办公、公安、海关、邮电等用房。房间数量和面积视站房规模和性质而定。

站房建筑布局，根据客流特点、站房规模、线路布置、地形高差、城镇规划等因素确定，既要为旅客及行包的进出站提供简捷流畅的流线，又要为旅客候车创造舒适方便的环境。

小型站房旅客人数少，功能要求简单，通常采用综合候车厅布局，把候车、营业和交通联系三者组织在一个统一空间内。这种综合候车厅布局具有旅客活动集中、流线短捷以及便于车站工作人员兼顾整个旅客服务工作等优点。

大、中型站房旅客人数多、营业量大，车站总体流线和站房内流线组织复杂，一般采用候车部分和营业部分分开设置布局，以避免营业厅活动频繁的人流同要求安静候车的旅客相互影响。

特大型站房客流量大，多采用以分配大厅为中心，布置几个候车室和营业服务部分的布局，具有空间划分明确，防止不同流线干扰的优点。例如，广州南站，设15站台、28站台面、28股道，自下至上分为B1层（地铁站、停车场）、1F层（进出站层、购票层）、2F层（高架站台层、东落客平台）和3F层（高架候车层、西落客平台）共四层。

另外，各地高铁站房在设计时常体现站房所在城市特色，如衡阳东站，主站房设计采用的是中国大屋顶式造型，三组飞檐如群雁腾飞。

2. 货运用房

货运用房包括货运办公室、货运仓库等；货运办公室是指铁路接受货主委托办理货运业务的场所，设在办理货运业务的营业站。通常位于货场进口处，以便货运人员办理承运、交付手续。业务量不大的中间小站可设货运室。货运室可设在旅客站房内，也可设于货物仓库端部。货运办公室规模大小取决于货场办理装、卸车的业务量。一般货运办公室为办理整车、零担和中转业务的综合性办公室。大型货场货运业务量大，专线专用，也有分开设置办理整车、零担或中转业务的货运办公室。

货物仓库是指铁路货物运输过程中，对成件包装货物进行临时保管的场所。货物仓库的作用是满足装卸作业的需要和防止天气对货物的损坏和影响。仓库按其功能可分为一般货物仓库和危险货物仓库。

一般货物仓库设在货线站台上。它按规模可分为大、中型货物仓库，中间站仓库和沿线零担仓库；按组织形式可分为整车仓库、零担仓库和整零混合仓库；按货物品种可分为综合性货物仓库和专用性货物仓库；按装卸线布置形式可分为库内装卸线仓库和库外装卸线仓库。危险货物仓库设在危险货物作业站区。按保管的危险货物性质可分为综合性货物仓库、爆炸品货物仓库和放射性物品仓库。

知识点 2 铁路运输生产用房常见病害

1. 钢结构用房

目前，主要高铁车站采用钢结构用房，大多由钢结构框架和钢结构屋盖组成。钢结构主要由型钢和钢板等制成的钢梁、钢柱、钢桁架等构件组成，各构件或部件之间通常采用焊缝、螺栓或铆钉连接。钢结构体系具有自重轻、工厂化制造、安装快捷、施工周期短、抗震性能好、密封性好、环境污染少等综合优势，与钢筋混凝土结构相比，具有向“高、大、轻”三个方面发展的独特优势。

随着我国第一条高标准、设计速度为 350 km/h 的京津城际高速铁路于 2008 年正式开通运营，武广高速铁路于 2009 年正式开通运营距现在已 10 余年，各铁路站房开始陆续出现病害，对于钢结构用房而言，主要有以下方面病害：

（1）站房钢结构表面涂料剥落（如图 9-1-1、图 9-1-2 所示），其原因分析如下。

① 涂层配套性，也就是涂层之间的相容性。另外为防火涂料的膨胀系数是否与钢材匹配。

② 与所处环境的空气湿度大有关。

③ 涂料本身质量的问题。

④ 施工工艺是否符合要求。

⑤ 施工时钢材面是否清扫干净。

图 9-1-1 网架防火涂料剥落

图 9-1-2 网架防火涂料剥落

（2）站房钢结构构件锈蚀（如图 9-1-3、图 9-1-4 所示），其原因分析如下。

① 在常温下，由于大气的相对湿度低和污染物的含量大而造成钢结构的腐蚀。

② 在高温下，金属与干燥气体（O_2、H_2S、SO_2、Cl_2）产生化学反应，形成对钢结构的腐蚀。

图 9-1-3 站台雨棚吊杆锈蚀

图 9-1-4 站台雨棚檐口龙骨锈蚀

（3）站房封檐板锈蚀（如图 9-1-5、图 9-1-6 所示），其原因分析如下。

① 由于结构设计或安装缺陷，在现浇混凝土屋面檐口上安装轻型钢架龙骨，外面用彩板瓦封闭，在彩板瓦的上下朝天口处，做上口槽及下口槽进行遮盖。上下口槽的材料为 0.5 mm 厚的压型彩钢板。由于下口槽内长期积水，安装时没有设置泄水孔，彩钢板下口槽及封檐板插入下口槽的下端部分受腐蚀产生氧化，发生锈蚀，造成下口槽彩钢板脱落、封檐板爆开现象。轻则挂在原部位；重则随大风摇摆，刮碰到接触网上，造成接触网停电，或者直接掉到行驶的列车上及线路上，发生严重影响行车安全的事故。

② 压型彩钢板的使用年限在 15 年左右，随着彩板瓦的全面腐蚀，近年内这些雨棚封檐板频繁发生掉落事故，当初的突发事件已经上升到惯性事件，应引起足够的重视，采取科学有效的整治措施，防患于未然。

图 9-1-5 翘起檐口绑扎铁丝

图 9-1-6 檐口板绑扎铁丝

（4）站房屋面板锈蚀（如图 9-1-7、图 9-1-8 所示），其原因分析如下。

图 9-1-7 房屋面板局部锈蚀情况

图 9-1-8 站台雨棚屋面锈蚀情况

① 湖南地区以酸雨腐蚀为主。

以张家界地区为例，根据对张家界市地理气候条件的了解和现场调查分析，张家界车站站房屋面板的氧化锈蚀主要与张家界的地理气候条件和屋面板使用材料有关。张家界市气候为中亚热带山原型季风性湿润气候，年平均降水量 1 400 mm，有 1/3 的时间在下雨，加上早晚露水浸泡，几乎有半年时间处在潮湿的环境中，其酸雨概率约 77%，pH 年平均值 4.57。酸雨腐蚀对屋面板造成很大的锈蚀，严重影响屋面板的使用寿命和整个站房的外观观感。

② 沿海地区以盐碱腐蚀为主。

由于海风中含有大量的盐分，氯离子与铁离子反应后生成疏松的氧化物，加快钢结构的腐蚀。

2. 混凝土结构与砌体结构用房

目前，铁路上混凝土结构与砌体结构用房主要有普铁车站、货运用房等，随着使用时间的推移，常出现的病害有：

（1）基础不均匀下沉，墙身开裂（见图 9-1-9）。

（2）现浇钢筋混凝土工程出现蜂窝（见图 9-1-10）、麻面、露筋。

（3）现浇钢筋混凝土阳台、雨篷根部开裂或倾覆、坍塌。

（4）砂浆、混凝土配合比控制不严，任意加水，强度得不到保证。

（5）屋面渗水、漏水（见图 9-1-11）。

（6）墙面抹灰起壳，裂缝、瓷砖脱落（见图 9-1-12）。

（7）地面及楼面起砂、起壳、开裂。

（8）门窗变形，缝隙过大，密封不严。

（9）水暖电工安装粗糙，不符合使用要求。

（10）砖墙接槎或预留脚手眼不符合规范要求。

（11）饰面板、饰面砖拼缝不平、不直，空鼓，脱落。

图 9-1-9　地面沉降

图 9-1-10　混凝土表面蜂窝

图 9-1-11　站房漏水

图 9-1-12　墙面瓷砖脱落

评价反馈

扫描下方二维码对本次课进行评价。

学习领域九学习情境一问卷调查

学习情境二 铁路建筑附属结构

学习情境描述

建筑附属结构是指为生产和管理服务以及为维护、保温隔热、消防、保卫和对外联系需要而设置的建筑物，附属于主体结构，一般不承重。铁路建筑附属结构主要包括建筑幕墙、给排水系统、电照系统、电梯设备等。通过完成本情境的学习任务，使学生熟悉各类铁路建筑附属结构的分类，了解铁路建筑附属结构的常见病害。

学习目标

1. 素质目标

（1）牢固树立“安全第一、预防为主”的安全意识。

（2）养成团结协作、爱岗敬业的工作作风。

（3）理解精准施工、精益求精的工匠精神。

2. 知识目标

（1）熟悉各类铁路建筑附属结构的分类。

（2）了解铁路建筑附属结构常见病害的处理方法。

3. 能力目标

（1）能对铁路建筑附属结构常见病害及时报备及处理。

（2）能适应本课程学习方式。

课前任务

上网检索铁路建筑附属结构的分类和常见病害识别，记录关键词，并回答下列问题。

（1）你所在城市的高铁站主要由哪些建筑结构组成的?

（2）观察你身边的建筑，常见破损、病害有哪些？怎么处理?

任务分组

表 9-2-1　学生任务分配

<table>
<tr><td>班级</td><td></td><td>组号</td><td colspan="2"></td></tr>
<tr><td>组长</td><td></td><td>学号</td><td colspan="2"></td></tr>
<tr><td rowspan="5">组员</td><td>姓名</td><td>学号</td><td>姓名</td><td>学号</td></tr>
<tr><td></td><td></td><td></td><td></td></tr>
<tr><td></td><td></td><td></td><td></td></tr>
<tr><td></td><td></td><td></td><td></td></tr>
<tr><td></td><td></td><td></td><td></td></tr>
<tr><td>任务分工</td><td colspan="4">1. 教师帮助学生划分学习小组，在小组划分时应考虑学生个体差异。
2. 各小组成员在组长的带领下，查阅课前任务，提取关键词。
3. 各成员查阅铁路站房内部水电设施、幕墙等装修构造组成及出现问题后的维修流程料（可以是新闻、短视频、文章等），组长汇总。
4. 讨论：高铁站房外墙材料可以往哪些方面发展，组长记录</td></tr>
</table>

任务实施

1. 铁路站房幕墙分类及其常见病害识别、原因分析

引导问题 1　幕墙的作用是？幕墙的分类有哪些？

引导问题 2　玻璃幕墙的分类及安装方式有哪些？请手绘安装示意图。

手绘安装示意图：

小提示

到建工实训基地拍摄玻璃幕墙的构造视频，同时百度网上搜集相关图片，再手绘示意图。

引导问题 3　分组制作 PPT 汇报幕墙的常见病害类型与分析，结合图 9-2-1 和图 9-2-2 识别病害。

图 9-2-1　幕墙安装

图 9-2-2　玻璃幕墙

小提示

运用知网查找幕墙病害相关的文献，并网上搜集相关幕墙事故案例，再分工制作 PPT。

2. 给排水系统的组成及其常见病害识别、原因分析

引导问题 4　给排水系统由什么组成的？

引导问题 5　分组制作 PPT 汇报排水系统的常见病害类型与分析。

小提示

用百度搜索排水系统的常见事故案例，再分工制作 PPT。

相关知识点

知识点 1　幕墙的分类

幕墙是建筑物的外墙围护，不承重，像幕布一样挂上去，故又称为悬挂墙，是现代大型和高层建筑常用的带有装饰效果的轻质墙体。幕墙按使用材料可分为玻璃幕墙、石材幕墙、

金属幕墙、非金属幕墙。普铁车站房屋的幕墙使用较多的是玻璃幕墙和石材幕墙，一般用于外墙面装饰。

吊顶又称顶棚、天花板。吊顶具有保温、隔热、隔声和吸声的作用，也是电气、暖卫、通风空调、通信和防火、报警管线设备等工程的隐蔽层。普铁天桥底部的线路上方不应设置吊顶。

知识点 2　玻璃幕墙的分类及安装方式

房屋的玻璃幕墙，属于建筑围护结构或装饰构件，通常由支承结构体系与面层玻璃组成，相对主体结构有一定的位移能力但不分担主体结构所承受的荷载。房屋的玻璃幕墙根据支承结构体系可分为以下几种：

（1）明框玻璃幕墙：利用金属骨架作为支承结构，通过金属连接件和紧固件将面层玻璃牢固地固定在槽口内，钢结构骨架露出玻璃面。普铁车站房屋的玻璃幕墙大部分都采用这种做法，如图 9-2-3 所示。

图 9-2-3　怀化站玻璃幕墙

（2）隐框玻璃幕墙：通过金属连接件及紧固件将面层玻璃固定在钢骨架支承结构的外表面上，钢骨架不外露。

（3）全玻璃结构式玻璃幕墙：通过连接件及紧固件将玻璃支承结构（玻璃肋）与面层玻璃连成整体，形成建筑围护结构。

（4）拉杆（索）结构式玻璃幕墙：采用不锈钢拉杆或用与玻璃分缝相对应拉索作为幕墙的支承结构，玻璃通过金属连接件或紧固件与其固定。

知识点 3　幕墙的病害类型与分析

1. 玻璃幕墙

1）玻璃幕墙常见病害

玻璃幕墙常见病害有玻璃爆裂（见图 9-2-4）、渗漏水、板块脱落等类型。

2）玻璃幕墙玻璃爆裂原因分析

（1）玻璃本身材质的问题。

玻璃幕墙所使用的玻璃，特别是经过钢化的玻璃，强度是大大增加了，但是却在自身材质中混进了硫化镍杂质，在玻璃内部产生局部的应力集中，这使钢化玻璃易发生爆裂。

图 9-2-4　怀化车站玻璃幕墙玻璃爆裂

（2）玻璃幕墙的施工质量。

施工中是否按照设计图纸施工，是否按照规范要求施工，是关系玻璃幕墙质量的关键。玻璃幕墙相关规范规定了玻璃边缘槽口的尺寸，它的目的就是保证玻璃在温度变化和其他因素影响下的自由伸缩，一旦出现阻碍玻璃的自由伸缩的因素，哪怕是直径很小的固体颗粒如钉子等，玻璃就会破裂；玻璃的槽口两侧和底部不能用硬性的材料填塞，这些材料的体积变化对玻璃产生挤压而使玻璃破裂；玻璃在平面外力作用下，如风荷载的影响下会产生翘曲，如果嵌缝材料阻碍玻璃的翘曲变化也会使玻璃爆裂；玻璃幕墙中的层间，在施工设计时后衬板和单层玻璃的距离太小且两者中间的空气层没有留有通气孔，在太阳的直射下，中间的空气层温度急剧升高，玻璃受热过高且气体的膨胀而使玻璃炸裂。所以说必须使用弹性材料填缝。

（3）风荷载等作用的影响。

主体结构在风荷载等作用下，它必然强制玻璃幕墙的框和它保持同步的变位，如果玻璃幕墙的玻璃边缘与铝合金框间没有足够的间隙适应这种变位，将会挤碎玻璃。

（4）温度变化影响。

玻璃在温度变化影响下会热胀冷缩，如果玻璃边缘与镶嵌槽底板间没有留有配合间隙，将产生挤压应力导致爆裂。

（5）加工切割的影响。

玻璃幕墙中的玻璃在加工切割时产生的微小裂口能造成玻璃爆裂。

2. 石材幕墙

石材幕墙通常会出现接缝不平、石材破损、脱落、腐蚀、棱角破损、嵌缝不密实平顺等病害。石材破损、脱落如图 9-2-5 所示。

1）接缝不平、板面纹理不顺、色泽不协调

施工操作不认真，未在板块固定前对板面找好平整；或板块本身质量差，有翘曲、出现接缝高低不平；施工前未对板块认真挑选，进行预拼、排花、编号等工作；虽经预排编号，施工时被搞乱，致使施工时未能对号入座。

2）石材破损、脱落

工程交付使用后，结构受活载影响产生变形较大，或因整幅墙面由多种膨胀系数相差甚大的材料组成，在温差及潮湿干燥等条件影响下，变形不能相互适应，引起饰面开裂，日久以后发展为起鼓并脱落；板块缝隙不严实，侵蚀气体和潮湿透入板背，使扣件遭受锈蚀，体积膨胀引起开裂，脱落；因螺栓松动产生位移，或连接扣件强度不够产生挠度，或销栓过短，板孔边缘破裂，在风压下螺栓作用失效等原因，使花岗岩板面层开裂位移脱落。

图 9-2-5　某石材幕墙破损、脱落

3）板材受腐蚀、失去光泽

板材选购不当，板材质杂不纯，碳酸钙含量高，易受腐蚀；建筑物附近环境污染较重；施工过程中溅落砂浆未及时清除干净。

用于室外饰面工程，一定要选用质纯、杂质少的品种；缝隙必须密实饱满；突出的饰面部分应有正确的流水坡、滴水线（槽），应避免墙面有积水排水不畅现象；千方百计不让水气和有害气体侵入板缝内；施工过程中对花岗岩认真保护，溅落在其表面的水泥浆等脏物及时擦洗干净。

4）棱角破损、表面污染

在产品出厂前或运输装卸过程中维护不当，使板材棱角受破损，表面受污染；在施工过程中缺乏保护措施，如穿孔开槽时未有木支架撑牢，下口未用软垫垫好；在运输过程中随意碰撞等。

5）嵌缝不密实平顺，颜色不一

未认真操作；所用嵌缝材料不属同一品种，如用柔性防水嵌缝材料时，缝隙内不清洁、不干燥。

3. 吊顶工程病害原因分析

吊顶的常见病害有吊顶塌落、起伏不平、裂缝。吊顶塌落如图 9-2-6 所示。

图 9-2-6　湘潭站出站地道吊顶塌落

1）吊顶塌落

（1）“朝天钉”：吊杆与楼板固定的方法有多种，其中用木榫打入楼板（混凝土楼板），用铁钉或螺丝朝天钉入木榫；有的用气钉朝天固定木质材料，以此固定吊杆；或者用射钉朝天打入混凝土楼板，以此固定吊杆的上吊点；或者用朝天钉的铁钉固定主次龙骨或木吊杆，这都属“朝天钉”的范畴。

（2）“撑平顶”：吊顶不用吊杆吊，而是将吊顶的龙骨直接用针固定在四周墙上或梁的侧面，以此固定吊顶。

（3）吊杆超荷载：吊顶的吊杆稀少或太细，吊顶重量超过吊杆所能承受的力。

（4）木吊杆劈裂或汽针太短、太少。

以上四种情况，吊顶不致马上会塌落，但过了一段时间后，由于朝天钉靠钉子钉入楼板的摩擦力承受吊顶重量；撑吊顶仅靠四周固定，龙骨中间无吊杆，龙骨下挠；吊杆稀少；木吊杆劈裂或钉子钉入长度不足、太细等；时间长了或吊顶受到振动时，就会造成吊顶塌落事故。

2）吊顶起伏不平

吊顶稍不注意就会出现波浪形、中间下沉或吊顶不平整。造成的原因主要有：

（1）在吊顶前四周未准确弹出水平基准线，或未按水平基准线做。

（2）吊顶中间部位的吊杆未往上调整，不仅未起拱，反而因中间吊杆承受吊顶中间荷载大而下沉。

（3）吊杆间距大或龙骨悬挑距离过大，龙骨受力后产生的挠度引起吊顶起伏不平。

（4）木质吊杆劈裂未起作用。

（5）吊杆未仔细调整，局部吊杆受力不均，甚至未受力。

（6）木质龙骨变形，轻钢龙骨弯曲未调整。

（7）暗架吊顶罩面板接缝部位批嵌较厚造成接缝突出，形成吊顶起伏。

（8）罩面板吸潮后变形。

3）出现裂缝的原因分析

吊顶施工完毕后不久，有的吊顶就会出现裂缝，特别是在罩面板接缝部位比较普遍，究其原因可归纳为三种情况：

（1）罩面板破损未剔除。

（2）罩面板干燥后收缩。

（3）板缝处理不符要求。

知识点 4　给排水系统的组成

给排水系统的任务主要满足建筑生产、生活用冷水、热水及排水要求，以及对排放废水进行处理及综合利用。建筑给排水系统实际上包含两个方面的内容：建筑给水系统和建筑排水系统，如图 9-2-7 所示。

- 室内给排水系统
  - 室内给水系统
    - 生活给水系统
    - 生产给水系统
    - 消防给水系统
  - （进户管→水表→干管→支管→用水设备）
  - 室内排水系统
    - 生活污水系统
    - 工业废水系统
    - 室内雨水系统
  - （排水设备→支管→干管→户外排出管）

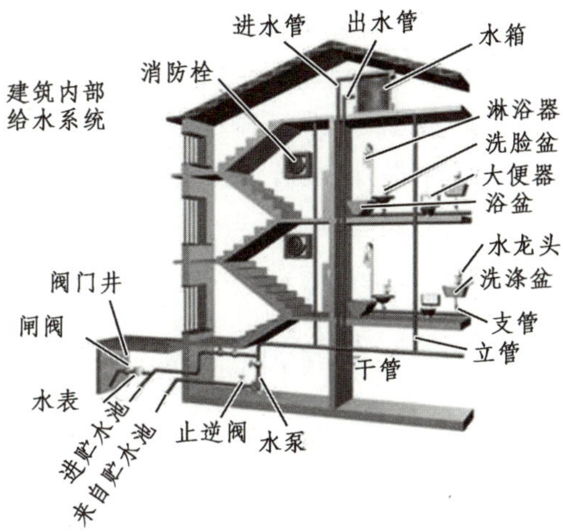

图 9-2-7　给排水系统分类及组成

1. 给水系统组成

建筑给水系统按供水对象和要求可以分为生活给水系统、生产给水系统、消防给水系统和联合给水系统。建筑给水系统主要由引入管、水表节点，给水管网，配水或用水设备以及给水附件（阀门等）5 大部分组成。建筑给水系统的给水方式即建筑内部的给水方案，是根据建筑物的性质、高度、配水点的布置情况以及室内所需水压、室外管网水压和水量等因素决定的。常见的给水方式有以下几种：直接给水方式、设水箱或水泵的给水方式、仅设水泵（或水箱）的给水方式、气压给水方式、分区给水方式。此外，还有一种分质给水方式，即根据不同用途所需要的不同水质，分别设置独立的给水系统。

建筑内部给水与小区给水系统是以建筑物内的给水引入管上的阀门井或水表井为界。典型的建筑内部给水系统由下列几部分组成：① 水源，指市政接管或自备贮水池等。② 管网，建筑内的给水管网是由水平或垂直干管、立管、横支管和建筑物引入管组成。③ 水表节点，指建筑物引入管上装设的水表及其前后设置的阀门的总称或在配水管网中装设的水表。④ 给水附件，指管网中的阀门及各式配水龙头等。⑤ 升压和贮水设备，在室外给水管网提供的压力不足或建筑内对安全供水、水压稳定有一定要求时，需设置各种附属设备，如水箱、水泵、气压装置、水池等升压加贮水设备。⑥ 室内消防给水设备，建筑物内消防给水设备有消火栓、水泵接合器、自动喷水灭火设施。⑦ 局部给水处理设备，当建筑物水源水质达不到使用要求时，需设置局部给水处理设备，包括沉淀、过滤、软化、消毒设备等。

2. 排水系统的组成

建筑排水系统是排除居住建筑、公共建筑和生产建筑内的污水。建筑内部的排水系统一般由卫生器具或生产设备的受水器、排水管道、清通设施、通气管道、污废水的提升设备和局部处理构筑物组成。建筑内部的排水系统按排水立管和通气管的设置情况分为单立管排水系统、双立管排水系统和三立管排水系统。建筑排水系统所排出的污水应满足国家相关规范、标准规定的污水排放条件。

完整的排水系统一般由下列部分组成：① 卫生器具或生产设备受水器，用来承受用水和将用后的废水排水管道的容器。② 排水管，由器具排水管（含有水弯）、横支管、立管、总干管和排出管组成，其作用是将污（废）水迅速安全地排出室外。③ 通气管，使排水管与大气相通的管道，其作用是调节排水管内气压，保证排水通畅。④ 清通设备，用于疏通管道，有检查口、清扫口、检查井等。⑤ 污中提升设备，当建筑物内污水不能自流排到室外时，应设置提升设备，如污水泵。⑥ 污水局部处理设施，当生活、生产的污废水不允许直接排入城市排水管网或水体时只应设置局部处理设施，有沉淀、过滤、消毒、冷却和生化处理设施等。

知识点 5　排水管道的常见病害

1. 排水管道堵塞

1）头发造成排水管道堵塞

浴室、宿舍的排水管道经过一段时间使用后，平时洗澡的毛发会挂在管壁，积累多了就会造成堵塞。头发一般会造成洗手间地漏堵塞、洗脸盆堵塞、浴缸堵塞、淋浴房堵塞。

2）硬物堵塞下水道

一般是在存水弯处堵塞，主要是体积较大的硬物堵塞在小便器、大便器等的排水口、存水弯和排水支管中。

3）装修造成下水道堵塞

这种排水管道堵塞一般是由水泥块、瓷砖碎片、泥沙、涂料、编织袋等造成的。

4）油垢堵塞

油垢堵塞排水管道一般出现在厨房，这种堵塞的原因是油脂在管道内壁结垢，造成排水管道堵塞。

5）管道塌方、管道错位

这种堵塞情况一般出现在底层及室外排水管道。原因是埋地管道下方的垫层泥土没有夯实，经过长时间雨水浸入，垫土层下沉，造成管道塌方、错位。

2. 卫生器具堵塞

杂物堵塞在小便器、大便器等的排水口、存水弯和排水支管中，造成卫生器具堵塞。常见的是存水弯处堵塞。

3. 水龙头漏水

若是水龙头未上紧而漏水，应先拆下水龙头，在外丝上旋上几道麻丝或生料带，再把水龙头装上扭紧。如是内芯断裂应更换内芯，如是水龙头内自身有泥沙而漏水，应更换水龙头，检修完毕后，打开总阀门，反复开关水龙头，开关自如不漏水即可。

评价反馈

扫描下方二维码对本次课进行评价。

学习领域九学习情境二问卷调查

参考文献

[1] 单位铁道第三勘察设计院集团有限公司. 高速铁路设计规范[M]. 中国铁道出版社，2014.

[2] 陈应先. 高速铁路线路与车站设计[M]. 中国铁道出版社，2001.

[3] 铁道部工程设计鉴定中心. 高速铁路隧道[M]. 中国铁道出版社，2006.

[4] COENRAAD ESVELD. 现代铁路轨道[M]. 中国铁道出版社，2014.

[5] 郑健. 中国高速铁路桥梁建设关键技术[J]. 中国工程科学，2008，10（7）：10.

[6] 林上，冯雷. 日本高速铁路建设及其社会经济影响[J]. 城市与区域规划研究，2017，9（2）：25.

[7] 陈旭. 国内外高速铁路网规划研究[J]. 交通企业管理，2022，37（4）：4.

[8] 周锐.《铁路“十三五”发展规划》发布[J]. 城市轨道交通研究，2022（12）.

[9] 李学伟. 高速铁路概论[M]. 中国铁道出版社，2010.

[10] 中国铁路总公司. 铁路技术管理规程（普速铁路部分）[M]. 北京：中国铁道出 2014.

[11] 中国铁路总公司. 铁路技术管理规程（高速铁路部分）[M]. 北京：中国铁 2014.

[12] 中华人民共和国铁道行业标准.《铁路调车作业（TB1 T 30002—2020）》 路局，2020.12

[13] 赵矿英. 铁路行车组织[M]. 北京：中国铁道出版社，2019.